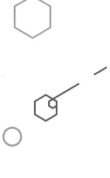

教養方程式

你的角色，決定孩子如何出色

RONALD
F. FERGUSON
隆納・弗格森
著
TATSHA
ROBERTSON
塔莎・羅伯森

王素蓮——譯

THE FORMULA

UNLOCKING THE SECRETS
TO RAISING HIGHLY SUCCESSFUL CHILDREN

獻給　所有造就我們的人

目錄

「成功教養」的關鍵輸入項目

彭菊仙
親職教養作家／「彭菊仙之教養幸福又好玩」板主

事實上，還未接觸到這本書之前，我早就默默在研究此主題。一直以來，我零零星星蒐集著關於「成功教養」的案例，更喜歡反覆推敲其中的共通性，試圖歸納出成功教養的條件。

比如，我看到一生都熱愛學習的張忠謀，無論再怎麼忙碌，每天都保持大量閱讀的習慣，這乃是因母親從小就非常重視這部分的引導。這讓我確定一個關鍵的輸入項目：閱讀。**有閱讀習慣的孩子就有自我學習的能力**。

而女兒被七所名校錄取的梁旅珠則說，孩子的學習習慣必須從小養成，打從女兒進入小學開始，每天吃完晚飯，她便會坐在女兒身邊，督導女兒規劃時間、做功課、按部就班複習課業。這裡提點我要輸入的教養項目是：**及早養成孩子為自己學習負責的好慣性**。梁旅珠說：「利用長時期的反覆操作，形成慣性，讓孩子學會專心和時間控制。」

中國的周弘原本對雙耳全聾的女兒幾近絕望，但靠著神奇又普通、新鮮又古老的方法，把女兒培養成跳級生，最後更赴美完成了博士學位，那就是：賞識。他所提出的「賞識教育」讓我怦然心動，因此，**找到孩子的優勢，成為我在教養三個孩子時的首要信條**。看到優點，然後小題大作、無限拓展，就會不斷形成正向增強的燎原之勢。

只有國中學歷的徐權鼎，雖然忙於販賣童裝的生意，卻始終堅持自己的孩子自己帶、自己的孩子自己教。他的兩個孩子都只是普通智商，沒讀過幼兒園，也沒補過習，但是徐權鼎靠著超乎常人的紀律與意志力，每天按表操課，親自跟著孩子一起學英文、背單字、解數學，寒暑假則排定學習表，提前預習，超前學習，最終他培養出兩個高材生。他讓我看到，**父母願意陪伴、不厭其煩跟著孩子一起學習的激勵與帶動效果**。

我身邊也有一些帶給我衝擊的成功個案，比如有一位才藝班老師，他的三個小孩不論男女都是校排前幾名的資優生，最小的兒子還曾經是基測的榜首。當我向他求教時，他一連報給我好幾個補習班電話號碼。他說他的兒子補全科，數學更是補兩家，聽完一遍已經懂；再聽另一家，第二遍更是熟到透。他每天要做的事，就是在學校和補習班、補習班與補習班之間來回接送孩子，假日則帶孩子去大吃一頓，這是激勵孩子最有效的方法。這個教養模式讓我疑惑了，我要輸入的項目是什麼？

若以成果論英雄，成功教養的模式真是五花八門，各異其趣，我總是像是拼拼圖一樣，這家擷取一點，那家師法一些，但有時比對成果，卻覺得顧此失彼，有時更是畫虎類犬，甚至完全不適合我家的孩子。到底我是少做了什麼？或是做錯了什麼？

有沒有一個全像式的引導，讓我可以比對出「大師級父母」的完整風貌？有沒有一套清楚的說明，可以直接告訴我「教養方程式」需要填上哪些項目？

果然，這樣的書籍問世了。對我來說，這本書提供的方程式是：

大師級父母＝早期學習夥伴＋飛航工程師＋救援者＋啟發者＋哲學家＋榜樣＋談判者＋全球定位系統＝成功教養的元素提供者

當我翻完目錄時，第一個念頭是：天啊，這樣的教養也太拚了吧！誰能幫孩子這樣完整鋪路呢？不正是有錢有閒有資源有能力的父母才辦得到嗎？這會不會更加拉開中產階級與勞工階級的教育落差，永遠變成贏者全拿，然後讓做不到的父母焦慮飆到最高點？

但是書裡有好幾個案例，都是出自低收入、單親、移民、隔代教養的家庭，非常強而有力的證明是，只要父母有心，絕對能夠扮演上述大師級的角色來引領自己的孩子。比如，單親媽媽伊莉莎白帶著兒子傑瑞爾住過九間以上的遊民收容所，但她會坐在收容所的床上，教兒子認生字、不間斷的到圖書館大量閱讀，想辦法讓兒子進入中產階級的場域，盡力引進各種社會資源、介紹良師益友給兒子，她幫助傑瑞爾想像自己將來可以成為什麼樣的人。最後，傑瑞爾從哈佛大學畢業。幾乎所有的家長都未必能涵蓋或擅長以上所有的角色，孩子的發展需求、個性也不盡相同，未必需要家長擔任所有的角色，但是透過這本書全像式的呈現，父母可以檢核自己做得好或做得不夠的地方。比如我覺得自己是非常完美的早期學習夥伴、啟發者與哲學家，可是因為我非常重視人際間的和諧，往往逃避擔任救援者和談判者的角色，這本書給了我完整的對照與提點。

「教養方程式」聽起來硬邦邦，內容其實是作者大量且長期的個案訪談，書中細膩描述了許多成功案例的成長過程，每個故事都精采到讓人愛不釋手。我想，比起弄懂方程式的概念，不如深入梳理每一個孕育英才的家庭故事，而大師級父母如何化育他們的孩子，就如何薰陶願意前來取經的家長讀者！

推薦序

成功的孩子，來自怎樣的家庭

蔡依橙

素養教育工作坊策展人／「蔡依橙的小孩教養筆記」板主

如果聽說隔壁鄰居的小孩，申請上哈佛，又取得好工作，你是不是會想約個時間請教，了解他們是怎麼教的？看看他們的家庭教育，究竟是什麼樣？因為你心裡清楚知道，即使讀一樣的國高中，每個孩子的路依然大不相同，最終，差異其實都是在於家庭，也就是我們做家長的，占了很大的比重。

你是否曾在「歐美式」的自由教育，和「亞洲式」的高壓規劃教育中掙扎呢？你是否也曾懷疑過，歐美就真的爽爽過也會成功，亞洲就一定要把孩子逼到沒時間睡覺嗎？這兩個問題，本書會清楚告訴你答案。

先劇透一下：小孩是否走上成功之路，的確與父母有很大的關係。這些傑出的美國故事中，他們父母做到的事情並不少，而小孩走上的，都是一種同時具有父母支持與選擇自由的道路，不是放養，也不是嚴格管控。

哈佛經濟學者談教養？

市面上教養書非常多，這本書最不一樣的，是作者的寫作背景。

一開始，是一位哈佛大學經濟學者隆納・弗格森（Ronald F. Ferguson），他的研究專長是經濟，以及種族如何影響教育成就。而他自己心中有個很「個人」的疑問，那就是：他跟四個弟弟有一樣的父母，受到教養方式也一樣，都是成長於手頭拮据的黑人家庭，但為什麼自己成為哈佛教授，其中一個弟弟卻從高中開始就尋歡作樂，走向麻煩之路，在三十八歲時酒精中毒過世？

於是他針對哈佛校友與其家庭做了大量訪談（後來又擴及到非哈佛校友），他想了解，成功的孩子，是由怎樣的家庭教育所支持出來的，尤其是那些經濟上並不寬裕，甚至在貧窮線以下的單親黑人媽媽，究竟做對了哪些事情？

一開始弗格森想做成研究發表，但很快的，他就發現這些大量的訪談資料沒辦法量化，寫成論文是不可能的，或許更適合以報導跟歸納的方式，呈現其中的脈絡，於是他找上資深記者塔莎．羅伯森（Tatsha Robertson）一起討論。最終呈現的，就是這本書。

他們發現，提供優質家庭教育的家長，通常會扮演八種重要角色，書中把這八種角色介紹得很清楚，並提供大量案例，說明家長所做的一切，最終如何影響孩子的未來。

如果你現在翻到目錄去看的話，會發現在八種角色中間，插了一章〈手足〉，似乎有點突兀，但這正是弗格森的「大哉問」：為什麼一樣的家庭、一樣的父母，會養出不同社會階層的孩子？

本書由兩位作者共同具名，表示內容除了有資深記者的洞見與整理，也有哈佛教育經濟學者的背書，雖然無法以論文形式發表，但這些觀察，確實與他過去教育經濟學的經驗相符。

本書建議讀法

一開始，先翻到第三章，找到全書總架構圖（第六十二、六十三頁），仔細讀過一次，看你是否認同這個架構。如果覺得有所質疑，那就從第一章開始讀到第三章，先了解作者是怎麼做出這個歸納的。

如果覺得頗有道理，則進一步閱讀「你認為自己目前做得不夠」的角色，並從目錄直接跳到該章開始閱讀。以我來說，我對於「全球定位系統」的角色還想更認識一些，所以就從那章先翻閱，解決了心裡的疑惑，再繼續推進其他章節，了解整體論述。

如果你同時擁有兩個以上的孩子，那麼〈手足〉一章，尤其值得參考。這章回答了弗格森最私人的疑惑，也能讓我們有效預防，教養成果差異過大的問題。

整體來說，我認為這本書的參考價值很高。作者也知道自己提出了一個新的架構，不免會被拿來跟已經被廣泛討論的各種教養模式相比。例如，蔡美兒的虎媽教養、把孩子時間表塞滿的精心栽培模式、給孩子全然自由的自然放養等，於是在第三章與書中各處，也常提及他們「大師級父母」、「教養方程式」，與各種教養模式的差異。

這本書不只是讓你知道隔壁小孩是怎麼上哈佛的，還可以讓你看到大量哈佛與非哈佛畢業的成功人士，究竟是怎麼教出來的，而且幫你歸納出架構、用大量案例支持，並說明理由。

讀這本書，能知道自己做為家長，在哪些部分已經做得不錯，也注意到哪些領域還能改進，對於正在教養路上的我們，是張很好的確認清單。

前言

非凡人物的起源故事

二〇一五年黨內初選夜，萊恩．夸爾斯（Ryan Quarles），三十二歲、早生華髮的英俊農夫，在飯店套房來回踱步。這夜將成為這名年輕人一生中最美好的夜晚，也或許是最失敗的一夜。夸爾斯競選的是全肯塔基州的農業局長，他稍早抵達會場，因賣力從事競選活動而滿懷信心，但目前的數據並不樂觀。他在州內缺乏知名度，使他的勝選機會渺茫。儘管如此，身為第九代農夫，他知道情況可能瞬間改變。

結果他以一個百分點在那一夜勝選。數週後的大選，他以二十個百分點勝過民主黨對手，成為美國最年輕當選的州政府官員，但這並非他第一次競選大勝。六年前，二十六歲的萊恩，擊敗一名擁有十四年資歷的現任州議員，成為內戰後第一位占有席次的共和黨員。

萊恩說，成為肯塔基州農業局長給予他「極大的成就感」。「一個來自農場、在一小塊菸草地上長大的孩子，竟然可以成功。」

當萊恩還只是農場上的小小孩，就已展開他邁向成功的路途，執行計算幼苗的工作。這項重視細節的任務幫助他發展計算能力及耐性，讓他在入學時擁有超越其他孩童的強大優勢。九歲時，他的勤勉與優異成績已經使他贏得通往政治圈的門票，成為州議會助理。進入肯塔基大學四年後，萊恩以三個主修畢業，更獲得最優等成績的極高榮譽。更令人印象深刻的是，他在大學前兩年就修畢所有課程。在應該上大學部課程的後兩年，他完成一個國際貿易與發展碩士學位，以及一個農業經濟碩士學位。他的學費有部分是由他在大三時獲得的知名國家獎項——杜魯門獎學金資助。他當選農業局長時，也已取得法律學位及常春藤盟校教育碩士學位，並獲得另一項知名獎學金全額資助。他目前在協助領導一項全國運動，要使大麻從管制藥品名單中去除，成為合法農產品，並期望在該產業衰退時，成為農夫栽種菸草的替代作物，同時他甚至還有時間，在二〇一八年完成他第七個學位——范德堡大學的教育博士。

◆

桑谷・德爾（Sangu Delle）是非洲鄉下醫生的兒子，來自迦納首都阿克拉郊區。桑谷年僅十四歲時，就被《時代》雜誌列為非洲二十五名未來領袖之一。跟萊恩一樣，桑谷二十多歲就完成多項學位，以最高榮譽取得哈佛大學文學學士、企管碩士及法律博士。桑谷就讀於哈佛大學時，在一項研究專案採訪中被要求在一到五分的量表上，評估自己的快樂程度。他說：「我會說四分，因為我非常幸福。」但他沒有回答五分，是因為「人生還有更多的事要做」。當他被問到：「希望在四十歲時可以完成什麼工作？」桑谷說首先想要賺錢，可能是在銀行業或投資工作相關，他非常偏好投資，他要運用資金支持非洲的社會企業家。

二〇一四年，桑谷出現在《富比士》雜誌「最有前途的非洲年輕企業家」名單。從文中得知，他在四十歲前要完成的事項清單，顯然大都已完成。桑谷已在摩根士丹利及高盛投資致富，他有自己的控股公司，由哈佛同學集資創辦，投資非洲企業家。同時，他也創立一間非營利組織，使迦納一百六十個村落可以取得水資源。而那個時候，桑谷還只有二十幾歲。

從那時起，迦納兩百個村落都有供水，桑谷更為非洲企業家籌募數百萬美元資金，發表超過一百場鼓勵投資非洲的演說，包括兩場獲得數百萬點閱的ＴＥＤ演講。

瑪姬．楊（Maggie Young，化名）是二十多歲的碩士生及小提琴演奏家，她在茱莉亞學院競賽中獲勝，贏得在卡內基音樂廳與前紐約愛樂音樂總監艾倫．吉爾伯特（Alan Gilbert）及愛樂管弦樂團聯袂登台的獨奏機會。

初次登台那天，瑪姬將黑髮優雅的夾起來，她的天真臉龐一反常態上了妝。她曾夢想這一刻，想像她的鞋跟喀噠噠穿越舞台，但她無從得知，當那把榮獲艾弗利．費雪（Avery Fisher）大獎的史特拉第瓦里名琴在她手下，而整個管弦樂團及知名指揮佇立等候她，是什麼樣的感受。

《紐約時報》隔天對這場音樂會的評論焦點，全都集中在瑪姬身上。文中描述她的演出純熟悅耳，演出的成功推動她在美國及墨西哥展開巡演生涯，且佳評如潮。

從中學時代，瑪姬的週末都與弦樂家兄弟姊妹們度過，一同在紐約市著名的表演藝術中心學習琴藝。而瑪姬站上大舞台那個關鍵時刻，幾乎可以直線延伸到更早以前，她兩歲開始學小提琴時，隨著母親施行紀律的重要性。

不同的故事，同樣的情節

這三位非凡年輕人的成就始於他們的父母。瑪姬最早的記憶是當她三、四歲時，站在位於長島的家中客廳，把她的小小提琴塞進下巴，母親端著一杯茶在旁邊緊盯著，而這個小小孩為了學習演奏，依照指令，試圖在腳步定位的範圍內站著不動。

瑪姬的母親要求幼兒如此站著不動，看來或許頗為極端。但這跟教導一個幼兒握緊棒球棒、蓋一間紙牌屋、認字，又有何不同？瑪姬的母親把它變成孩子一天當中的有趣環節。而這項習慣埋下瑪姬偉大成就的種子。

「當你三歲時拉小提琴搖來晃去，其實不是什麼問題，但當你站在管弦樂團前演奏柴可夫斯基時搖來晃去，就無法表現出超越百人樂團的音量。」瑪姬說。

萊恩．夸爾斯的學術成就與擔任肯塔基州農業局長的領導能力，與他成長於凡事不成功便成仁的農場生活型態直接相關，也因為父親樹立了高標準的榜樣。在那裡，即使是小孩子，都有重要的雜務要做。

桑谷的成功追溯到他從母親那兒學到的功課。母親在桑谷兩歲時教他閱讀，桑谷進幼兒園前，也會與父親進行深入而富哲學的清晨對話。有時是在深夜之後，當賴比瑞亞或獅子山共和國的戰爭難民來到他家裡，跟父親訴說他們的故事，而他會穿著小西裝，坐在一旁聆聽。

事實上，挖掘如萊恩、桑谷、瑪姬等高成就人士及其他許多人的生命經驗，我們很快就會揭開意想不到的事：相同的基本故事，相同的教養原則，不斷重複著。儘管每一個家庭的特性不同，家長也並未展現外在的相似之處，而他們的孩子在行為、興趣及克服困難的技巧上各自不同。儘管如此，引導每個孩子實現成功的征途，卻是出乎尋常的相似。

無關階級，也無關種族。

不管是在速食餐廳工作的父親，或是擔任法官而備受敬重的母親，兩者的成功教養哲學，竟然非常接近。父母住在加勒比海地區，他們的兒子在常春藤盟校接受教育，長大成為電玩專家及網路明星，渾然不知他們所遵循的，就是愛因斯坦的母親在一個世紀前養育舉世天才的同一套有效教養策略；而從洛杉磯搭巴士到好萊塢山莊打掃房子的艱苦奮鬥移民，他們的教養策略跟美國前總統的方法相同。

這些家長所做的有何不同？他們只是領先其他人一步這麼簡單嗎？這些家長是否有意或無意遵循某種教養藍圖，更能讓孩子為人生做好準備？如果是，這個方法可以傳遞給其他家長嗎？是否有套教養方程式，確實可以塑造成功的孩子與自我實現的高成就人士？

1

成功的奧祕

培養成功者的教養奧祕

很多人都是「小時了了，大未必佳」，所以當我們欽羨萊恩、桑谷、瑪姬的非凡成就，卻也不禁困惑：他們怎麼達成的？只是天賦異稟嗎？

他們的先天才能如何轉變為非凡成就？如果父母曾以不同的方式養育我們，我們能不能這麼成功？

許多書籍內容都試著解答成功的祕方，但研究觀察的主角都只停留在孩子身上。多數書籍內容缺乏調查孩子的成就動機與父母背景故事之間的關聯，也幾乎沒有書籍曾綜觀孩子出生到成年早期的整個過程。

同時，社會科學研究的重點全都放在預防和修正孩子童年時犯的錯，而不在培養成功者。調查家長的教養模式如何影響孩子的成功很少見，而想要鉅細靡遺理解這些教養模式為何能幫助孩子表現優異，則更是罕見。

長期的研究證明，從出生後就分開教養的雙胞胎發展各不同，而近期研究也顯示孩子的語言處理能力，在嬰幼兒期就已出現早期差異。許多科學研究都證實教養有深遠的重要性。然而，我們無從得知書中成功者受到何種教養方法而讓人生光芒萬丈。成功者的父母如何激發他們擁有令人讚賞的成就，以及我們如何蒐集這些有獨到見解的育兒方法？

培養出成功者的教養奧祕，彷彿看不見的、俗稱的「黑盒子」。在科學、計算及工程領域，「黑盒子」是一個物體或系統，東西從一端進去（輸入），再從另一端出來時（輸出）已有所轉變，卻不知中間發生了什麼事。某些童年經歷讓人成就非凡，但不知道他們如何做到，因為我們不在現場，看不見「黑盒子」的真相。就像別人家裡的教養故事，我們只看見輸出的結果：傑出的成功者。

在醫學界，黑盒子實驗分成兩組，一個是不接受治療的控制組，另一個則是接受治療的測試組。這類實驗的結果，被當做判斷治療是否有效的黃金標準，但它們有個共通的缺點：無法發現治療如何或為何有效，因此難以基於已知事物進行改善。許

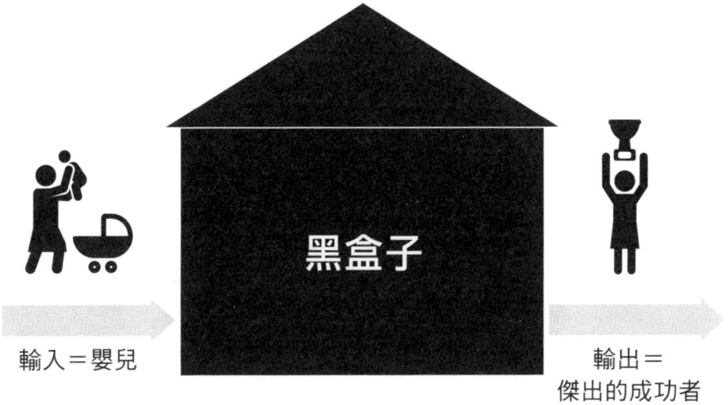

多治療已被證實可以治癒疾病，但提出證明的科學家通常不明白，藥物在病人體內做了什麼而讓他們痊癒。

關於教養的成功法則，我們同樣無法鉅細靡遺得知，父母做的哪些事引導他們的孩子變得如此傑出。如果我們可以貼近觀察全世界最成功人士生長的家庭，我們會學到、發現什麼關於成功的課題？家長會學到什麼幫助自己孩子充分發揮潛力的方法？

我們知道，孩子的大腦在上幼兒園前就已經開始發展了。科學研究清楚顯示，從孩子出生（甚至出生以前）直到成年，他們會變得多麼成功，教養決策有極深遠的影響。我們做了什麼對孩子的未來極為重要，而我們沒做的事，也會讓孩子的潛力毫無發揮。

本書打開黑盒子，找出成功者的父母做了哪些事。在歷時十五年的過程中，我們採訪兩百名傑出成功人士，以及其中一些人的父母。在這些訪談中，竟浮現出一個清楚的模式：成功者的父母採用的教養模式，從孩子剛出生的前幾年開始，就具有真實而驚人的相似之處——就算這些家長的背景與生活環境大相逕庭。

我們給了這個模式一個名稱：「教養方程式」。

關於教養方程式的研究調查

這套教養方程式的研究結果，從兩個截然不同的地方展開。

二〇〇三年，塔莎・羅伯森（Tatsha Robertson）在《波士頓環球報》的新聞編輯室擔任國家通訊員，她的工作需要在全國各地差旅。她開始注意到，她採訪過一些非常聰明而特別的人士，他們的父母之間竟擁有相似特質。每當塔莎需要專家觀點時，她就打電話給哈佛大學的隆納・弗格森（Ron Ferguson），他們已經有過多次談話。

「有策略的教養可行嗎？」塔莎問。隆納說：「可以。」並描述專家們進行的一項新興研究運動，就是開始討論如何做這件事。

塔莎想要知道，這些傑出人士的父母是否遵循著一套明顯的教養指南，一套教養方程式。在接下來的十年間，她訪問了六十個人，關於他們如何被養育長大，並尋找他們故事中的相似之處。當中有人是同事，也有她在差旅中遇見的新朋友。雖然大部分時候塔莎是獨立採訪，或是調查她在《波士頓環球報》及其他刊物受訪者的教養模式，當中包括前總統歐巴馬。

對隆納來說，教養方程式的研究，是從二〇〇九年哈佛大學辦公室的諮詢會議開始。

在甘迺迪政府學院選修秋季課程的碩士生李靜（Kyoung Lee），和已在哈佛大學教學研究超過三十年的隆納，兩人討論了關於南韓的文化、學術水準與教養模式的議題。隆納告訴李靜，他的南韓學生堅稱，在韓國，個人成績只低於前五％的全國同齡學生，仍是不能接受的。這對隆納來說並不合理：即使學生的表現超乎九〇％的同儕表現，也算失敗嗎？以隆納被教養長大的方式來看，這種成績比較簡直毫無意義，但對於父母在韓國出生長大的李靜來說卻很合理。她的觀察是：「如果我考試拿九十九分，我媽會想知道那一分跑去哪裡了，就算沒有其他人超過九十分。」

李靜與隆納都想知道，其他哈佛生是否也都被迫要找到失去的那一分？在她全校同儕接受的教養模式中，種族、道德、社經及國籍上的差異有多麼普遍？畢竟，她同學的父母都已養育出像李靜這樣的孩子——爬上頂尖的哈佛大學，參與萬中選一的錄取過程。這些孩子都是以類似的方式被養大的嗎？

他們的對話在哈佛催生出「我如何被養大專案」：他們與哈佛大學生及研究生進行一百二十次訪談，至少有一半學生的故事被寫進本書，其中包括桑谷。為了在二〇〇九年展開這項專案，隆納與學生志工寄發電子郵件給校內數百名學生，請他們針對這個問題接受採訪：「在你的生涯成就中，父母扮演什麼角色？」

接下來兩年間，學生志工主動尋找這些故事，接近來自各個社會階層背景的哈佛生，黑人、白人、亞洲人與拉丁美洲人；浸信會教徒、天主教徒、猶太教徒、佛教徒與無神論者。有些學生來自非常富裕的家庭，但許多學生並不是。有些學生被醫生、律師、工程師或教授撫養長大，有些學生則是被收銀員、公車司機或廚師撫養長大。有些人出生於韓國、中國或印度，有些來自非洲的村落、墨西哥的都市，多明尼加共和國、牙買加及保加利亞的城鎮；但多數是美國人，生長背景從奧克拉荷馬州的玉米田，到底特律的市中心。志工進行一次又一次的長時間採訪，詢問相同的腳本，探索受訪者的童年回憶與他們父母扮演的角色。

這些錄音檔發展成為龐大的敘事內容，包括學生們最早期的記憶，以及他們邁向高學術成就的旅程。這些記憶的核心是他們的父母，他們最早、相知最久的人生嚮導。

隆納與研究助理開始為資料編碼，想找出特定模式，但很明顯，以這些資料的複雜程度，需要另外有人專心致志繼續採訪下去，於是專案暫時擱置。當塔莎於二〇一四年再度打電話給隆納，說她想要寫一本關於「成功父母是否遵循著一套教養方程式」的書，隆納說他也相信是這樣，只是還不知道那項方程式是什麼，更提出他們應該合寫這本書的建議，並部分引用「我如何被養大專案」的資料。他認為，這個調查的本質更接近新聞工作，深入探索成功者的生命，而不是設計一些成功教養假設題的社會科學測驗，並且調查是以家長的個人故事為基礎，他們堅決致力於目標明確的教養方式，同時也開始探索父母們的生命歷程。

塔莎花了數個月的時間聆聽與分析匿名錄音檔。她和隆納將哈佛的成功者與塔莎於過去數年間曾採訪的非哈佛成功者所接受的教養模式予以比較。教養方程式開始浮現了。

在過去的研究中，他們知道來自不同社經背景的人展現出不同的教養風格，因此期待看見帶有文化特徵的織錦，展現各式各樣的教養理論、價值與策略，因家庭背景而有系統的不同。結果並不是這麼一回事。比方說，「亞洲」或「美洲」的教養方式並不優於其他地方。更確切說，跨越種族、社經地位、教育程度、宗教與國籍，那種出奇堅定且具有共同性的教養思路，有助於塑造未來的成功。

雖然學生錄製的訪談是一個好的開始，卻僅觸及到教養模式的表面。於是，塔莎與隆納再次一同採訪來自哈佛的成功者，受訪者後來都已經畢業了，他們也透過其他管道採訪非出身哈佛的成功者（這些成功者在採訪期間都在二十到四十幾歲之間，只有一對雙胞胎剛滿五十歲）。正如河川溪流最終匯入大海，受訪者分享的經歷，讓採訪者追本溯源，來到他們的父母身上。

教養關鍵：大師級父母

在本書中，我們將看到「大師級父母」，不是因為他們一開始就知道所有答案，而是因為他們精於想方設法，充分開發孩子的潛力。

在多數個案中，父母並未就讀最好的學校，有些父母甚至未完成高中學業。他們不是天才，但其獨特之處在於，他們能夠做任何該做的事，養育思慮周延、絕頂聰明、志向遠大且目標明確的孩子。

這些父母無論是受高等或初階教育，他們都在孩子五歲前，教他們簡單的數字概念與認識基本單字，以平等態度對孩子說話、尊重他們的智慧，並深思熟慮的回答孩子的問題。無論物質資源如何，這些父母都展現熱切的承諾與願景。來自各個社經階層的父母，持續不斷尋找所需的時間和資源，幫助孩子開展並維持學術上的高成就。他們因自己的背景故事受到激勵，賦予他們洞察力，知道孩子長大後該具備哪些特質。但關鍵是，他們從未企圖以自己的夢想、自己一度希望但未能成就的事，去塑造孩子。

教養方程式的核心是：幫助孩子發揮最高潛力並擁有幸福的策略性選擇。這項方程式建立在八個教養原則——即父母在孩子生命中所扮演的「角色」上。教養方程式啟發孩子邁向成功當中學術與非學術兩方面的技巧發展。

這裡沒有超人，教養方程式可以透過學習與培養而來。雖然不是每個孩子都會成為音樂演奏家、哈佛畢業生或知名而富裕的商場女強人，配備這套教養方程式的父母，仍然可以提升孩子在學術及生命中的成就，無論孩子的潛力基準如何。

不過在進入教養方程式以前，讓我們先看看由教養方程式塑造出來的人物。

2

我們所謂的成功

何謂「成功」？

「或許有一套教養方程式，能夠塑造在學術及社交上成功傑出的年輕人。」對此抱持懷疑又深感興趣的好奇觀眾，他們半瞇著眼，頭部略微歪向一邊，通常會提出幾個問題：這些人物，這些教養方程式的成果，究竟是哪裡特別？培育他們的教養模式，為何值得仿效？你如何定義「成功」？

簡單講，成功就是達成目標。但教養方程式培養的孩子，他們要達成的目標是什麼？我們所謂的「成功」是什麼？

關於成功的主題，有兩種主導並形成對比的哲學思想。一種通常被稱為「享樂主義」，這是因古希臘哲人伊比鳩魯而聞名的理念，他相信人生的目的是盡可能經歷最大的樂趣，同時避免痛苦。想像在巨大豪宅裡的奢華宴會，有最好的食物與流淌而出的香檳。在這種定義下，成功的目標是滿足一個人的物質與肉體欲望。

另一種理念源自希臘文的「幸福」，意思是「人類的蓬勃發展」，是亞里斯多德哲學的中心概念。這種成功的目標是自我實現。你感受的高度與企及的成長，是你追求的挑戰性目標，這項理念是指你可以透過奮力邁向純熟，經歷最好的自我。想像美國體操選手西蒙・拜爾斯（Simone Biles）在空中翻騰旋轉，為參加奧運經年累月的練習，或像年輕的愛因斯坦在一九〇五年「奇蹟之年」，坐在桌前針對一系列報告中的第四個（即《狹義相對論》）進行微調，引發突破性的科學變革。

當代研究認同，追求以自我實現為定義的成功會促進幸福，而一心一意追求享樂主義的目標，往往僅能增加些微、甚至可能減損生活的滿意度。然而，這並不表示實現幸福感的成功模式，便會缺乏財務或物質成果。你在接下來的篇章將看見一些人獲得龐大財富的例子。多數大師級父母會很高興他們的孩子長大後有能力購買豪華房車、住在美輪美奐的家中，或在異國旅遊。但同樣的，這群大師級父母也了解，物質財產只是令人渴望的成功陷阱，不同於教養方程式所塑造，那種更深層而持久的成功。

教養方程式塑造出的所謂成功者，意思是塑造出充分自我實現的人。

目的＋自主＋智力＝充分自我實現

我們可以用「充分自我實現」這句話來描述本書提到的成功者們。

他們的故事栩栩如生描繪出「充分自我實現」的定義。這些成功者當中包括美國外交官、CNN電視主播，以及權威人士譽為「全球最有權力女性」的三姊妹。我們將看到的兩百名成功者們，都擁有一個共通點，那就是他們每個人都能將潛力發揮到極致，而且依然持續成長。

養育能充分自我實現的成年人，是書中每位大師級父母的目標，無論他們是否知道這個定義。他們之所以能夠達到這個目標，是透過培養三項關鍵特質：目的感、自主感，以及智力。

把目的感想成是一個崇高的目標或意圖，某種提供明確生命方向、具有深層意義的事物。完全懷抱目標通常需要經年累月的堅持不懈，穿越艱難的個人成長期。但投入追求重大成就，足以證明努力是值得的。

前往志向如此遠大的目的地，需要非凡的動力才能啟程。這種動力稱為自主感。擁有強烈自主感的人會說：「讓我們來做這件事！」並且以行動和行為跟進。

而方程式裡的第三項要素為：智力。

所謂「智力」是什麼？

心理學家將「智力」的概念當做世俗觀念來看待：我們大多數人對「智力」的意思有個基本概念，即使實際的研究者並不認同。在日常生活中，我們會討論到各式各樣的智力範圍。最普遍的智力跟我們在學校受到的教育有關：科學力、數學力、閱讀力、寫作力，還有與他人應對的社交力，以及管理感受的情緒力。

專攻認知能力評估的心理學家約爾．施耐德（W. Joel Schneider）提出一個廣泛定義：「我們使用文字……描述能夠取得有用知識的人，以及能夠結合邏輯、直覺、創意、經驗與智慧去解決重大問題的人。」雖然他承認自己的定義「就如我試圖定義的東西一樣模糊」。

在這本書中，我們對智力提出雙管齊下的常識定義：有能力執行認知上具挑戰性的任務，如搞懂困難的學業；有能力從環境中吸收、理解與運用資訊，在人生旅程中做出有策略的決策。

我們採訪的所有成功人物，顯然都從幼年開始，就展現學術上的敏銳度。當然他們還擁有更多能力，達到非常高的成就水平，他們也熱愛學習。儘管他們有許多興趣在本質上是學術性的，但他們往往擁有其他懷抱熱忱的事物，如小提琴、公開演講、成為行動派，並走在邁向純熟的過程中（不過值得注意的是，他們為追求興趣而發展的技巧，確實也幫助他們取得學業的高分）。

對這些孩子來說，在校表現良好很重要，但他們不是那種只在乎老師評價的年輕人；他們的個人標準往往高過老師的。這並不表示成績毫不相干；有些人在高中或大學時期曾拿到人生的第一個C，他們或許會大失方寸，但這只是短暫的反應，不久他們就會評估到底哪裡出了錯，釐清如何避免重蹈覆轍。這種反應與來自父母的壓力或需要獲得肯定無關，一切都跟他們如何看待自己有關：他們覺得自己是聰明的。

這些特殊成功者真正驚人的是，他們在這麼小的年紀看起來就這麼有自信，就好像他們知道贏家的祕密。即使是小孩，他們對大人講話的方式也令人印象深刻：對於自己和周遭世界，他們表現得深思熟慮而有智慧。他們有能力運用所學，提出自己的問題，思考這些問題的涵義，並形成自己的意見，然後以吸引別人的方式傳達這些意見。換句話說，他們處處給人聰明的印象。

神童與高成就者的差異

在三、四歲時，我們的受訪者開始會認字了。到了幼兒園，他們都擁有非常好的基本讀寫與數學技巧。如果之後他們遇到瓶頸，也能達到優異水準，跟其他模範生並駕齊驅。

這引發一個有關教養方程式成果的常見問題：是受訪者的聰明超乎正常範圍，還是他們有什麼特殊能力是我們都可以獲得的？我們的受訪者絕對聰明，但看看他們欠缺什麼，也許是凸顯他們聰明的最好方式。

以多元智能理論聞名的心理學家及哈佛教授霍華德‧迦納（Howard Gardner），將神童定義為一個孩子顯露「具成年水準的表現」，他們不是因為努力才贏得精湛技藝，而是因為基本上他們發現自己擁有一種與生俱來的天分。迦納相信，成為神童就好像被賦予一種近似奇蹟的天賦。迦納說：「即使對於拒絕相信奇蹟、凡事只看機率的人來說，年幼的莫札特或孟德爾頌、年輕的畢卡索或英國畫家米雷（John Everett Millais），他們在世人面前的種種表現，仍能震撼人心。」

相較之下，由大師級父母培養的高成就者又是如何？根據迦納的研究及我們針對教養方程式進行逾十年的調查，提出以下的對比差異：

- 高成就者是有目的選擇要學習的課題及技巧；神童則是被捲入別人對他們天分的回應之中。
- 高成就者致力於邁向純熟，並尋找嶄新而具挑戰性的經驗；神童早年便透過模仿或毫不費力將天分臻至純熟，之後卻難以努力改善表現。
- 高成就者的父母引進種種經驗，以滿足孩子的好奇心，引發他們對知識的渴望；神童生命中的大人則是製造以他們為中心的機會，充分展現孩子驚人的天分，而不是引進學習與擴展興趣的機會。
- 高成就者透過學習把握機會，達成高目標，漸進的變得堅毅勇敢；神童在成長過程中習慣零風險的成功，因為父母或老師總是保護他們遠離障礙。
- 高成就者透過與大人合作而發展技巧；神童則是透過表現給大人看而展示技巧。
- 高成就者透過學習臻至純熟而增長自信；神童的自信是出於他們的表現能力，但未必需要學習。

迦納說，通常在二十幾歲時，神童會經驗到自己腳下的領土移動了。大人不再是知音，而是高超的對手。周遭同輩過去從未被視為神童，但他們勤奮努力而有目的，如今成為神童的傑出競爭者。迦納發現神童難以應付這個情況，他寫道：「許多人，或許是大多數人，未能發揮他們早期的潛力。」

不同於神童，高成就者的挑戰能幫助成長。他們在大學時期發現同儕的課業遙遙領先，便會做出必要的調整。比方說，在小鎮上以聰穎聞名的男孩羅伯．亨博（Rob Humble）進入頂尖大學，發現周圍的學生們似乎一個比一個出色，他幾乎大受影響。但他知道如果想要參與競爭，就必須採取行動、了解自己，並規劃自己的時間和生活。他知道自己不適合臨時抱佛腳，於是設計一套符合自己個性的計畫：他開辦一個讀書會，並提前數週完成家庭作業。當其他學生在期末考前開夜車，羅伯在考前幾天就花許多時間，嚴格專注於期末考試範圍的內容。他計算自己需要多長的讀書時間，好在考前可以睡上十一個小時。當考試時間到了，他神清氣爽，思維敏銳，不像他的同學因熬夜而精神不佳。結果是，羅伯的表現出類拔萃。

在研究神童時，迦納做出的結論是，他們的能力是深植於自主性或目的性以外的某樣東西。他更確切說：「那是在莫札特、西洋棋手鮑比．菲舍爾（Bobby Fischer），或數學家卡爾．高斯（Carl Gauss）的神經系統結構或功能裡的某樣東西，使他們分別在樂音、棋子配置或數字組合的可能性上，超自然易於取得初步的純熟模式。」

相反，我們沒有理由相信本書多數的高成就者生來就天賦異稟，擁有跟神童一樣百分之一頂尖的遺傳潛力。事實上，根據我們與他們的對話，以及採訪他們孩提時代和高中時期的老師、父母、兄弟姊妹與良師益友，加上成績單、大學推薦信和申請書，還有更多理由相信，他們的先天能力完全是在人類的正常範圍以內，可能是在前四分之一。此外，他們的父母了解聰明跟強壯一樣，是可以培養的。

當然，遺傳扮演重要角色。具有先天能力的孩子易於學習，就像有些舉重選手因遺傳而具備與眾不同的生理機能，使他們能夠更快速而容易的鍛鍊肌肉。但舉重選手的力量往往也更仰賴飲食、生活方式、訓練與其他環境因素。本書中的高成就者變得更聰明，跟舉重選手變得更強壯的方式一樣，來自他們運用時間的方式與他們所專注的事物。

結論是，變得聰明遠比你所想像的更像健身。就像舉重可以鍛鍊肌肉，科學告訴我們，學習促使負責儲存知識與處理思考的大腦路徑更為密集。每一次的學習，我們的大腦就在生理上轉化為更好的使用工具。

以倫敦計程車駕駛為例。在二〇一一年的研究中，倫敦大學學院的神經學家埃莉諾・馬圭爾（Eleanor Maguire）與凱瑟琳・巫雷特（Katherine Woollett），追蹤一群準備參加「知識大全」測驗的計程車駕駛受訓者。

這是一項令人筋疲力竭的記憶測驗，需要花上二到四年的時間準備。它被稱為全世界最艱難的記憶壯舉之一，因為測驗需要駕駛熟記整個城市兩萬五千條街道與成千上萬的地標，全都在將近十公里的半徑範圍內。

馬圭爾與巫雷特在受訓者開始準備測驗前及測驗後，分別掃描他們的大腦。結果令人驚豔：通過測驗的受訓者其海馬體灰質增加，也就是大腦儲存空間表徵的部分有增加，意思是，投注在研讀、想像，以及在心智上穿梭於倫敦雜亂無序、古老而錯綜複雜的大街小巷裡，確實增長了駕駛員的腦力。

就像這些計程車駕駛，我們遇到的非凡人物，投注比多數同儕更多的時間在改進認知技巧的活動上。當他們做得更好，會出現生理上的改變，讓他們持續做得更好，就像舉重選手鍛鍊新的肌肉，讓他們容易舉起一度困難的重量。成功者透過學習發展新的神經路徑，同時維持那些一旦棄置不用就會衰退的舊有路徑。換句話說，不同於迦納研究的神童，高成就者隨著時間而變得更聰明。

我們的高成就者，是怎麼挑選的？

所以，我們是在何處，又是如何發現符合這些定義、這些擁有目的與自主性聰明的成功人士？我們研究中最多數的成功者，以及本書的特點，是數年前曾參與「我如何被養大專案」的哈佛畢業生。我們在五年後為追蹤採訪而與他們取得聯繫，選上他們，是因為他們涵蓋跨地域、社經、倫理與種族的背景。

他們在哈佛入學過程中過關斬將得以倖存，確實代表引起我們關注的成功者類型。身為學霸並不足以贏得哈佛的入學許可；許多高中畢業典禮的致詞代表都被拒於門外。除了在學業上贏過其他學生，成功的申請者必須在課外興趣項目表現優異、撰寫引人入勝的申請書、取得老師及輔導老師與眾不同的推薦信，這些全都證明他們擁有明確的目標與優異的潛力去改變世界（這是我們為本書再度採訪的成功者此刻正在做的）。

當然，哈佛絕對不是唯一可以找到這些人物的地方。另外至少有六十位在哈佛專案以外的成功者，也吸引了我們的注意。塔莎接受推薦，或在報導與編輯過程中遇到特殊的成功人士，而塔莎與隆納也都在會議、研討會及偶遇中，注意到潛在的受訪者。

舉例來說，會選上二十來歲的國際級小提琴家瑪姬，是因為塔莎驚豔於她迷人、優雅而霸氣十足的演出；查克・貝佐（Chuck Badger），是隆納在一個政治事務專門小組注意到的年輕政治顧問，他說起話來極有深度而老練世故。查克推薦超級成功的萊恩這名肯塔基農夫及農業首長的故事給我們。大腦科學教授麗莎・桑（Lisa Son），以一套創新手法教導她自己的小小孩閱讀，她是回應塔莎尋找高成就者父母的臉書貼文、在富裕的紐澤西城鎮的五十名家長之一。

幾乎每個案例都一樣，在我們坐下來與受訪者對談以前，我們對這些高成就者受到的教養內容一無所知，只知道他們確實是我們想要了解的那種充分自我實現的成功者。在每個案例中，我們看見他們經歷的教養共通性，就是構成教養方程式的八個原則和角色。現在讓我們轉向教養方程式本身，看看這八種角色，以及它們在運作中是什麼樣子。

3

教養方程式

傑瑞爾：擺脫貧窮的翻轉人生

哈佛畢業生傑瑞爾・李（Jarell Lee）最早的回憶，是媽媽把他抱在懷裡，衝出他們當時的住家。事發前幾分鐘，他還在地上玩忍者龜卡車，卻突然有一支刀子，砰的插進他身旁的木地板裡，就像刺進牆上的飛鏢那樣。

「當時我三歲。」我們在布魯克林的非洲傳統餐廳吃午飯，傑瑞爾回想起這件事，但其他都記不起來。傑瑞爾打給位於俄亥俄州的媽媽尋找答案。媽媽告訴他，那天，她男友（不是傑瑞爾的父親）朝她扔了一把刀。母子於是逃出家門，但她身無分文、無處可逃，只能在俄亥俄州克利夫蘭當地的遊民收容所落腳。從幼兒園到小學三年級，傑瑞爾待過九間不同的學校。而且光是念一年級那段期間，他也待過九間不同的遊民收容所。

他們不斷搬家，使他在童年時期沒有朋友可以說話。但傑瑞爾生命中有兩樣始終如一：母親與學習。

伊莉莎白・李（Elizabeth Lee）二十二歲時懷了傑瑞爾，她開始閱讀所有可以找到的育兒書籍。「我讀孕期準備有關的書，我讀懷孕時該做什麼事和養育階段的書。之後，我繼續讀有關養育一歲、兩歲、三歲及四歲孩子的書。」

伊莉莎白曾經是寄養家庭的孩子及優等生，在高三時因為不喜歡同學間的派系鬥爭而輟學，她相信只要照書上說的，結合她自己所理解的，就會養出一個中產階級、有傑出表現的兒子。

「我告訴孩子，我們住在貧民區，我們一貧如洗，但如果你學業拿到好成績，可以上大學，獲得成功，脫離貧窮。」伊莉莎白回憶道。

伊莉莎白很早就從教學卡開始教兒子。這兩個彼此的學習夥伴，會坐在遊民收容所的床上溫習卡片，伊莉莎白用那些卡片教兒子認識形狀、顏色、數字和單字。當她拿出卡片時，約莫三、四歲的傑瑞爾會讀出單字。

「不是逐字讀，而是隨便讀出他記得的單字。」她說。

伊莉莎白很早就發現，她這個學齡前的孩子記性好、理解快，無論是哪一種，她知道傑瑞爾需要的，超越自己所能教給他的。當時傑瑞爾還太小而不能上學，伊莉莎白自願到他的啟蒙中心當義工，觀察他們在課堂上教的每樣東西，然後回到收容所複製教學。

「我們會一起複習所學，這是他的學習方式。然後，我們會去圖書館，拿一大堆書，坐在沙發上一起閱讀。」

伊莉莎白讓整個學習過程充滿樂趣，因此傑瑞爾從來不知道自己正在學習。她一天會鎖定六個單字，母子用一個小時來複習這些單字。這個學習過程一直持續到伊莉莎白找到工作，也差不多是傑瑞爾進幼兒園的同一段時間。那時候，傑瑞爾已經擁有基本的閱讀技巧，也認識一些數字，這讓他在孩子們當中與眾不同。他回想起當時幼兒園的老師驚呼：「你會認字！」

從那時候開始，伊莉莎白就排好學習時間表，確保傑瑞爾養成在校表現良好的習慣，絕對不要辜負天分。為了讓傑瑞爾持續接受挑戰，她盡可能嘗試讓他進入最好的學校，或至少確保他可以接受資優班和才藝班的測驗，她知道傑瑞爾有資格。資優課程有時在鄰近簡陋社區的學校，有時在附近富裕社區的學校，或是貴格會學校。無論環境如何，不管要做多少事，伊莉莎白都盡可能做到，不僅為了生存，更為培育傑瑞爾茁壯成長。

在這奮力求生的過程中，伊莉莎白又有了兩個女兒。雖然她還是缺錢買書，伊莉莎白仍確保閱讀持續成為這個家裡的主要活動。公立圖書館是他們的第二個家，他們全家會花上數小時選書，並沉浸在故事和圖畫裡。「我總是有足夠的書給孩子們讀。我們讀童書，像是《彼得的椅子》（*Peter's Chair*）；我們讀所有蘇斯博士的書，像是《你是我媽媽嗎？》（*Are You My Mother?*）。」伊莉莎白說：「那是蘇斯博士的書籍當中我們最喜歡的，還有《一條魚，兩條魚，紅色的魚，藍色的魚》（*One Fish, Two Fish, Red Fish,*

Blue Fish）。我們什麼都讀，不管是誰寫的什麼書，這些書都是屬於圖書館的，而且全部免費。」

伊莉莎白儘管沒有錢，卻總是嘗試想出激勵孩子的方式，讓他們接觸日後對自己有幫助的活動。「我們會參加任何類型的遊行，以前市中心經常辦一些所謂的兒童嘉年華，我們每一年都會去。我們什麼都會去參加。」

她總是在教學，即使是在搭公車的路上。「我會指出停止標誌、交通號誌。他們會念出建築物和餐廳上面的招牌。我們會玩這類的遊戲。」

傑瑞爾形容伊莉莎白的教養風格是「關愛與慈祥」，但她自己形容為「寬大而嚴格」。她相信要給孩子自由，也知道自己已經為他們做好規畫。家庭作業就是必須在睡前完成。三個孩子都可以在週末看電視，但週間就是要拿來讀書。暑假期間，他們每週會閱讀一本書，並要寫心得報告。而草率的工作是絕對不被容許的，「我不接受除了好成績以外的結果。我會檢查傑瑞爾的報告，如果不正確，我會把它撕碎、揉成一團。不管怎樣，如果那不是你最好的作品，那你就完了。我提出更高的期許，而我知道他會做得更好。」她說。

雖然女兒們在校表現優秀，但有時候仍會拒絕她的建議。然而傑瑞爾總是負責可靠、且樂於接受要求。「他念高中時，為了盡可能完成功課，常常熬夜，隔天早上他仍會自己起床。帶他這孩子沒有任何困難，他的功課基本上都是自己完成的。他做的許多事，我都不知道他怎麼做到的，許多事都是我不會做的。如果他要寫一份報告，我能幫他的只有校對和重新編排句子，至於數學和科學，我就幫不上忙了。」

事實上，數學和科學成為傑瑞爾最喜愛的科目。這是因為當傑瑞爾還是幼兒時，伊莉莎白教他識讀教學卡、在公車上指出物體，伊莉莎白教他熱愛和理解事物，教自己搞懂不會的事。

經過多年在各個遊民收容所間四處遷徙，傑瑞爾八歲時，全家終於可以租下一間小房子。那裡距哈佛大道不到一個街區，坐落在克利夫蘭東邊蕭條區域的「聯盟里程」（Union-Miles）。傑瑞爾稱它為「荒漠」，不僅因為那裡的房子被木板圍起來，而且對街舊時的教會已成毒窟。他稱之為荒漠，更因為那些霸占街區無所事事的男生，「荒廢」他們的潛力。傑瑞爾不屬於他們那一掛。

以傑瑞爾的年齡來說，他個頭偏小，有一雙大大的耳朵，剪成所謂「漸變式」、盒子般四四方方的髮型，他偏愛九〇年代電視節目《聰明的傢伙》（*Smart Guy*）主角，一名十歲大的非裔美籍神童，但他的喜好經常引來嘲笑。孩子們會在傑瑞爾經過時忽然唱起主題曲。更糟的是，嘲笑後來演變為暴力。他二年級時，在公車上被男生們攻擊，十三歲時，被幫派襲擊而住院治療，只因為他比較喜歡埋首書中。

傑瑞爾大可做他真正想做的事：躲進家裡，把所有時間都花在讀書和打電動上。但是伊莉莎白要求他不能躲避恐懼，他必須面對這些障礙。

「母親不得不強迫我參與活動。我一直到二十三歲才擅長運動，但其實在我很小的時候就熱愛運動了，只是不大在行。」

伊莉莎白給他在真實世界裡生存的成功工具，就如教室裡給的一樣。「她告訴我：『你是黑人，絕對不要跟另外三個黑人搭同一班車，因為你很可能會因此被警察臨檢。』」傑瑞爾說。

傑瑞爾的許多鄰居同儕，在周遭的貧困生活中預見自己的命運，於是自我放棄。但伊莉莎白持續分享在生命中力求更佳表現的重要性。「她指著鄰居裡的『惡棍』對我說：『你看見這裡的人嗎？你看見他們是怎麼生活的嗎？你看見我們是怎麼生活的嗎？我們很窮。你不會希望你接下來的人生變成這樣。』」

媽媽教他走向不同的故事情節，根據傑瑞爾所說，媽媽的話每天引導著他。「她會說：『你能改變命運的唯一方式，就是在校學習，為你的人生做出與眾不同的事。』」傑瑞爾說：「她說得非常清楚，因此我總是將教育視為出路。我常常想：『在這裡生活太糟糕了，沒有人想過這樣的生活。』」

傑瑞爾八歲時，伊莉莎白的努力有了回報。忙碌的傑瑞爾拿下全科A，參與許多專題、提出自己的目標，而不只是努力達成母親為他設定的目標。正如他告訴我們的，「當我八歲時……我聽說過有關大學的事。我想進最好的大學。哪間大學是最好的？有人說是一間叫哈佛的學校。我說：『好，那就是我要去念的大學。』我不知道那意味著什麼，但從我八歲起，那就是我唯一想去就讀的大學。」

伊莉莎白對哈佛所知甚少，把傑瑞爾送進那兒也從來不是她的目標。她只知道，如果兒子要脫離貧民區，躋身中產階級，就勢必要達到高標準，接受挑戰，跟其他聰明孩子和好老師來往。

為實現這個夢想，伊莉莎白持續做功課，尋找附近更先進、設有資優教育課程的學校。事實上，當傑瑞爾剛進小學時，她甚至一度選擇一間特殊的遊民收容所，只因為那裡可以讓傑瑞爾進入較好的學區。

當時，他們待在一間過渡家庭，提供伊莉莎白全家一種特殊而穩定的家庭結構。傑瑞爾記得那裡「好極了」。放學後，收容所給予他們與其他孩子相處的罕見友誼。「那不是普通的收容所。」伊莉莎白回憶道：「我們有自己的公寓、自己的廚房、臥室、餐廳、客廳。」收容所要求如果要繼續住在那裡，父母要定期上課。孩子的家庭作業時間是下午四點到六點，每週六志工會來協助。

伊莉莎白後來又得知另外一間，位於克利夫蘭邊界郊區的謝克海茨、不那麼像家一樣舒適的過渡家庭，在六〇年代，謝克海茨因極具創意且有效努力維持種族平衡而聞名。那裡的小學體系在俄亥俄州名列前茅。

伊莉莎白面臨抉擇，她可以留在較為舒適的收容所，但把傑瑞爾送到克利夫蘭的學校，得住在沒有那麼好的收容所。

對伊莉莎白來說，這是毫無疑問的事。重要的不是他們住在什麼樣的收容所，結果傑瑞爾只能在沒那麼好的學校上幾個月的課，就會被要求搬到其他收容所。伊莉莎白孤注一擲，但是傑瑞爾轉學的效益將持續一生。

她是對的。

謝克海茨的洛蒙德小學坐落在三百多畝的美麗土地上，主建築外磚充分展現喬治亞式風格。該校曾獲《新聞週刊》專題報導，以學術卓越聞名。絕佳的教學強化了伊莉莎白過去曾教導傑瑞爾的基本技巧，對他日後的成績大有幫助。他們在洛蒙德的短期經驗帶來不可磨滅的深刻印象，母子二人都嘗到了置身一流學校是什麼滋味。

事實上，伊莉莎白相信，傑瑞爾在洛蒙德的這段短暫期間，不只立志要攻讀哈佛，更決心要進入一流高中，特別像是霍肯獨立預備學校，在兩次毅然決定的嘗試後，他才得以進入。

回想起來，轉換收容所，以確保傑瑞爾進入適合的學校，是伊莉莎白所做兩項重大教育決定中的第一項，間接帶領傑瑞爾進入哈佛大門。

伊莉莎白的第二項決定，是介紹傑瑞爾認識良師益友，更深遠促成他實現進大學的目標。傑瑞爾十一歲時，伊莉莎白開始介紹他認識一些行為榜樣，幫助他想像自己有一天可以成為什麼樣的人。當中有一位，是當時新加入他們家的教會牧師。

格雷格．多爾西（Greg Dorsi）長老還記得，他總是對伊莉莎白及她的三個孩子印象深刻。兩個妹妹文雅而充滿好奇，哥哥則是彬彬有禮又聰明。他觀察，伊莉莎白就跟任何中產階級的家長一樣有策略，儘管面臨財務困頓。

「她很敏銳，也很聰明。」多爾西長老這麼形容伊莉莎白。他把伊莉莎白視為所有家長的典範。「不論你住在哪裡，不論你的種族、文化，即使你是單親家長，都必須從孩子一歲開始就關注他們的智力。」

多爾西特別欣賞傑瑞爾的成熟與學業技巧，並鼓勵傑瑞爾參與教會有意義的活動，相信這會加強他的社交技巧。傑瑞爾在那裡教最年幼的孩子主日學。當傑瑞爾參加教會的饒舌歌舞團，多爾西也鼓掌喝采。

「多爾西長老是教我如何打領帶的人。他給我許多他的舊衣服，讓我有好衣服可以穿。」傑瑞爾說。

多爾西確實幫傑瑞爾獲得學費補助。傑瑞爾申請大學時，哈佛仍是他的夢想首選。他跟一名當地的研究生會面，對方似乎很喜歡他，但大學招生負責人懷疑傑瑞爾的家庭，是否真如他們所報告的那樣經濟拮据。招生辦公室需要更多正當理由，才能提供傑瑞爾所需的大學助學金。

伊莉莎白請多爾西這位優雅的溝通專家，幫傑瑞爾寫信說服學校，說明她的兒子值得獲得學校的經濟協助。

多爾西回想他跟傑瑞爾坐下來擬訂計畫。「你告訴他們，你是由一位充滿慈愛與關懷的母親撫養長大，而你的牧師從你十二歲起就協助指導，然後描述你對社區的貢獻。」

多爾西並未誇大其辭。傑瑞爾申請大學時，他的優異學業與成功潛力，對每個認識他的人來說，都無庸置疑。霍肯高中的老師在他申請哈佛的推薦信中是這樣寫的：

多數從外面進來的學生，特別是在尚未規範入學標準的那幾年，在適應霍肯的嚴格課業上，會面臨顯著挑戰……然而，從第一天開始，傑瑞爾便展現出成為優秀學生的模樣……當下課時他對課程內容感到困惑，會回家重讀教科書。然後隔天他會回來問我，他現在是不是「理解」那個概念了。一次又一次，當其他學生因為「太難懂」而放棄，我因他的自學能力而大為驚奇。許多學生都難以獨立閱讀或為自己的學習負責，但傑瑞爾從不允許自己那樣。

伊莉莎白的高超教養有了回報。她所做的選擇，以及她在孩子童年時期扮演的角色，培育傑瑞爾在霍肯預備學校、常春藤盟校及更遠大的競爭中獲得成功。儘管他被養育長大的環境，與傳統上得以進入那些一流學府的人們相隔遙遠。

現在傑瑞爾已婚，育有一名新生兒，受聘為教育工作者。他迅速爬上教育階梯，二十幾歲就當上校長，這是多數老師才剛在教室找到立足點的年齡。二〇一四年起，他在紐約市、紐澤西和最近才搬離的芝加哥等地的學校工作。仍然非常年輕的他，已發展人生的熾熱目標，要幫助那些過去跟他一樣的孩子，擁有跟他一樣幸運的機會。

傑瑞爾相信，他正透過包容改變世界，「一次照顧一個孩子」。但他更大的目標，是改變全社區孩子的學習成果。

換句話說，傑瑞爾確實成為伊莉莎白當初想像的人，當她初次懷孕，開始閱讀所有育兒書籍，盼望她未出生的兒子，一定要擁有更美好的人生。

教養方程式：大師級父母的八種角色

伊莉莎白在不知不覺中，遵循了一套獨特的父母藍圖，協助傑瑞爾發揮潛力，成就今天這個聰明、堅定而有目標的年輕人。這套父母藍圖，就是教養方程式。

教養方程式是由八種不同的教養角色構成，每種角色是由一或兩位家長（或在某些個案中，是其他家庭成員或親友），在孩子生命中的某段特定時期扮演。

這些角色當中的每一種，都代表有策略的行為模式，在多年的過程中，部分重疊的實施行動與決策。雖然基於家庭環境與家長世界觀的不同，每個家庭扮演這些角色的確切風格有所不同，但每種角色的基本訣竅顯然跨越各個不同族群，極其相似。

早期學習夥伴

早期學習夥伴在孩子生命最初五年是最重要的，因為孩子的大腦在這段時期，已達到成年容量的九〇％。扮演早期學習夥伴的家長，會花大量時間跟孩子進行塑造大腦的遊戲及讀寫活動，激發孩子的想像力，同時培養求知若渴的心態。

伊莉莎白和傑瑞爾閱讀與討論圖書館的書、指出事物讓孩子研究的方式，以及他們慣常使用教學卡來發展早期閱讀與數學技巧，都在

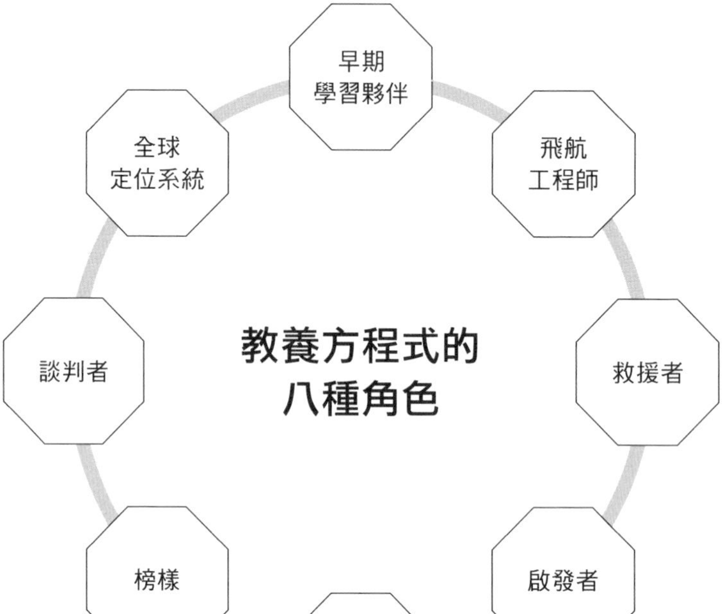

塑造傑瑞爾，使他從進幼兒園起就領先多數同儕。而伊莉莎白習慣刻意提出問題，要求傑瑞爾努力學會解答，也幫助他發展自信，成為一名學習者。

飛航工程師

當孩子進入學校後，飛航工程師的角色將特別突出。就像太空船的飛航工程師，需監督太空船的所有系統，必要時能夠插手執行任何人的工作。扮演飛航工程師角色的家長，確保所有為孩子工作的人員和系統都能適當運作，謀求孩子的最大福祉。如果有些事開始偏離軌道，如出現紀律問題，或孩子收到令人困惑的作業評語，或是自信的孩子跟固執的老師之間關係緊張，飛航工程師會介入處理，與他人一同努力尋求解決之道。

每次傑瑞爾轉學，伊莉莎白都會跟行政人員見面，確保他們會為兒子進行資優班測試，因為她知道，最嚴格的班級會給他最高品質的技巧與知識，他得在其他高成就者環伺之下保持競爭力，並且有資格獲得資優班伴隨而來的種種機會，這就是他需要的。

救援者

救援者和飛航工程師都專注於解決問題，但飛航工程師是在孩子已經參與的系統（通常是學校）中尋求解決之道，救援者則像是緊急狀況急救員，通常他們會自己衝進去解決問題，否則機會的大門就會關上。

有時救援者的角色牽涉到尋找盟友，因為他們擁有較多金錢或人脈，或更了解如何應付家長不熟悉的複雜機構。就像駐外記者透過救援者幫助而在敵對的新領土上生存，扮演救援者的家長尋找適當的人物及資源以圓滿達成任務——就如伊莉莎白尋求牧師協助傑瑞爾，回應有關哈佛助學金的事宜。

啟發者

扮演啟發者的家長讓孩子接觸新觀念，包括他們可以學習的事物、可以去到的地方，以及可以成為的人物。他們展開拓展心靈的話題，吸引孩子的注意力，也讓他們透過窺見自己可以成為什麼樣的人、做什麼樣的事，幫助他們了解自己的潛在可能。

伊莉莎白讓傑瑞爾參加教會活動，帶他去免費的音樂會、博物館和遊行，拓展他的世界觀。她介紹傑瑞爾加入黑人成功者專案，該專案撮合黑人專業人士與像傑瑞爾這樣的貧苦小孩，提供看起來跟他們相像的成功人物典範。在這個過程中，她讓傑瑞爾接觸弱勢兒童鮮少得見的世界。這些經驗也賦予他一種眼光，那正是他現在從事的教育工作中最有意義的部分：為那些擁有大好機會與毫無機會的人們，搭起橋梁。

哲學家

哲學家的角色從孩子生命的早期持續參與一生，協助孩子追尋人生意義與目的。大師級父母跟孩子分享他們的世界觀，孩子則以那套世界觀做為指引。

對於像伊莉莎白這樣在生活貧困中養育高成就孩子的家長而言，他們傳遞的人生哲學核心信條即是：貧窮是無法接受的命運。當伊莉莎白帶著五歲的傑瑞爾搭公車，指著街角遊手好閒的男性做為警惕時，傑瑞爾相信媽媽所說的：只要他在校表現卓越，就可以脫離這樣的命運。伊莉莎白這套透過教育得以成功的人生哲學，驅使傑瑞爾相信自己可以且應當與高社經階層的學生競爭，即使統計數字囂張的指出，像傑瑞爾這樣的人不會也不可能成功。

榜樣

榜樣是透過示範及行為來指導，而不只是用說的，以希望孩子將來會有的舉止態度來做人處事。父母的行為反映他們的世界觀，讓孩子親身觀察父母預備塑造他們成為什麼樣的人。

伊莉莎白在傑瑞爾的成長過程中修習大學課程；傑瑞爾看見媽媽儘管得照顧他和妹妹，仍持續研究、閱讀。她這麼做是在示範強烈的抱負、決心、策略行為與彈性，那是她希望傑瑞爾也能發展出來的特質。若不是伊莉莎白示範另一種更成功的生活方式，傑瑞爾可能早已模仿他在街頭觀察到的人們——那些「惡棍和痞子」，並懷疑是否真的可能擁有不一樣的人生。

談判者

救援者插手解決令人卻步、孩子無法獨自克服的問題，談判者則是訓練孩子照顧自己。談判者幫助孩子預備成為熟練的決策者與獨立的行動者，具備有效自我主張的能力。

孩子並非被容許隨心所欲選擇。談判者在培養與鼓勵孩子獨立的同時，也在必要時出面限制、提供處罰、否決糟糕的決定，或強制執行有益的要求。孩子擁有發言權與提供充分理由的機會，但大師級父母設定前後一致的規則與界線。

伊莉莎白總是尊重傑瑞爾的智慧，並且教導他，挑戰大人是他的權利，而他後來在霍肯高中，就針對一名老師對《紅字》（*The Scarlet Letter*）一書所做的詮釋提出質疑。但當傑瑞爾想要待在家裡讀書，避免出門被嘲笑，伊莉莎白卻堅持要他花時間出門認識及結交朋友。傑瑞爾遵守她的規定，但他也有發言權，他會如她所希望的踏出家門，但可以選擇從事哪項（由伊莉莎白批准的）課外活動。

全球定位系統

最後一種角色：全球定位系統，將父母的建議與智慧停留在孩子的記憶中，協助指引他們選擇人生的目的。就像我們安裝在手機裡或車上的導航系統，扮演全球定位系統的大師級父母提供方向一致的人生哲學，未來即使父母不在場，或是孩子離家很久以後，仍有深遠的影響。

伊莉莎白經常向傑瑞爾保證，他值得享有優異的教育，這項訊息幫助他感覺自己屬於那些有時令人生畏、但他想要進入的學術與社交空間中，他只是必須努力才能抵達。伊莉莎白的話語在傑瑞爾心中迴響多年，驅使他不斷尋找堅持下去的方法，就算他必須在哈佛打掃廁所以賺取額外的金錢。當時伊莉莎白的指導也驅策著傑瑞爾，他對著自己教導的、來自低收入社區的黑人及拉丁裔孩子，分享這些令人振奮的訊息，並擴展伊莉莎白的影響力，也推動他自己的影響力：「你值得在跟我一樣的位置上。」

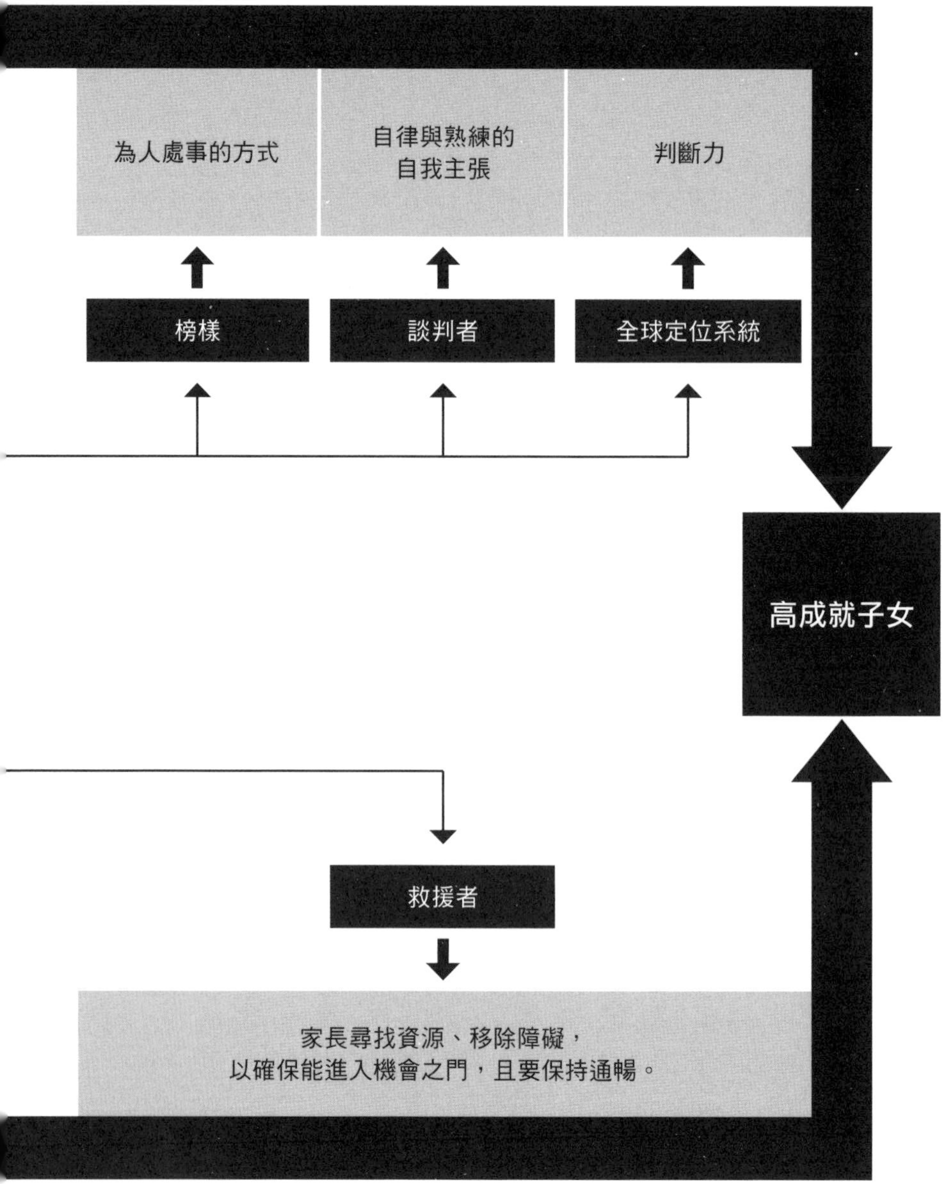
為人處事的方式
自律與熟練的
自我主張
判斷力
榜樣
談判者
全球定位系統
高成就子女
救援者
家長尋找資源、移除障礙，
以確保能進入機會之門，且要保持通暢。

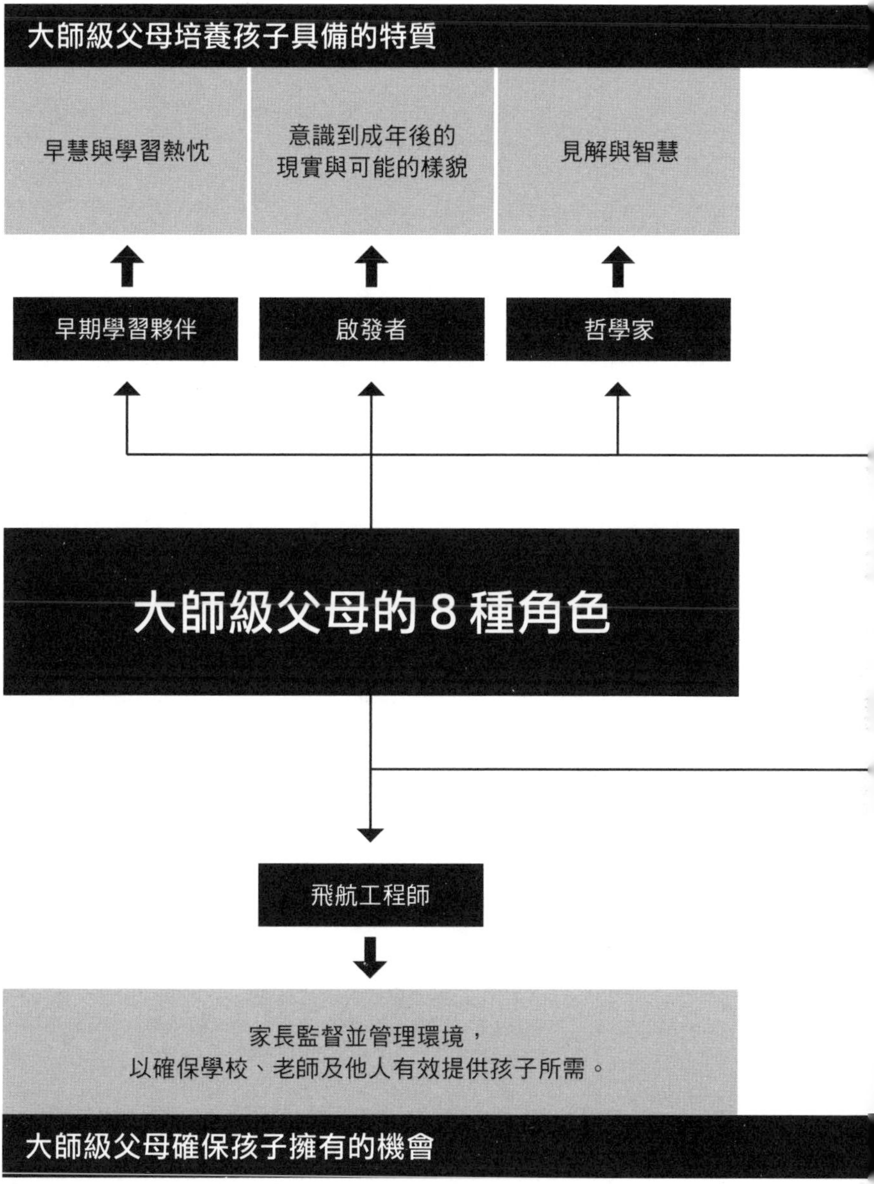
大師級父母培養孩子具備的特質
早慧與學習熱忱
意識到成年後的現實與可能的樣貌
見解與智慧
早期學習夥伴
啟發者
哲學家
大師級父母的 8 種角色
飛航工程師
家長監督並管理環境，以確保學校、老師及他人有效提供孩子所需。
大師級父母確保孩子擁有的機會

教養方程式的角色可分為兩組。第一組角色培養孩子成功的特質，訓練他們在世界上的競爭力。例如，早期學習夥伴鼓勵孩子發揮好奇心，激發孩子學習新事物的熱情。這組由飛航工程師與救援者兩種角色以外的六種教養方程式角色構成。第二組只有飛航工程師與救援者兩種角色，但重要性絲毫不減，重點在確保孩子取得成功的機會，是尋求及保障孩子的機會。在教養方程式的八種角色中，只有早期學習夥伴和飛航工程師這兩種，是依特定的順序扮演：當孩子離家進入新世界，家長也從近距離管理（早期學習夥伴）轉為遠距管理（飛航工程師）。這兩種角色是很基本的，扮演這些角色的家長負責讓孩子成功進入世界，而這些初步影響產生的強大作用，到進入成年期之後仍可看見。

其他角色則是同時扮演，與擔當早期學習夥伴及飛航工程師的時期部分重疊，不過有些角色會隨著時間而提升其重要性。比方說，啟發者的工作在童年早期悄悄展開，家長介紹孩子認識世界的日常運作方式，但當孩子離家，啟發者的角色隨之擴展，家長開始讓孩子接觸更大、更新的地方，以及更多的興趣和不同的人們。

這八種角色共同構成一套成功教養的基本原則：一套塑造聰明、有目的、有自信成年人的教養方程式。

教養方程式與其他理論有何不同？

當然，教養方程式只是有關「教養如何塑造孩子」眾多理論中的一種。有人已思考過，教養在中產階級與勞工階級之間有何不同（精心栽培與自然放養）、深度參與孩子生活的利弊（直升機父母），以及管理紀律的不同教養模式如何影響行為和成績（權威式、獨裁式或放任式教養）。近幾年，一本暢銷書甚至吹捧根植於亞洲傳統文化的教養模式應有的好處（虎媽教養）。

教養方程式與眾不同，我們已經發現這種帶來優異成就的教養模式有其獨特之處。我們不需要回應現有的教養觀念，證明孰是孰非；也不需要在相互矛盾的理念中，試圖判斷何者對家長最為有效。我們是真誠的敞開心胸探尋，那些來自不同種族、社經背景與國籍血統，以各種合理判斷標準來說均充分發揮人生意義的年輕人，是否都以相似的方式被教養長大。

然而，教養方程式確實與許多仔細研究過的教養方式具有共通性，值得在此花一點時間加以比較。一方面可以看見教養方程式與其他教養模式重疊之處，一方面更了解大師級父母模式的獨特。

精心栽培

一九九〇年代，賓州大學社會學家安妮特．拉羅（Annette Lareau）和她的研究生團隊，耗時整整三週，密集觀察十二個家庭，六個是白人家庭、五個黑人家庭，還有一個跨種族家庭，做為另一項大型研究中的一部分，該大型研究的對象是八十八名來自貧困勞工階級與中產階級的小學中年級生家庭。

拉羅的結論是，來自不同社經背景的孩子，所接受的教養方式截然不同。這兩種對比的教養風格，第一種稱為精心栽培。

這種教養風格在中產階級最為普遍，教導孩子與一般大人及特殊的權威人物自信互動。精心栽培鼓勵放學後及週末假期參與高水準的課外活動。拉羅觀察，施行這種教養風格的父母，通常會強迫孩子從事不是由他們自己選擇的活動。他們也傾向過度安排孩子的生活，因此限制孩子發展個人興趣或學習運用自由時間的機會。

依教養方程式原則養育的孩子，也被教導可以自在的跟大人說話，包括如何與大人談判以達到自己的目的。家長也鼓勵他們參與課外活動。

但以精心栽培教養孩子的家長，大部分會規定孩子從事哪些活動，大師級父母的孩子則多半是自行選擇。大師級父母提供菜單，由孩子選擇餐點。本書中的成功人士在孩提時代都參與豐富的課後活動，也都花大量自由時間，從事自己真正著迷的「熱衷項目」，並邁向純熟。

自然放養

拉羅發現的第二種教養風格，稱為自然放養，普遍出現在勞工階級及貧困家庭，家長傾向認為，大人應該關心、注意孩子的安全，而孩子則應當在沒有太多大人干擾的情況下自由成長。

在自然放養的教養風格裡，孩子擁有大量的自由時間到戶外玩耍，發展自己的友誼與興趣。但因為他們是獨自或與其他孩子打發大把時間，因此與精心栽培教養的孩子相較，他們較難與權威人物自在互動，也較難發展自我主張的語言技巧。他們的家長發號施令，不容許辯論與談判。精心栽培教養下的中產階級孩子可能會對家長沒禮貌，但根據拉羅的看法，他們不畏權威，可能會成為未來的優勢（雖然教養方程式的成果將孩子培養為可以跟大人自在互動，必要時甚至可以反對大人，但我們的成功者幾乎都表示，大人通常不會容忍他們沒禮貌）。

拉羅也注意到，與中產階級家長相較，勞工階級家長可能會羞於向老師及行政人員提出要求，表示他們的孩子最後可能較少受到老師及學校的照顧。大師級父母則無論社經地位如何，都會保持警覺並堅持其主張。

不可否認，自然放養的育兒方式也有它的優點。一般來說，孩子能夠在較大範圍的活動中做選擇，跟兄弟姊妹及大家庭成員發展較緊密的關係。雖然缺乏經濟資源，可能會阻礙藍領階級家長把孩子送去參與加強課程，但拉羅觀察到，與中產階級的孩子相較，勞工階級的孩子比較不會感到無聊，也比較不會筋疲力竭，在學習上更獨立。

教養方程式也容許充分獨立，當大師級父母諄諄教誨孩子建立常規而養成習慣，習慣便在無意識中引導孩子。就像勞工階級家長遵循自然放養的模式，大師級父母容許孩子更自由的發展興趣，相信孩子可以安排自己的時間。但許多勞工階級家長是因為經濟因素被迫如此，大師級父母卻是有策略選擇給予孩子這方面的自由，因為他們知道孩子將會從中受益。

直升機父母

直升機父母這個用語來自海姆．吉諾特（Haim Ginott）博士於一九六九年的著作《父母與青少年之間》（*Between Parent and Teenager*），書中一名孩子抱怨媽媽像直升機一樣在他上空盤旋。這種教養風格過度參與，往往造成干擾，因此這個用語通常被視為帶有貶義。但直升機父母並非毫無益處，大量的關注有助於讓孩子感受到關心，也提供家長充分的機會去監督孩子及老師，並帶領孩子接觸新事物。

然而，直升機父母通常無處不在，因此限制了孩子學習獨自克服障礙、對自身能力建立信心的機會。直升機父母的孩子難以建立真正屬於自己的人際關係，特別是跟大人之間。直升機父母也造成自己的精神損失，他們深深沉浸在扮演孩子照顧者的身分，一旦孩子離家，他們便悵然若失。

在教養方程式裡，家長仔細監督並有策略的參與孩子。在飛航工程師及救援者的角色裡，家長多半會保持距離，只有當孩子無法自行處理狀況時才介入。這會讓孩子對自己的能力建立信心，可以獨立解決事情，同時仍感到安全及受到支持。儘管大師級父母將育兒視為第一優先，那卻不是他們的全世界。換句話說，育兒是優先順位，也是犧牲奉獻的理由，但大師級父母仍有不同於育兒的個人興趣及目標。

虎爸虎媽

耶魯教授及兩個孩子的媽媽蔡美兒（Amy Chua）在二〇一一年出版、探討亞洲家庭採取強制手段的自傳《虎媽的戰歌》（*Battle Hymn of the Tiger Mother*）裡，創造了「虎媽」這個流行語。

就像早期學習夥伴，虎爸虎媽花大量時間跟幼兒一起閱讀及玩遊戲，以幫助他們養成學習新事物的習慣與熱忱。但之後，虎爸虎媽會高度要求孩子在學業及課外活動兩方面均達到完美。大師級父母希望孩子盡力而為，成績提供這方面的有效指標，但他們並不會執著於孩子是否達到完美或取得常春藤盟校的入學許可。對他們來說，重要的不是孩子努力達成父母認為他們應當如何行事為人的想法，而是讓孩子找到自己的人生方向，並學習如何朝著那個方向有成效的努力邁進。

虎爸虎媽未能鼓勵自主性，也可能妨礙自主權充分發展。更甚者，它可能造成情緒傷害，引發信心不足及憤恨不滿的感覺。二〇一三年，一項針對四百四十四名華裔美籍學生所做的研究發現，在這些家庭中，虎爸虎媽既不是最普遍，也不是最有效的育兒方式。與較偏重「支持性」風格所教養的孩子相比，虎爸虎媽教養出來的孩子成績較低，也比較不重視家庭。相反，大師級父母透過幫助孩子發現自己的人生目標，並支持他們努力達成目標，促使高成就孩子展現最好的特質。

權威式教養

最後一種有助於理解教養方程式的教養風格，即權威式教養。

一九六〇年代，臨床心理學家黛安娜・鮑姆林德（Diana Baumrind）關注著當時管教兒童被誤導為對兒童有害的辯論。一派家長相信，即使在孩子行為不當時，仍應避免打小孩，選擇以擁抱、親吻孩子取代。另一派家長相信，應當以鐵腕作風控制管理孩子，嚴格迅速施行體罰。

鮑姆林德相信兩者都錯了。她創造權威式教養這個用語，代表「寬大而嚴格」的中間地帶，正是伊莉莎白用來形容自己的措辭。權威式教養風格的定義是，在情感上敏銳回應而充滿關愛，但建立與執行規則時也堅定不移（仍保有公平）。採用權威式風格教養出來的孩子，知道家長傾聽並尊重他們，但也知道家長會執行已經建立的規則。

權威式教養與太少回應孩子的喜好（獨裁式教養）、太少設立界線（放任式教養），以及太少回應也太少執行界線（疏忽式教養）的教養模式，形成對照。

至此，在我們討論過的教養類型中，權威式教養與教養方程式的共通性最多。權威式家長如同大師級父母，在讓孩子自己做決定和劃清界線之間，能有效取得平衡。

教養方程式的策略性模式

儘管教養方程式與上述所有教養風格擁有一些共通之處，卻在教養孩子長大成為具有高度智慧、目標明確的成功者的規畫之中脫穎而出。這是因為，大師級父母具有強烈企圖而有策略的育兒模式。

4

策略性模式

麗莎．桑奇特而有策略的教養模式

專精於思考與科學學習的心理學教授麗莎．桑（Lisa Son），她所推行的教養風格，是只有少數人才擁有膽量或具備能力去嘗試的：基本上是要對孩子有策略的說謊。透過這種非正統的教養風格，她養育出聰明而思想靈活的孩子，他們樂於提出問題，然後自己想出答案。

麗莎是四十歲左右的韓國移民之女，生於北紐澤西州，與擔任電腦程式設計師的先生及一雙兒女，住在紐約市西邊富裕的紐澤西郊區夏特山。在我們採訪當時，他們的女兒八歲、兒子三歲。

夏特山在二〇一四年被《時代》雜誌列為「全美最富有的城鎮」，匯聚著企業領導人與曼哈頓大型公司主管。夏特山房價中位數為一百七十五萬美元，每十戶中有七戶收入超過十五萬美元。就這一點來說，在他們社區裡，人人得學會三種語言，有些孩子的雙親都是美國人，但在學英語前就先學了中文或西班牙文，好贏在起跑點。根據《時代》雜誌報導，此區孩子的標準化測驗成績在全國名列前茅。

這一切財富與成就都伴隨著壓力而來。麗莎看見許多孩子被逼著樣樣爭第一，而他們忙得焦頭爛額的父母則在一連串的活動中倉促趕場。但她也看見這群父母過於輕易給予孩子問題的答案，或是當孩子答錯時，就在挫敗中吼出正確答案。但是麗莎不會這樣。

「女兒三歲半時，第一次要打電話給我遠在韓國的表哥。那時候是晚上，我說：『喔，他今天早上才剛要醒來呢！』她說：『什麼？』這對她來說非常難懂。我說：『是啊，那邊現在是早上，我們這裡是晚上。』而她的反應是：『什麼？為什麼？』」

或許有人會期待麗莎把地球自轉的道理解釋給她這個早慧的年幼女兒聽，但麗莎從不給女兒答案，把她蒙在鼓裡長達三個月。每天早上當女兒醒來，會問起那個可能正準備上床睡覺的表舅。「她搞不懂怎麼回事。」麗莎回憶道。

之後三個月內，麗莎提供女兒一些小提示，教導她，是來自太陽的光形成了白天，但從不給正確答案。最後，她給了個「超大提示」。

「女兒那時候已經知道光是來自太陽，我在黑漆漆的房間裡握住拳頭，然後手伸直，拿出手電筒，跟她說，如果太陽在這裡，就有陽光，於是我把手電筒打開。好，我們在哪裡？她那時候已經了解地球的自轉與公轉，所以是她自己搞懂了，只是透過我的暗示。我想她以後永遠不會忘記了。」

身為認知心理學與記憶專家，麗莎研究各式各樣強化學習的策略。有一種奇特而異乎尋常的方法，對她這兩個好奇寶寶十分有效：針對特定事實，對他們說些無傷大雅的謊言，像是不立即給他們答案，讓他們對自己理解事物的能力建立信心。

「對於純知覺的事實，我經常對孩子撒謊。」她坦承，當女兒在學拼音時，問麗莎 happy 這個字怎麼拼。麗莎告訴她是 h-a-p-y，然後加上一句：「我覺得。」

女兒知道哪裡不對勁。她把字寫下來，然後懷疑的皺起鼻子研究。「我覺得，看起來不對。」

「嗯，我覺得是 h-a-p-y。」麗莎回答。

女兒試著用其他方式拼字，終於靠自己寫出 happy。「如果她問我一個字的拼法，我從不給她直截了當的答案，但我會給她提示。」有一次，女兒問 crazy 這個字怎麼拼。「她不知道最後一個字母是什麼，不知道是 crazie 還是 crazy。於是我說：『crazy 長得比較像 babies 還是其他字？』」

為了把這個字想出來，麗莎的女兒必須根據她對其他字的認識，想像那個字應該是長什麼樣子。

麗莎無意要讓孩子困惑。「而是要減少直接給予意見的習慣，那可能適得其反。父母的本能是要給孩子所有答案，但可能會減緩他們的學習過程。即使孩子會犯錯，更重要的是獨立學習。」

就像我們採訪的其他大師級父母，麗莎運用大量時間針對如何養成她希望孩子具備的特質而研擬策略：「關於如何培養寬容與不帶爭議的見解，我想了很多。我希望我的孩子能做到。」

她也透過無傷大雅的謊言達到這項成果，這個情況是提供錯誤答案。「兒子一歲半時正在學顏色認知，他會到處走啊走，說：『喔，那是藍色。』我會說：『不，不是。那是粉紅色。』他會非常納悶的看著我，覺得那是藍色。然後他會說：『好吧，但我覺得是藍色。』我會說：『嗯，我覺得是粉紅色。』」

如此令人難忘的對話，她知道兒子永遠不會忘記。這教會他，不同人有不同的觀點與意見，因此要相信自己的判斷，同時也能尊重他人。

「從那時候開始，他了解到我看事情的方式跟他不一樣，但他可以接受。我喜歡就自己的想法及他人的想法，提出非常有彈性的理念。我帶出來的兩個孩子也都喜歡這樣。」

麗莎說：「首先，這是向他們表明，正確答案未必只有一個。其次，這有助於建立他們的信心。也就是說，即使別人不同意他們的看法，他們還是可以堅持立場。」

麗莎的教養風格與眾不同嗎？確實如此。但隱藏在那背後的策略性思考，是大師級父母激發孩子學習的典型模式。麗莎了解她的孩子喜歡自己找答案，然而搞不懂的時候就會不開心，於是她培養恰到好處的神祕感，激勵他們尋求解決之道。她用提示助孩子一臂之力，答案近在咫尺。她把車停在車道盡頭，讓他們自己走完剩下的路。

過程中，孩子學習不去期待或依賴其他任何人給予答案，而是自己找答案，並享受追尋的過程。

「讓孩子獨立學習，意味著你把孩子放在駕駛座上。這種主動學習構成了我所研究的後設認知核心。舉例來說，即使是跟較大的孩子主動討論課程或安排實驗課，也比讓學生被動坐著聽傳統的講課來得有益。」麗莎說。

雖然孩子還小，她已看見自己的努力有了回報。他們很早就開始閱讀，也已經會使用雙語。她的一雙兒女都能靈活而獨立思考，也能自在的向大人提出疑問，這一切特質，都是麗莎當初預想，並採取有策略的步驟去培養的。

有意圖的教養藝術

大師級教養有目的且並非偶然，想想伊莉莎白，因為希望年幼的傑瑞爾在校表現良好，不必住在克利夫蘭市中心貧民區，於是有策略把兒子推進加速的學習軌道上。當他還是幼兒時，就教他閱讀與數數，而選擇收容所的考量，也是根據他們是否能夠提供設有資優班的入學管道。

我們採訪的所有成功人士家長，如麗莎及伊莉莎白，都是不折不扣的策略家。策略家預想他們希望的未來，然後反向解題，去思考並執行抵達目標的必要步驟。這正是大師級父母所做的。

成為有效的策略家，需要做到三件事。最明顯的是，父母要成為孩子的學生。大師級父母向孩子徹底學習，並隨之校準行動。如果麗莎的孩子易於受挫，那麼讓他們自己想出答案的這種方式，可能會造成反效果；他們可能會乾脆放棄。但因為麗莎知道孩子們會堅持不懈，她可以把他們的好奇心轉為練習獨立學習事物。透過觀察成功者的成長與學習，大師級父母也會調整他們的模式以引導孩子發展，讓他們一直在邁向成功的軌道上。但有效的教養策略需具備另兩項基本要素：父母的願景，以及願景背後的強烈動機。

大師級父母的動機

人們的個人歷史，塑造了他們的世界觀與價值觀，決定他們如何觀看與回應世界，無庸置疑，也會影響他們的育兒方式。

就大師級父母來說，他們的個人歷史通常形成根深柢固的強烈動機，我們稱之為「渴望」。渴望驅使家長多走一里路，做出必要的犧牲，以應用大師級教養原則。「渴望」驅策伊莉莎白，即使沒有錢、沒有家、悲慘而挫敗的奮力撫養兒子，但仍不顧一切，要確保孩子長大以後擁有比她更好的人生，於是夜復一夜在遊民收容所裡，教導她的寶貝兒子如何閱讀與數數。

換句話說，渴望激起大師級父母養育孩子發揮極致能力的決心，也塑造他們準備著手進行的方式。

以斯帖．沃西基：培養敢於挑戰權威的女兒

帕羅奧圖（Palo Alto）的新聞學老師以斯帖．沃西基（Esther Wojcicki）數不清有多少次，被人們詢問同樣的問題：她和史丹佛大學物理學家史丹利，她的先生，是如何培養

三個女兒長大，讓她們能在男性主導的領域獨霸一方？連她都問過自己這個問題。

她的女兒曾被稱為「矽谷姊妹花」。年紀最大的蘇珊，是 YouTube 執行長。數年前，她是 Google 第一位行銷經理。《富比士》雜誌曾將她列為全球最有權勢的女性之一。以斯帖最小的女兒安妮，是革命性的個人基因檢測公司 23andMe 執行長，《時代》雜誌將該公司的檢測方法評為二〇〇八年全世界最重大的發明。以斯帖排行居中的女兒珍妮，她的事業生涯或許比較低調，但同樣令人讚賞。珍妮是人類學家暨加州大學舊金山分校醫學院流行病學教授，是能說數種非洲方言的傅爾布萊特學術交流基金會學者，也是探討營養問題與愛滋病毒感染發展關係的先驅，關注撒哈拉沙漠以南的非洲人民。

在電視及雜誌專訪中，以斯帖的女兒們竭盡所能的說明，父母如何幫助她們達到今天的成就，特別是母親。她們描述母親教導她們，幾乎任何問題都可以解決，而且可以質疑權威，有時這甚至是必須的。「我們從來不受任何人威嚇。」安妮說。因為她們被教養長大的方式，她們不懼怕投入艱難挑戰，也從不接受「無法改善現況」這種想法。

儘管如此，以斯帖教養成功的真正祕訣不在於她的方式，而在於是什麼推動她採取這種方式，那是她的渴望。以斯帖受到一股強烈的渴望驅使，要培養無所畏懼的女兒，敢於挑戰權威，並追求她原生家庭試圖剝奪她的機會。

以斯帖生長在一個貧困、正統、重男輕女的猶太家庭及社區。以斯帖身為家中長女，大弟才剛出生，她就被告知，大弟是未來家裡的老大：弟弟會成為他們家的第一優先，而不是以斯帖。

以斯帖十歲時，已經清楚意識到他們家有多麼貧困。「我們什麼都沒有，我們低於貧困水平線。就是從那時候開始，我確定讀書是我唯一的出路。」但當她十四歲時，她的父母宣布，他們不會幫忙女兒支付她的大學費用，就算她是傑出學生、後來在高中畢業典禮擔任致詞代表的事實已擺在眼前。「我父母說，他們會把所有錢省下來，留給我的三個弟弟使用。」

以斯帖的父母告訴她，她的人生目標，就是嫁給有錢的猶太人。她立即反抗，當還在念高中時，她就找到一份報導工作，並獲得加州大學柏克萊分校的大學獎學金，之後取得英文及政治學的學士學位。

以斯帖的成長過程向世界證明，女孩跟男孩一樣好也一樣聰明。這激起她堅定不移的決心，要培養女兒成為擁有自信而驚天動地的超級巨星。而她做到了。

從以斯帖的背景可以看見，她的女兒們願意質疑權威的根源。以斯帖的么弟大衛小時候因為把玩藥罐子，吞下裡頭的阿斯匹靈導致死亡。母親最初發現大衛服下阿斯匹靈時，打電話給一位醫生，醫生指導她把孩子放在床上，她照做了，但大衛還是不舒服。當家人急忙把大衛帶去急診室，卻被三間醫院拒絕——因為他們無法證明有能力支付醫藥費。第四間醫院總算收下了么弟，但為時已晚。

么弟白白送死，這件事教會以斯帖，擁有權勢地位的人可能因為無能而冷漠，他們並不值得擁有母親給予他們的尊重。她開始以母親從未採取的方式質疑權威，她獨立思考、挑戰權威，維護家人的主張。拜她這股渴望的力量所賜，同樣的人生觀點也傳承給了她的女兒們。

大師級父母的願景

以斯帖的渴望不僅激發她對教養的投入，也喚起一個清晰的願景，呈現她希望女兒們有一天會成為的樣子（獨立而無懼於挑戰權威），這個願景一路引導著她的教養方式。

對大師級父母來說，孩子會成為的形象，也就是他們希望孩子有一天會具備的、值得讚賞的特質，這是由父母的個人歷史，也是他們的教養策略核心塑造而來。我們將這種夢寐以求的願景稱為「全像式理想」。全像式，因為父母在腦海裡放映孩子長大成人後的形象；理想，則是因為形象涵蓋了父母希望孩子擁有的一切美好特質。

對大師級父母來說，他們在孩子出生前預見的全像式理想，具備他們欣賞他人與渴望自己所擁有的一系列特質。許多家長想像的生活方式，可以擺脫貧窮與艱辛，以及擁有大量的支持以充實成長。儘管家長自己可能無法達成這樣的生活理想，但他們投入最大的努力，讓理想在孩子的身上成真。

這並不表示家長是利用孩子彌補自己的失敗，或試圖透過孩子活出自己的夢想。大師級父母的目標，是幫助孩子活出最好的自我，而不是成為家長的複製品。全像式理想是家長的策略指南，不是束縛。他們期待的是，孩子有朝一日能帶著家長教給他們的東西，重新詮釋家長的願景，成為自己的意象。

伊莉莎白的全像式理想，是兒子不再住在貧民區，要受高等教育，擁有一份中產階級的工作。麗莎的全像式理想，是孩子可以獨立思考。但沒有任何人的全像式理想，比伊蓮・貝佐（Elaine Badger）的更鮮活生動。

伊蓮．貝佐：以全像式理想育兒

伊蓮的渴望，是不要把她過去的失敗，複製在小兒子查克身上。她的長子在獄中服刑，伊蓮歸咎於自己不夠努力參與他的生活，未能讓他好好待在家裡，遠離街頭是非所致。她發誓，在查克身上的一切都會不同。

伊蓮對成功的必要條件所知甚少。她生活貧困，與成功人士的社交圈隔絕，又苦於肢體殘障限制了行動。儘管如此，她還是堅決要讓查克出類拔萃。在查克出生前，伊蓮就想好成功人士看起來會是什麼形象：他要穿著漂亮、談吐不俗，人們甚至會退後一步以表示對他的敬重，不僅因為他的成就，也因為他的風格與自信。

這是遠大的願景。而她要帶查克達成夢想，無視自己的背景。

伊蓮堅決要求查克永遠保持體面，這是她對查克「成為中產階級」的個人要求。她強調他的作業、表現及外表各方面，都要整齊清潔。

對美國黑人來說，外表與表現體面，長久以來都是一種抵抗種族主義刻板印象的行為，是宣稱「我是值得尊敬的重要人物」的舉動。舉例來說，在十九世紀，沒有哪個美國人被拍照的次數多過弗雷德里克．道格拉斯（Frederick Douglass）。透過那些照片，道格拉斯訴說了他對於廣大社會把黑人當做次等存在而產生矛盾的故事。他穿著正式、雄辯滔滔，有尊嚴的用照片正視種族主義。他通常直視相機，從來不笑。伊蓮本能的以他為榜樣，對查克設立期待，查克至今仍鍾愛配戴領結。

查克將絕大部分的成就，歸功於母親為他設下的高標準。他也將自己很早就能自在擔當領導者與演說者的角色，導因於母親在他年幼時便讓他在教會裡練習表演。早在查克五歲大的時候，你就可以在他身上看見，母親希望他將來成為的樣子：自信、能幹、說話得體、衣著講究。這個年輕人二十來歲時，已是成功的政治顧問，與眾議員及共和黨總統候選人共事，並完成了在白宮的工作任期。他展現甚至超越了母親策略性塑造他所成為的成功人士形象。

YouTube 有一段影片，是查克上美國有線電視網路（C-SPAN），與知名意見領袖齊聚一堂討論二〇一六年大選的影片，而他表現得毫不遜色。他衣著講究（沒打領結），頂著完美的光頭造型，蓄著整齊濃密的鬍子。查克是迷人的演說家，他舉止優雅，成就比實際年齡多了幾十歲。他在現實生活中，體現了伊蓮從他出生前就有的全像式理想：談吐不俗，一如她所想要；整齊穿戴西裝外套及領帶，一如她所想像；人們讚賞他的自信，一如她所希望；他們說：「哇，這個令人印象深刻的年輕人是誰？」查克盡可能成為母親希望他成為的樣子，但台上的查克，這名年輕的黑人共和黨員，對於政黨哲學抱持自己的溫和立場，同樣擁有百分之百的獨立自主。

大師級父母教養基礎

策略性模式不僅是貫串本書的主軸，也是教養方程式八種角色的DNA本能。但真正促使教養方程式如此有效的原因是，家長極早——甚至在孩子出生之前——就開始規劃策略了。

大師級父母極其刻意在孩子生命中最初數年，為他們建立扎實的學習基礎，給未來的成功者極好的開始。這項基礎至關重要，與他們日後的成功息息相關。下一章的主角羅伯·亨博（Rob Humble）比任何人都真切體驗這點，他的父親扮演教養方程式的第一種角色：早期學習夥伴，並駕馭自如。

5

早期學習夥伴（角色一號）

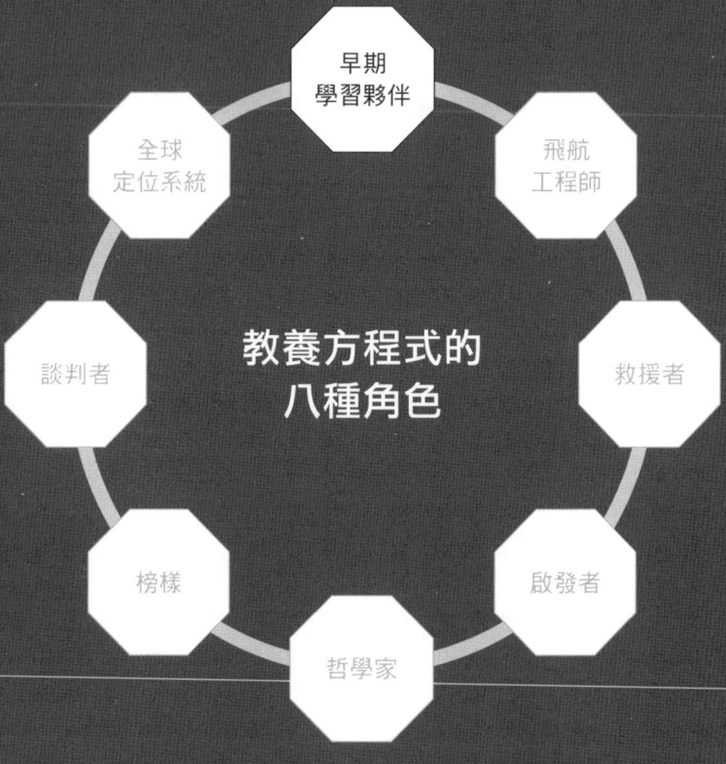

親子遊戲時光，奠定未來成功基礎

幾乎所有人都會同意，羅伯・亨博是奧克拉荷馬州柯林斯維爾小鎮最聰明的男生。那時候他的年紀還小，一頭金棕色的頭髮，身材跟他的祖先一樣結實靈巧；一個世紀以前，刻苦耐勞的祖先來到這裡，在寬廣煤層上方的大片牧草草原，尋找發跡的機會。

羅伯的學業一流、成績全優，也總是因屢屢獲獎登上當地報紙。他參加全州樂隊、管弦樂團和合唱團；他玩橄欖球和足球，參加田徑賽、舉重、在詩班唱歌，甚至還會編織呢！沒有任何事可以讓他的腳步慢下來，甚至在經歷了一場瀕臨死亡的車禍後僅僅四天，羅伯仍出席全州高中樂隊競賽，演奏低音管。而當他獲得評價極高的聖路易斯華盛頓大學入學許可時，對他來說，其他一切都顯得無關緊要了。

重要的是，羅伯發現自己陷入一個困境中。他想要主修工程，但他就讀的高中並未提供微積分或物理課程，而這兩科都是主修工程的新生必修科目。羅伯唯一的資源是在進大學前的暑假，先修這兩科的四週速成課程，以及盡量保持正向思考。

在聖路易斯的第一週，羅伯報名了必修的微積分（二），和以微積分為基礎的物理課，他因暑假預備課程感到不安。

「那年暑假，我學了關於微分必須知道的每件事，但對積分還是一竅不通。」他說。他的擔憂是有理由的，積分的計算，是一種測量連續曲線以下面積的數學方法，也是微積分教授要求學生學會的第一件事。

很明顯，羅伯的工程系同學們在學業上遙遙領先他。「來到這裡的第一週，當我從學校打電話給父母時，我崩潰到淚流滿面，我不確定是否能夠完成學業。」

羅伯沒有在當下休學，也算是奇蹟。他考慮回家去，但他擔心會對父母及妹妹造成額外的負擔，因為那時母親剛被診斷出患有躁鬱症，她在失去律師祕書的工作後就一直失業，而爸爸只拿得出學校教員的薪水。羅伯決定在聖路易斯繼續努力下去。

那年，他的教授們超越原有的標準，為新生開辦一場精細的工程設計競賽。他們設置令人畏懼的障礙賽跑道，羅伯和同學必須用自己創造出來的機器人駕馭其上。

這使羅伯更加焦慮，但也感到一股新鮮的興奮感。他的腦海裡充斥著各種念頭，規劃著要在課堂上造出最棒的機器人。就好像有聲音在他耳邊低語著：「現在，你在這裡有事可以忙了。」

羅伯說：「爸爸總是告訴我：『如果你可以把某樣東西給拆開來，那你就可以搞懂任何事。』」

羅伯最早的記憶之一，是他四歲時跟爸爸坐在地板上，兩個人一起玩樂高。「如果我蓋了一座塔，爸爸會說：『這真好玩，不過你可以全部都用藍色積木蓋嗎？』我就照做，他又會說：『喔，真的很棒！不過你可以用紅色和黃色條紋的積木重新蓋一座嗎？』」

他們用無數的時間一起玩耍，老鮑勃會挑戰兒子把樂高塔蓋得更好、更有創意，也更有效率。他會大聲問兒子是否可以蓋出承載九公斤重的橋梁，也會幫助兒子建造讓階梯逐漸消失不見的塔。

「我會說：『拿那邊的黃色積木，看看你可不可以用那些積木蓋出一模一樣的房子？』」老鮑勃帶著奧克拉荷馬的口音回憶道：「他會坐在那邊試圖想出辦法。如果是用統一規格的積木，很容易找到方法，但我要他嘗試不一樣的積木。」

羅伯的爸爸扮演早期學習夥伴，是教養方程式八種角色中的第一種，也是破解本書謎底的關鍵線索：父母如何培養出高成就者？

扮演早期學習夥伴的大師級父母，參與孩子從出生到五歲前的生活，並建立人生成功的基礎。他們迎接孩子進入這樣的世界——在那裡，失敗不是最後的判決，而是有待分析與解決的難題。家長的方式是邀請孩子在學習旅程中共乘駕駛座，鼓勵樂於接受的孩子，將學習視為有趣的活動與生活中很自然的一部分。

書中許多成功人士回想起他們在三到五歲時，總是會跟其中一位家長「共度大量時光」。如果他們不是像羅伯一樣玩樂高，就是像傑瑞爾一樣練習認字，像瑪姬一樣學小提琴，或是像書中其他高成就者探索自然或學習數字。

這些不僅僅是各不相干的活動，因為早期的遊戲方式，無論是組裝積木、讀教學卡上的字、學一樣樂器，或只是凝望星斗，都是在刺激大腦喚起紀律、想像力及批判性思考，這一切都在培養必要的自信與技巧，以充分投入日後更困難的科目，如物理、微積分或寫作課程。

當羅伯得知學校的機器人競賽一事，他意識到教授們希望學生能夠學習組裝與創新。「我可以打一場漂亮的仗。」

羅伯以他認真思考問題與理解事物的本領說道：「或許其他事情讓我退避三舍，但這場比賽是我在校內打出名號的大好機會。」

他有好幾個禮拜幾乎沒睡覺。「他們給了我製造機器人實驗室的鑰匙，因為我想在開放時間之外繼續研究。我會在週六早上七點用鑰匙開門進實驗室，待到半夜。有時候還會忘了吃東西。」

這個挑戰很嚴峻，但羅伯覺得這項作業是他生來就要完成的。競賽那天，他平靜得有如夏日微風，他的機器人在障礙賽跑道一路滑行，就好像輪子抹上了奶油一樣。每個學生都配有兩個馬達以製造機器人，但羅伯只需要一個。「沒有朋友來看我的機器人大顯身手，但我爸從奧克拉荷馬一路開到聖路易斯來捧場。」

羅伯贏得比賽那一刻，他在另一顆沒用到的馬達上豎立旗子旋轉，彷彿在向對手象徵性揮拳，表示勝利。

遊戲培養解決問題的能力

大師級父母所做的最重要的事：當孩子還只是嬰幼兒時，就開始參與他們的活動，刺激大腦發展，培養解決問題的能力，也就是在腦袋裡握有一堆混亂的拼圖，並重新配置，直到它們各就各位。

無論羅伯的爸爸是否知道跟年幼的兒子玩樂高，是在幫助他發展精密的能力，那可是大事一樁，就像是訓練有關設計結構完整性的空間推理與直覺（根據擁有專屬樂高實驗室的麻省理工學院研究員指出，這是工程的基礎）。樂高遊戲幫助孩子發展真實的幾何感，訓練他們想像物理結構，計畫如何組合不同形狀及尺寸的樂高積木建造，然後執行計畫製造他們想像的東西。

玩樂高還有更深層的意義。

最近突然出現非常有趣的證據，運用腦部核磁共振成像（MRI）掃描技術，顯示特定類型的活動，特別是玩積木，確實會在遊戲過程中重組大腦。

二〇一六年，印第安納大學的研究員發表一份研究結果，運用神經成像解釋蓋積木對大腦活動造成的影響。透過兩組八歲孩子玩 Scrabble 拼字遊戲或蓋積木各五次，持續半小時遊戲活動前後的腦部掃描，研究員將兩種遊戲對空間處理造成的影響加以比較，也在這一系列遊戲活動前後，實行心像旋轉（想像物體旋轉後的樣子）測驗。

「玩積木改變了大腦活化模式。」研究員觀察道：「它改變了孩子解決心像旋轉問題的方式；我們只在蓋積木那組，看見跟空間處理有關的大腦區域增加了活化程度。」

也就是說，他們在玩 Scrabble 拼字遊戲的孩子身上，並未看見同樣的改變。玩積木的孩子在反應時間及解決方案的準確性上，也進步更快。

如果這是八歲孩子的實例，那麼想像一下它對五歲以下孩子產生的影響。五歲前的人類大腦以不可思議的速度成長，在幼兒園就學期間幾乎達到成年人的容量。

當孩子搭紙牌屋、下棋、蓋他們自己的娃娃屋，或在電腦遊戲《當個創世神》（*Minecraft*）裡創造新世界時，就會加強他們的空間意識。擁有空間意識在電玩世界裡格外關鍵，因為電玩需要玩家想像並在心像上旋轉物體。但讓我們退一步實際思考，優異的空間問題解決技巧，能訓練一個人做什麼呢？

汽車設計師必須運用空間推理構思設計，將腦海中的設計呈現於紙上，素描他們所想像的成品。當他們開始用黏土製作三維空間的汽車立體模型，從一開始的小模型到最後的全尺寸模型，必須運用空間推理解決問題，重新構思與改善他們的設計，讓設計從概念邁向現實。

同樣的，即使是解一道簡單的方程式如X＋3＝5，孩子必須運用他們的想像去理解，要把方程式兩邊的3拿掉，才能解出X。在幾何學中，學生也必須在腦海裡描繪，當他們以不同方式組合多種形狀，或改變多邊形兩邊之間的角度時，包含多種形狀的影像會作何改變。

但空間推理並非僅在STEM（科學、技術、工程與數學）領域派得上用場。在運動界，摔角選手想像如何操縱對手落入特殊位置，柔道學生也會設想以某種姿態落地來減緩衝擊。

在本質上，組裝樂高，特別是以老鮑勃指導羅伯的方式，不僅幫助羅伯掌握數學與科學的基本概念，也教導他如何發現問題、分析問題，並設計解決方案。羅伯堅信，他在四歲時學到的這種解決問題導向，是他有能力角逐機器人競賽與致勝的關鍵。

科學研究支持這項觀念：我們在非常年幼時學到的東西，會影響成年後的能力，遠遠超越玩積木的範圍。神經生物學家已證實，許多早期生命經驗，如數數、指東西、討論、閱讀，以及玩樂器或運動，都會影響幼兒腦部的物理結構，有助於決定孩子在接下來的人生中學習某項特殊技巧的難易度。更重要的是，每個建設性刺激的情況，都有助於強化新想法行進的神經路徑，就像發展中的都市拓寬道路以承載更大的交通流量。簡言之，羅伯跟爸爸玩樂高的時候，沉浸在專注理解不同形狀的積木如何組合在一起，組織了羅伯的腦部架構。當十四年後他面對改變人生的工程作業時，包括組裝、探究及最重要的想像思考這類的能力，對羅伯來說就變得容易多了。

贏得比賽後，羅伯覺得自己似乎已越過門檻，進入他有信心可以駕馭自如的人生。他整個高中時期走路有風，但大學生涯卻舉步維艱。他通過這一關時，因想起爸爸最喜愛的格言而大受鼓舞：「如果你夠努力而且努力得夠久，沒有任何事是無法完成的。」

運用同樣認真思考問題與理解事物的本領，不僅幫助羅伯贏得機器人比賽，也能夠安排自己的大學生活。後來他微積分拿到B，這是他有史以來最低的成績，但考量他的起步點，仍算成功。他找到不僅要在學業上成功，也要好好過生活的方法，他在合唱團唱歌、參加學校的宗教組織，甚至接了一份兼職工作來支付學費。

大學畢業後，羅伯經營一個國防主要承包商的部門，並在一家由《財星》雜誌評選為全美排名前一千的公司，擔任管理階層的工作，那時他還只有二十幾歲。之後他攻讀哈佛大學企管碩士，並在那裡遇見他的妻子，她是哈佛神學院的研究生。「商學院畢業後，我為達拉斯一間化學公司工作，經營公司策略。」一年內，他從另一家大公司最低階的策略經理，晉升為最高策略規畫師。現在，他三十出頭，飛黃騰達，位居德州奧斯汀一家股份企業的首席策略師，他和妻子也扮演著一兒一女的早期學習夥伴。

五歲前是學習高峰期

早期學習夥伴是八種角色中最重要的，因為扮演這個角色的家長，讓孩子提早開始學習。家長參與幼兒的遊戲，給予孩子極大的優勢，特別是讓他們擁有領先其他孩子學業的優勢。

早期學習的好處跨越物種，對於奠定生命堅實基礎極其重要。科學家長期觀察，在動物王國，生活與學習的考驗從出生就開始了。所有生物一出生就有內建行為，也就是本能，但那些本能必須發展為生存技能。

新生的白頰黑雁在孵化後僅僅數小時或數天，必須無畏死亡奮力一躍。白頰黑雁築巢在高山或懸崖峭壁，高到可以安然遠離捕食者，卻也遠離食物。由於白頰黑雁不會帶食物回巢給牠們的寶寶，雛鳥必須跟隨父母的腳步，以令人膽顫心驚而難以置信的舉動，從一百二十公尺高的懸崖一躍落地，不然牠們就會挨餓致死。BBC拍下這場儀式的寫實畫面，幾乎令人不忍卒睹，眼見小鳥還不會飛，就要盡可能張開一丁點兒大的翅膀，縱身一躍。

這一躍未必出於本能，但對雛雁的生存是必要的，畢竟在上頭的巢裡沒有食物。覓食、躲避白狐或橫越大陸遷徙的技巧，也未必出於本能。出於本能的，是雛雁跟隨父母的衝動。幼小的人類孩童具有同樣的本能，在生命早期模仿父母以學習生存所需。白頰黑雁基於先天能力，讓牠們在惡劣的環境中茁壯成長，人類的父母也一樣，運用寶寶的本能，塑造孩子成為成功的(或不那麼成功的)大人。每個孩子生來都帶有遺傳潛力,但能表現出多少,只能仰賴孩子生存環境中最重要的父母角色。比方說,人類嬰兒具有說話的本能,但沒有家長協助,就無法學習語言。

生物學家及發展心理學家將「雛雁能夠快速掌握父母教導牠們的東西」這段短暫但關鍵的時期稱為「關鍵期」。這是一段極為有趣的關鍵成熟期,在這段期間,生物的神經系統極具彈性,且對刺激極為敏感,有助於學習某些技巧與獲得某些特質。

奧地利動物學家康拉德・勞倫茲(Konrad Lorenz)是將關鍵期的概念普及化的第一人,但他最出名的成就是發現關鍵期的依附原則,更為人所知的是「銘印(imprinting)」。一九三〇年代,他發現新生的灰雁會「銘印」牠們一出生看見的適當刺激,即使是對人類。勞倫茲經常出現在古老的紀錄片裡,領著一群銘印在他身上,把他當爸爸的灰雁。勞倫茲後來發現,灰雁也會銘印在其他物體上,比如一雙涉水靴或一顆球,而那樣的銘印必須在孵化後數小時內發生。

勞羅茲的驚人著作,在數年後為他贏得一九七三年的諾貝爾獎,也幫助我們改變人類育兒的思考方式。他在書中建議,為了正常發展,生物必須在特定時期接受帶領並學習特定任務,科學家才開始理解,這些觀念對人類的孩子同樣適用。這段關鍵的——更好的說法是「敏感的」——學習高峰期，介於出生到五歲之間，以及延伸至小學階段頭幾年，也被形容為「發展可塑性」的時期。在這段期間，孩子對刺激特別敏感，學習也特別容易；他們的大腦像海綿一樣吸收知識。

儘管關鍵期提供不可思議的學習機會，卻也帶來危險的警告：一旦錯過關鍵期，日後便無法彌補。勞倫茲也發現，出生在籠裡的雛雁，學不到野外父母在關鍵期通常會提供的基本技巧，牠們可能永遠學不會飛翔或與其他雁類溝通。人類的大腦發展同樣具備這種「如果頻繁使用就會發達，反之則會退化」的特質。嬰兒的潛能在悉心培育下開花綻放，但極端的忽視也會使它枯萎凋零。

以尤金妮雅（Eugenia）為例，她在俄羅斯的孤兒院待到兩歲半，才被美國的父母領養。直到十八歲，她仍要面對嬰兒時期缺乏支持或認知刺激所帶來的影響。

儘管孤兒院一塵不染，連掉在地上的東西也能被撿起來吃掉，窗明几淨卻不能取代關懷備至。尤金妮雅獨自一人，很少被觸摸，更從未被擁抱，照顧者只自視為工作人員。

「我一直以來都不喜歡被觸摸。」在《為愛而生》（*Born for Love*）一書的專訪中，已成年的尤金妮雅告訴神經精神病學家暨作者布魯斯．培理博士（Bruce Perry）及記者瑪亞．薩拉維茲（Maia Szalavitz）。就算只是被衣服碰觸到皮膚，都會造成尤金妮雅難以忍受的疼痛；她必須挑選最柔軟的布料穿著以避免不適。

她也面臨情感連結的掙扎。「許多朋友會彼此擁抱，非常親密，但我就是無法跟人那麼親密。」她說：「如果再也見不到他們，我也不會在乎。」

我們看見早期的正向刺激與活動，包括玩樂高、閱讀、拉小提琴，是如何改善高成就者的先天能力。相反，嬰幼兒時期被拒絕的刺激，阻礙了尤金妮雅在記憶上的發展。她也被診斷出患有聽知覺處理障礙；如培理與薩拉維茲所說：「她不能完全理解她所聽見的。」已成年的她，也不一定能回想起人們對她說過的話，而且難以遵循指令。

尤金妮雅相信，這些聽覺與記憶問題，與她待在孤兒院的時期直接相關，培理也同意：「雖然人們不會擁有嬰兒時期的意識記憶，但嬰兒的早期經驗卻會深深銘印在大腦。」

我們採訪的大師級父母，在孩子生命中最初三到五年，投注如此大的心力教導孩子，因為他們意識到這段時期對於發展極其關鍵。他們相信，在那段生命早期鼓勵孩子發展的技巧，以及回應孩子需求的方式，會對孩子的認知、社交及情緒發展，帶來長期的影響。

「那時候，我從未在其他地方讀過我的理論，無論我在孩子生命中最初五年做了什麼，都會決定他們接下來的人生成為什麼樣的人。」這是以斯帖為何相信在女兒學齡前教導她們閱讀與數數如此重要的原因。

羅伯的爸爸從理論上說明，就連更早以前讓孩子接觸到的東西，也會帶來重大影響。老鮑勃善用他男高音的漂亮音色，對著妻子不斷長大的肚皮唱歌，更確信孩子在胎兒時期就能聽見他的聲音。

「羅伯透過媽媽的肚皮聽見我的聲音。他出生以後，當我對他唱歌，他會活躍起來，他認得我的聲音。我覺得很欣慰。他妹妹也有一樣的反應。」

事實上，我們現在知道，正如羅伯的爸爸所猜測的，孩子在出生前數個月就聽得見。幾年前，德國維爾茲堡大學的凱薩琳·威爾姆克（Kathleen Wermke）博士指導一項檢視新生兒哭聲的開創性研究。

運用數位錄音機，威爾姆克和同事耗費數百個小時，研究六十名出生兩天到五天大的法國及德國嬰兒的哭泣模式。然後科學家運用電腦軟體分析哭聲。他們的發現令人驚訝，法國嬰兒的哭聲傾向從低音開始然後升高，就像法語的語調。德國嬰兒的哭聲則是從高音開始然後下降，就像德語的語調。研究者做出結論，嬰兒在孕期最後數個月已聽見母親的聲音，哭聲則是反映預期說話方式的腔調。

鼓勵孩子探索興趣

對高成就者來說，這種早期的「銘印」影響延伸到會說話前的時期。由於他們的早期學習夥伴在這段生命初期會主動分享自己的興趣及嗜好，成功者通常也會熱衷於承襲父母的興趣，成為自己的嗜好。

儘管如此，教導非常年幼的孩子閱讀及拉小提琴，可能會讓我們感到不安，看起來很像把期望強加在孩子身上。「要讓孩子找到他們自己的興趣。」有些人可能會這麼說。但那並不是大師級父母試圖灌輸給孩子的，他們只是分享自己所知道且充滿熱忱的事物。透過跟孩子分享鍾愛的職業或專長，培養孩子的好奇心及對學習的熱愛，是再自然不過的事了。家長是在表達：「這對我來說很有趣，或許對你來說也是。」

在過程中，這些孩子不僅學習父母有興趣的事物，他們也學習如何理解資訊與探索新領域。孩子與身兼夥伴的家長一起計畫與執行的小專案，往往預示日後的成就。在早期學習夥伴的支持鼓勵下，這些孩子成為小小建築師、說書人、音樂家、社會正義活動家、工程師、爬行動物專家與決策者，按部就班發展精通明確目標的習慣。

老鮑勃熱愛音樂，羅伯也唱歌並學習演奏一些樂器。但老鮑勃對兒子最大的希望，也就是他自己的渴望，是羅伯能懷抱另一項熱忱，那是從過去幾代傳承到他身上的：成為一名思考者及解決問題者，就像兩位發明家祖先一樣。老鮑勃自己在童年時期開始承襲這股對於組裝與思考的熱愛。事實上，老鮑勃非常擅長數學及科學，若不是因為他在高中時期開始玩起音樂，可能當年大學就會念工程了，跟他兒子後來一樣。（一九七六年老鮑勃自奧羅爾羅伯茨大學畢業後，反倒開始在柯林斯維爾高中教音樂，至今已在那兒工作超過三十個年頭。）

除了音樂以外，老鮑勃也把他對於量化、空間思考與解決問題的偏好傳承給下一代。羅伯熱愛音樂，長大卻成為公司策略師，簡單來說，就是專業的解決問題者。

養成說書人：培養同理的力量

在我們採訪的家長中，對讀寫能力的興趣超越對STEM或音樂方面的人，往往會把焦點放在說故事和閱讀上，就像蘇珊（Suzanne）和蘇賽特．馬爾維斯（Suzette Malveaux）的母親米爾娜。

馬爾維斯這個家庭是名副其實的劇本創作及說故事工作坊，兩個女兒在這兒當學徒，長大都成了說書人，現在一個是CNN主播，以說別人的故事維生；一個是律師兼科羅拉多大學教務長及民法教授，同時也是拜倫·懷特（Byron R. White）憲法研究中心主任，對她來說，故事以法律概念的形式出現。這個家也是個多元圖書館，更是隨興及嚴謹的表演舞台，形式包括繪畫、唱歌、偶戲及舞蹈。在這裡，沒有任何東西可以被丟棄。為什麼要丟掉空的捲筒衛生紙軸或牛奶盒？它們可以拿來再利用，製作有趣及美麗的東西啊！而用來裝冰箱的特大箱子，正等著有人幫它上色，變成一間小房子。

兩個女兒從三歲到小學初期最喜歡的活動，是把紙娃娃角色們黏在冰棒棍上，創造一個個家庭。每個家庭都有各自的故事與模樣。這些娃娃代表著亞洲家庭、拉丁美洲家庭，以及黑人和白人共組的家庭。「我們會花很多時間畫這些小小的卡通人物，然後把它們剪下來，說故事。」蘇珊說。

說故事的活動，充分運用大腦，想像真實人物的生活。說書人必須想出角色使用的字彙、他們移動位置的方式，甚至他們的聲音變化和情緒。他們必須想像角色彼此之間如何互動，以及一個人的行為會如何影響其他人。說故事塑造同理心，教導說書人如何站在他人的立場設身處地思考，進而增加說書人「解讀」（與回應）他人想法與感受的能力。

說書人擁有高度發展的「心智理論」，也就是科學家所謂預期他人如何思考的能力。比方說，幼兒玩捉迷藏時，也許會可笑的以為，如果自己看不到找他們的人，那麼找他們的人也看不到自己。他們還未能理解，不同的人擁有不同的視野與觀點。加拿大約克大學心理研究專家雷蒙·馬爾（Raymond Mar）發現，讀愈多故事給學前兒聽，他們的心智發展會變得愈縝密。

在蘇珊和蘇賽特童年早期，大人讀故事給她們聽，並鼓勵她們想出自己的偶戲故事，為她們奠定認知基礎，去分辨、濃縮與表達真實世界的故事，成為在法庭上及電視新聞裡反映真實現況的專家。

早期領先效應：教導嬰兒閱讀

早期學習夥伴之所以如此重要，是因為早期優勢會影響未來成功的方式。舉例來說，在進幼兒園前學會閱讀，暗示孩子未來將會學業優異，但並不是出於一般人以為的原因。

人類在辨識社會模式上特別有天分，而人類行為的最大驅動力之一，是渴望保持或改善我們的社會地位。我們的史前祖先運用圖形辨識區分社會階級，如此能得知在他們的部落裡，誰擁有較多或較少的權勢。我們也是如此。

社會科學家發現，對多數孩童而言，三年級是他們開始意識到自己在同學之間是處於領先、居中或落後的時期。而我們的高成就者表示，他們在進幼兒園時就已經開始辨識同儕之間的社會秩序模式。換句話說，他們發現每個人被對待的方式並不一樣。

像本書的孩子，父母很早就刻意教導他們要敏銳觀察，他們也早在幼兒園時期，便察覺自己領先其他同儕，並因此獲得較多關注。這層意識伴隨而來的是提升動機：他們想要保持這種非凡的感覺，贏得獎賞，而這需要努力維持出類拔萃的表現。

我們將此現象稱為「早期領先效應」。

伊莉莎白決定提早教會傑瑞爾閱讀，漣漪效應於是展開，從他進幼兒園的第一天起，伊莉莎白就把他放在成為高成就者的跑道上。傑瑞爾清楚記得老師在開學第一天，把他抱在大腿上，對他會閱讀感到滿意，並且專注看他閱讀。傑瑞爾很快就意識到，自己比多數同儕知道更多東西，會促使老師做出正面回應。他意識到這個模式，並且希望可以重複這個模式。

在我們的兩百名受訪者中，這樣的故事版本司空見慣，感覺幾乎像是電影《今天暫時停止》（*Groundhog Day*）的情節：老師幾乎都像是同一個人，受訪者們愉快的想起，幼兒園老師在他們讀出某些簡單的句子時，幾乎都高興得要暈了過去。

一名成功者想起，幼兒園老師看到四歲大的她在黑板上寫字時，驚訝得目瞪口呆。另一名女性是加拿大編劇，記得幼兒園老師發現她會讀法文時，興奮得把她拖到校長室，讓校長可以親眼見識。

此時展開的漣漪效應有實際的好處。在學年一開始，幼兒園老師一般是把焦點放在讀前技巧，如字母發音，以及二或三個字母組成的單字。但大師級父母的孩子通常已完全超越這些門檻。當忙碌的老師高興得眼睛閃閃發光，不只是純粹的驚奇，而是因為孩子令人驚喜的知識，使他們的工作比較輕省，同時開啟他們在那名孩子身上可以實現的、令人驚喜的教學可能性。

我們聽到這類故事，多半是跟閱讀有關，但它也適用於其他種類的學習技巧，包括數學能力。無論如何，這些孩子都意識到自己讓老師開心，並希望再次引起那樣的反應。他們開始覺得自己跟同學相較之下與眾不同。他們尚未完全理解那個發現自己處於頂端的等級制度，但那感覺實在美好。對許多成功者來說，這是他們形成高學術成就並擁有獨特社會認同的開端。

如果沒有早期學習夥伴會如何？

令人遺憾的事實是，若沒有像麗莎、老鮑勃，或是瑪姬的父母那樣投入的早期學習夥伴，孩子發展技巧與靈感以達到高標準的機會就會大幅減少（如果孩子的潛能沒有消失的話）。正如我們所見，早期階段極其關鍵。

想像傑瑞爾在一個沒有媽媽決心要他脫離貧窮的平行宇宙裡，他在遊民收容所的早年生活，可能就在看電視或玩耍中度過，幾乎沒有機會跟大人互動。在公車上的那些旅程，不是探索城市的啟發冒險，而是無聊至極、令人沮喪，眼前所見只有無處不在、毫無希望的貧窮跡象。他們不會討論閱讀書籍的樂趣，只剩下他被指揮做或不做哪些事。幸運的是，傑瑞爾擁有一位高度參與的母親，幫助他把人生安置在向上爬升的軌道裡。

教養孩子的「基本原則」

如果你選擇閱讀本書，在某種程度上，你可能已經意識到早期學習對大腦發展的重要。但多數家長，特別是那些不會向書店或圖書館尋求教養協助的家長，並不了解他們所該做的，對孩子未來的成就何等關鍵。儘管專家寫書及發表文章，卻沒有學校或老師提供普遍的、以科學實證為基礎的指導管道。下一代是從上一代學習而來，我們從家人及同儕那兒逐步吸收新見解。但這導致多數家長跟不上趨勢，錯過幫助孩子發展的機會。

所幸，社會運動已經展開，致力於幫助所有背景的家長取得二十一世紀新知、了解從出生到三歲的孩子需要什麼才能經歷成功。正在進行中的全國運動，如「小到不能失敗」、「高速引擎」及「三千萬字計畫」為主題的運動，每項運動都是根據研究得知，童年早期的教養與照顧，會如何影響與終身成就相關的大腦區域發展而設計，包括自信、情緒自我調整、人際關係技巧、好奇心、想像力，以及讀寫能力、計算能力與推理技巧。

另一個例子是「基本原則」運動，起初是由本書其中一位作者於哈佛大學領導「成就落差計畫（Achievement Gap Initiative）」專案。從「波士頓基本原則（Boston Basics）」運動開始，後來成為跨城市的運動。為嘗試消弭來自不同家庭背景的幼兒在進幼兒園前便出現的認知技巧落差，「基本原則」運動教導家長採用五項簡而有力、對大腦發展極其重要的常規：

1 **愛到極致，管理壓力**：過多壓力會毒害大腦發展。有安全感的嬰兒長大以後會更具備社會智能與自制力。

2 **說話、唱歌與指出東西**：口語的來回交流教會嬰兒說話，教幼兒了解與表達自我，而指出東西能幫助嬰兒把字詞與物體連結起來，進一步學習溝通。

3 **數數、分類與比較**：牽涉到分類和比較的早期活動，是以孩子先天的數量意識為基礎，幫助他們發展數學思維。

4 **透過運動與遊戲探索**：鼓勵發現與探索的遊戲，可以開發孩子天生的好奇心。

5 **閱讀與討論故事**：在閱讀時間進行的對話，可以建立推理技巧。

欲知更多「基本原則」，請上 www.bostonbasics.org。

早期學習夥伴不一定是父母

本章到目前為止，我們看到的早期學習夥伴都是媽媽或爸爸。但這並不表示早期學習夥伴提供的豐富資源必須來自父母，正如潘蜜拉・羅薩里奧（Pamela Rosario）的美好故事所見證的，她擁有的早期學習夥伴不只一位，而是許多人。

潘蜜拉成為北新澤西高中及哈佛畢業典禮致詞代表的路程，始於島國多明尼加的首都聖多明各，潘蜜拉的成長歲月在鋅皮屋層層堆疊、鄰近首都的肯尼迪市郊，與到處是泥巴路和茅廁的索納多爾鄉間村落度過。這個小村莊由於電力不穩，燈光總是忽明忽暗的。

親生父母懷她時非常年輕，還沒準備好承擔養育孩子的責任。「我爸當時的反應是：『我才十七歲，就當爸爸了？』」她說。

潘蜜拉父母的關係不穩定。「我媽懷孕之後，他們才結婚。我懷疑如果沒有我，他們是否還會結婚？」潘蜜拉說。這對青少年夫妻總是在爭吵。潘蜜拉的爸爸後來進入美國職棒大聯盟發展，追逐他的夢想，而母親後來成為記者，追逐著爸爸的身影。

由於父母不夠成熟，無法獨力照顧她，她從兩歲起，就由爸爸的青少女姊妹們帶大，她叫每個姑姑「媽咪」。她有十二歲的「賽爾吉娜媽咪」、十四歲的「伊麗媽咪」，還有十七歲的「瑪麗媽咪」。「安娜媽咪」十八歲，而「安妮媽咪」十九歲，負擔主要家計。

當親生父母不在身邊，「我就去找其他父母。我從來沒有任何一刻會說：『我真想我的親生父母。』因為對我來說，父母就是所有在我身邊的人。我從來不會以誰是我的血親來定義家人。」

不只是這些青少女姑姑，連這個大家庭裡的其他成員，都協助養育她。附近還有一個「凱薩家」，這個青少年家族的每個成員都把自己所知道的一切教給她，包括如何閱讀、如何自衛，以及如何像大人那樣的言行舉止。「我是由一群青少年撫養長大的。」潘蜜拉簡單表示。

這些青少年把潘蜜拉當做「一個小大人」對待，而不是一個小小孩。「我兩歲大就經歷了青少年生活。」她說，而擁有這麼多人參與照顧，「使我的適應力特別強。」

從五歲起，潘蜜拉轉由祖母雅布莉塔撫養。但在她成長早期，祖母還待在邁阿密為全家移民到美國打基礎。起初，雅布莉塔的先生、潘蜜拉的祖父格雷戈里奧是在外地工作，週末才回到潘蜜拉及其他人一起住的這個家。但當雅布莉塔中風後，格雷戈里奧就搬到邁阿密照顧她。

這使得留在島嶼上的女孩們必須靠自己，也讓潘蜜拉獲得整個母親委員會的祝福，源源不斷的早期學習夥伴樂於跟她分享自己的愛好。瑪麗媽咪愛讀《聖經》，於是小潘蜜拉會跟她一起讀經；安娜媽咪愛看小說，於是這個學步兒也跟著她一起看；安妮媽咪愛八○年代的音樂，於是潘蜜拉跟她一起唱「空中補給樂團」的歌。不管她們做什麼，潘蜜拉都跟著做。

祖母在前往邁阿密以前，告訴她的女兒們：「務必（讓潘蜜拉）保有她聰明的頭腦。」她們的行動目標明確，目的是讓這個孩子保持安全感並積極參與群體，即使在人生並不完美時。潘蜜拉在夜裡若感到害怕，青少女媽媽們會起來跳舞唱歌，讓她感到開心、安全、受鼓舞。她們刻意讓潘蜜拉融入她們的生活及興趣，總是跟她說話，就好像她是另一名青少女。

儘管她們當時無從得知，但潘蜜拉的多位早期學習夥伴正是遵循教養方程式，讓她提早預備身為多明尼加移民日後在美國所要面對的、充滿挑戰的環境。即使之後她會以英文為主要語言，而不是姑姑們說的西班牙文，但她所發展的語言理解力，奠定了口說、寫作與學習的基礎，不僅適用於英文，也適用於她後來學習的法文。

跟潘蜜拉互動的這群人，每一位都有他們自己的興趣，這表示潘蜜拉身為小小孩就必須處理大量資訊，幫助她發展記憶力。她那村莊的青少年父母向她提出問題、催促她表達意見的方式，建立她的理解力與辯論技巧，後來在高中生涯派上用場。她把自己的推理與談判技巧，直接歸因於姑姑們的關注與尊重；她們樂意把她當做擁有想法與意見、發展完全的人，使得潘蜜拉在童年時期總是把自己當做與「大人物」平起平坐的人。

潘蜜拉的故事有一些重點。首先，你不需要擁有財富或高學歷才能實行完好的早期教養。同時，早期學習夥伴一點也不需要有力的父母，而孩子擁有超過一個早期學習夥伴，會獲得格外的益處。

儘管缺乏傳統家庭結構，潘蜜拉的早期學習經驗，使得她擁有與背景較有利的高成就者許多同樣的機會。她上學校資優班、學小提琴，精通英文、法文及西班牙文。高中時代，她參加田徑賽，擔任「美國未來企業領袖」學校分會主席，並加入學生會及法文俱樂部。當她未被編入大學先修法文班時，有勇氣請大學先修班老師無論如何要幫她預備考試。後來她也順利通過考試。

潘蜜拉搬到美國念高中時，多明尼加第一夫人透過她的親生母親得知她的學業成就，就邀請潘蜜拉為多明尼加高中生舉辦工作坊，討論生涯規劃、個人發展及社區行動。後來，在二〇一〇年海地地震後，第一夫人再度邀請當時十九歲的潘蜜拉，教導多明尼加及海地的受災兒藝術治療。「我教導在地震後被強暴、販賣及虐待的兒童。」

如果不是從她兩歲就開始提早準備，由不只一位、而是一整個村莊的早期學習夥伴養大，後來的機會與成就，沒有一樣會發生。

如果在了解潘蜜拉的早期發展過程裡，只尋找她的傳統父母角色，我們可能會做出結論，說她實際上是孤兒。我們可能會以「傑出兒童自力更生」的奇人奇事角度去看她的故事，而忽略了潘蜜拉其實是教養方程式精湛而有策略的教養成果。

6

飛航工程師（角色二號）

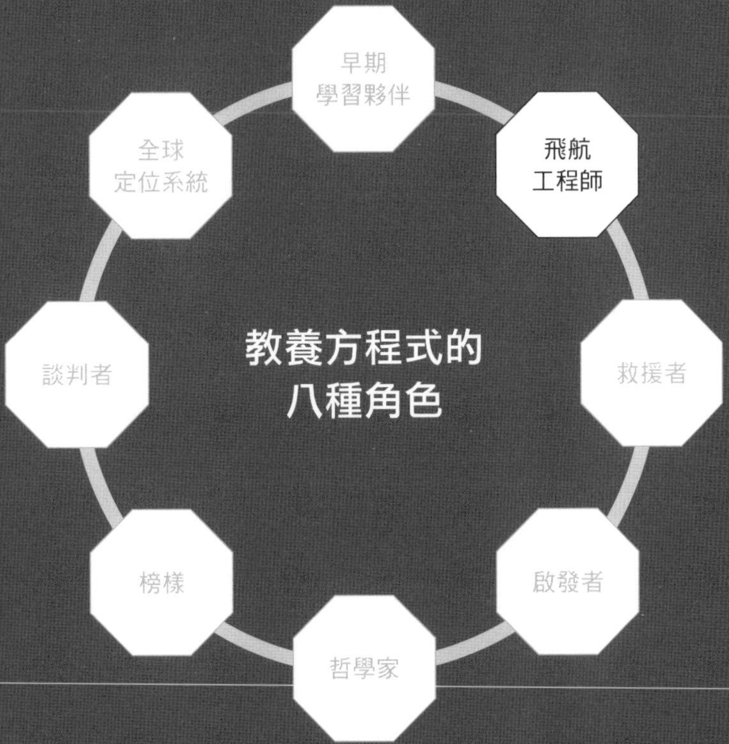
早期
學習夥伴
飛航
工程師
救援者
啟發者
哲學家
榜樣
談判者
全球
定位系統
教養方程式的
八種角色

大師級監督與管理

前總統歐巴馬以坦率的態度談論如何教養兩個女兒，這真令人意外。那天在總統辦公室採訪他的記者，腦中正在核對他談到的教養實務，與記者自二〇〇三年起在研究中採訪其他父母的故事，歐巴馬無從得知這些故事有多麼相似。

前總統歐巴馬就像是書中許多其他早期學習夥伴。他說：「當我的兩個女兒還是嬰兒的時候，蜜雪兒和我就會讀書給她們聽了。」當女兒即將踏入作息嚴謹的學校生活之前，歐巴馬夫婦也優先培養孩子的獨立性與責任感。「她們四歲大時就有了鬧鐘，這樣就可以開始自己鋪床和準備起床。」

他們教導學前兒時間管理，養成習慣，一直跟著她們進入小學。

「她們要自己負責準時上學。我的意思是，我們會監督她們，但她們已經養成一連串的習慣，那是我們期待當她們上學時做好學習準備而培養的。」歐巴馬說。

雖然歐巴馬夫婦只為女兒設定幾個規則，但她們會徹底執行。家庭作業要在放學回家後立刻開始完成。小女兒上小學後的就寢時間是晚上八點半，大女兒可以晚半小時就寢。在他們家，書本就是他們的娛樂，而不是電視，儘管規定了就寢時間，她們還是可以自由閱讀直到入睡。電視則要到週末假日才能看。

「我們總是鼓勵她們，不要把受教育視為苦差事或負擔，而要視為極大的特權。」歐巴馬說。

在總統辦公室進行採訪時，歐巴馬及前第一夫人蜜雪兒正處於養育女兒的忙碌期，當時她們一個十二歲，一個九歲。儘管他們的行程令人應接不暇，歐巴馬夫妻仍會協助女兒規劃學業生涯，在必要時會跟校方合作，確保孩子的興趣獲得關注。

「從我當總統以來，沒有錯過任何一場親師會，而我還是總統候選人時，也沒有錯過任何一場親師會。蜜雪兒會參加所有這類活動。」

幾年前建立的習慣及常規，使得歐巴馬夫妻易於監督女兒，儘管女兒長大後有更多時間待在學校，有很長的一段時間不在他們身邊。

「我們很早就對瑪莉亞和莎夏設定期待，希望她們為自己的學習負責。」前總統說：「關於設定高期待這件事，我最不想說……因為瑪莉亞會告訴你，如果她拿了B的成績回家，我會說那不夠好，她沒有理由拿不到A。」

他們要求兩個女兒參加團隊運動，必要時會檢查她們的作業，並跟老師保持聯絡。

「這些是任何家長都會做的事。毫無疑問，跟許多家長相較，蜜雪兒和我擁有更多資源也享有特權。」歐巴馬說：「我們了解這點，但不管你有多窮，你都可以在週間關掉電視，也可以跟學校老師保持對話。」

注意影響孩子的微生態

當歐巴馬第一次加入競選辦公室時，瑪莉亞和莎夏正準備進小學。當女兒踏進小學教室之後，歐巴馬夫妻從在家跟孩子談話、閱讀及玩耍的早期學習夥伴，轉型為扮演教養方程式的第二種角色：飛航工程師。

就像飛機或太空船的飛航工程師，扮演這種角色的家長負責監督與管理，當孩子「啟動」求學生涯，家長保持警覺的發現與解決任何可能出現的問題。家長的責任從在家關注孩子，擴大到陪伴孩子第一次參與各式各樣的新環境，了解孩子的動態。

生於俄國的美國發展心理學家尤里．布朗芬布倫納（Urie Bronfenbrenner），致力於關注社會環境或「生態」如何影響孩子。他的人際生態理論主張：科學家指出，在複雜的「生態」中生活，會影響動物的成長與整體發展。跟動物一樣，人類的孩子也不是在真空狀態下成長發展，而是受到他們在家中、學校，以及與他人互動的任何地方，所經歷的所有事物的綜合影響。

孩子的第一個小型人際互動系統，或稱為「微生態」，就是在家跟父母、手足一起相處的環境。但當孩子入學後，他們的世界擴大了，就會開始參與其他微生態。其中之一是學校教室。其他微生態環境可能是週三下午的查經班，或週六早上在公園的樂樂棒球隊。任何一天，孩子在這些新環境的經歷，都有可能過得順利或不順利。比方說，孩子可能在校跟老師發生衝突，或捲入某個負面的同儕團體。孩子在這些新的微生態的經歷，不僅取決於他們自己的決定，也取決於他人的言行舉止。

扮演飛航工程師的大師級父母，當意識到特定微生態對孩子發展的強大影響時，會透過與其他微生態中的大人合作，或在必要時提出要求，並主張父母的權威，以掌握孩子的發展。扮演這種角色的大師級父母，努力堅持做到三件重要事項：

1 把孩子放在最適合他們能力及成熟度的年級、課程或學習軌道上。
2 尊重孩子。
3 提供優質教學。

透過監督，一旦大師級父母發現這三個職責出了任何差錯，飛航工程師的角色就會介入管理並修正狀況。

查看情況，找出解決方案

老鮑勃花了五年的時間扮演出色的早期學習夥伴，玩樂高、閱讀，教羅伯唱歌與解決問題的技巧。羅伯五歲之後，老鮑勃和妻子知道，他們必須開始跟其他大人合作，讓羅伯的學業生涯保持順遂。

既然別人會評價他的孩子，老鮑勃想要知道，在自己印象中既獨特又有天分的羅伯和他的妹妹，是否只是他自我膨脹的想像呢？

他是老師，也習慣學生家長總認為自己的孩子聰明過人，或是覺得學校擁有像自己孩子這樣的學生，就應當感到榮幸等。他擔心自己變成那些家長之一。他知道，真正能測試他對孩子能力的看法是否正確，要看孩子入學之後，在家庭以外的表現如何。於是數週後，他去查看狀況。

他沒料到從威爾遜小學獲得的第一個評語會是這樣。「我們需要膠水，才能把他的小屁屁黏到椅子上！」羅伯的幼兒園老師說。「他又吵又野。」另一名老師說。老師接著說明，她可以在自己的教室聽見羅伯從操場傳來的聲音。

老鮑勃大可對羅伯或老師生氣，然後約束羅伯，無論老師認為他應該怎麼做，都照單全收。但老鮑勃明查暗訪，提出更多問題。

沒有父母曾在孩子入學時，為了自己瞬間要投身的複雜監督角色受過訓練，大師級父母也不例外。儘管如此，大師級父母非常了解孩子，而且他們觀察敏銳，足以發現問題所在，同時堅定自信，迫切尋求解決方案。大師級父母能強烈意識到，任務成功有賴於孩子生命中的其他人，特別是老師。他們執行例行偵察任務，查看孩子的狀況，私下請教老師以即時了解孩子的表現。若是有些事情看似出了差錯，扮演飛航工程師的大師級父母就成為敏銳的診斷專家，判讀狀況，應用對人性審慎的理解予以改善，並在必要時尋求他人的建議。

老鮑勃知道，兒子的老師真正要告訴他的是，跟其他幼兒相較，羅伯在社交上還不夠成熟。換句話說，羅伯被放錯了生態環境。

老鮑勃也注意到其他事情：羅伯比其他男生的個子小，他跟其他孩子在一起似乎格格不入。「我知道他不屬於那裡，但我沒有解決辦法。」

他開始四處詢問。那時有老師建議老鮑勃，可以比照她用在自己兒子身上的方法，她兒子以當時的年紀來說似乎也不夠成熟。當那位老師的兒子要上小學一年級時，她刻意讓孩子延後一年，把他安置在銜接班，那是程度介於幼兒園和小學一年級之間的班級，目的是讓學生在社交方面跟上同儕。

讓孩子延後入學，跟一群年紀略小的同伴在一起，這種做法稱為「延後參賽資格」。就像讓大學運動員在大一坐一年的板凳，延後他們的參賽資格。研究專家估計，美國可能有三．五至五．五%之間的幼兒被「延後參賽資格」，多數是像羅伯這樣的白人男孩。

布魯金斯學會經濟學家麥克．漢斯（Michael Hanse）想知道「延後參賽資格」是否有幫助，於是他在二〇一六年回顧可以找到的最佳相關研究，結果褒貶不一。據漢斯的說法：「簡言之，沒有證據顯示，延後孩子的參賽資格會逐漸形成長期的教育優勢。儘管在小學初期，孩子的年齡在考試時確實有影響，延後參賽資格能讓他的成績接近班上頂尖，而非墊底，但成為班上年紀最大的孩子，本身似乎並未帶來任何優勢。」

漢斯也表示，成為班上年紀最大學生的好處，往往會隨就學時間遞增而減少，且對大學入學考試成績幾乎沒有任何幫助。

不過，看來幾乎可以確定的是，老鮑勃相信讓羅伯延後入學有好處，讓他在一群個頭差不多的孩子當中轉趨成熟。羅伯的銜接班上有二十二個孩子，其中十八個是男生，而羅伯在柯林斯維爾的整個求學生涯，一直跟這群男生同班。他們不僅在學業上，也在運動上一同表現優異。他們成為很好的朋友及學業競爭對手。

回過頭看，羅伯認為老鮑勃的決定「非常睿智」，以羅伯的特殊個案來說，可能確實如此。當羅伯結束銜接班，升上一年級後，老鮑勃再度想要知道兒子在班上的表現狀況。他去找羅伯一年級的老師瑪麗．布爾（Mary Burr）談話。「他好好跟上進度了嗎？」他問。老師不解的看著老鮑勃。「你不知道嗎？」然後三緘其口，直到過了很久以後才告訴他這件事。

終於，他發現羅伯和其他孩子在學業表現上不能相提並論。羅伯非常適應他的新微生態，在教室和操場上的表現，都遠遠超越同學。羅伯在學業上遙遙領先，無論如何都已經體驗了早期領先效應。

不過，額外的那一年幫助羅伯學習在社交上轉趨成熟，更給了他最好的機會，成為全面發展的傑出學生。

扮演飛航工程師的父母，了解如何跟孩子，以及教導、監督孩子的大人對話，還有如何詮釋他們所聽到和看到的。他們監督情況以獲得全盤了解，然後審慎行動以避免意外的副作用。他們並非以未經思考、不知情的方式反應，或害怕與校方溝通而影響他們的行動。飛航工程師做足功課，自信的與孩子的學校接觸、會面。因此，他們往往會贏得自己試圖影響的教師的尊重，也通常能獲得他們想為孩子爭取的事物。

不過有時候，禮貌的嘗試在合作關係上是不夠的，飛航工程師必須為了自己的孩子，提出要求。

採取適度的堅決主張

琳恩與克拉倫斯．紐瑟姆（Lynne and Clarence Newsome）是孩子的飛航工程師，知道自己必須與他們仰賴的小學老師合作來養育女兒。他們的大女兒吉娜現在是一名精神科醫生；而小女兒布瑞則是社會運動家、作家及電影導演，她在二〇一五年夏天因撤下南卡羅萊納州議會大廈邦聯旗，獲得全國關注。當紐瑟姆夫妻得知老師以錯誤的方式教導一年級的女兒吉娜時，他們被迫介入，要求學校負責。

琳恩和克拉倫斯都是教育工作者。這對夫妻輕聲細語、遵守規則，且煞費苦心保持禮貌，很年輕時就離開北卡羅萊納州，前往馬里蘭州霍華德縣的一個規劃城市哥倫比亞，那裡持續被《錢》（*Money*）雜誌列為美國百大最適宜居住城市，以「後種族主義的烏托邦」聞名。

但堅持夢想養育具備種族意識的孩子，並不如想像中的容易，即使是在適宜生活的哥倫比亞。他們的朋友和鄰居大都是白人，紐瑟姆家的女兒往往是學校裡的少數黑人。她們讀的繪本裡都沒有非裔美國小孩，於是琳恩把書中角色畫上咖啡色膚色，讓他們成為美國黑人，一目瞭然，還在小女孩的頭上畫了非洲捲捲頭。

吉娜讀一年級時，有天哭著回家，悲傷的說自己是笨蛋。琳恩和克拉倫斯猜測因為其他像她一樣的黑人學生都被當做搗蛋鬼，或是因為她被編進了低階的閱讀小組。

但吉娜的解釋更令人感到辛酸而苦惱。吉娜說，她一直舉手想要發言，但老師從來不叫她回答。更糟的是，每當吉娜答錯幾題，老師就堅持要在她的考卷蓋上「臭臉」的圖案，儘管事實上，吉娜整體的學習敏銳度很高。

對琳恩及克拉倫斯來說，這件事無法接受。臭臉印章徹底擊垮了吉娜，特別是她覺得自己遭受了不公平的對待。當琳恩及克拉倫斯與女兒的老師面對面時，老師起初不想合作，但琳恩直截了當告訴她：「不要再給吉娜臭臉的評價。」事實上，在發回來的考卷上，老師應該「只給笑臉」，此外，這項規則應該適用於吉娜所有的作業，不論她的成績如何。老師勉強同意了。隔年，這位老師頒給吉娜一項高成就榮譽獎，讓全家感到滿意。

有些人也許不同意琳恩在面對老師時採取適度的堅決主張。但琳恩夠聰明敏感，足以察覺老師對吉娜造成的傷害，而當飛航工程師知道他們的孩子被傷害了，其他人的意見都不是重點了。

這種致力於保持警覺，並在必要時出聲爭取權益（會吵的小孩有糖吃），基本上並不只仰賴物質資源，而確實仰賴相信自己的判斷。別毫不質疑、單單根據他人的意見來採取你的做法。有些家長視校方為不容質疑的權威，但大師級父母不會如此。就像在空中飛行的飛航工程師，因為了解機上所有的機械系統與責任，使他們有資格保住這項核心工作，大師級父母也明白，他們對孩子細緻入微的深度了解，使他們成為最高權威，知道什麼對孩子最好。在家如此，在外也是如此。

找出孩子不當行為的原因

美國外交官大衛・馬丁尼茲（David Martinez）的父母知道他們的長子精力旺盛、學業領先，熱愛把他所知道的告訴別人。但對幼兒園老師來說，大衛是「搗蛋鬼」，他太愛講話了，所以老師經常把他隔離在教室隔板後。

大衛說：「每當老師問全班問題，我會很快舉手。我想搶第一，我想回答，因為我知道答案。通常我會被叫一次，然後我會再度舉手，但有時候我只是脫口說出答案，沒有先舉手，就表示我要被罰暫停活動或被隔離，這讓我很洩氣。」

大衛的母親露易莎身為孩子的學生與敏銳的飛航工程師，出面救他脫離苦海。「我待在角落自己算數學。當媽媽發現以後，她勃然大怒，因為她知道這幾乎變成常態。我不是在做其他幼兒做的事，就連遊戲時間也一樣，我幾乎都待在隔板後面，我說的這些一點也不誇張。」

大衛回憶，媽媽會要求老師解釋。「她說：『你不是在啟發大衛；你沒提供他所需要的。』然後她向校方提出這個問題。」這促使校方調查情況。根據學校調查，他們發現大衛遇到困難是因為他發展得太快了。解決方案呢？學校在他從幼兒園畢業時，讓他直升小學二年級。

大衛毫不懷疑的說：「我在班上搗蛋，可能讓老師感到痛苦。」但當老師將難搞當成行為問題時，「媽媽意識到這是學習上的啟發問題，不管是學校的教學步調或教學內容，我得不到在家習以為常的學習鼓勵，我已經超越了班上同學。媽媽對老師說：『不，你給他的不夠。問題在於環境，不在大衛。』果然，當我進入二年級時，我的成績保持高分，我的行為也改善了，終於有比較多的學習項目符合我的步調。」

身為飛航工程師的父母在大衛需要時給予保護，但這並不表示，在他犯錯時也要為他辯護。

「我讀三年級時，有個代課老師，一下要我們全體起立，一下又要我們坐下。我說：『唉呀，老師你想好要怎樣再說嘛！』結果我被罰課後留校，通知單寄給了我爸，我爸在單子下方簽名，並加上：『大衛需要負荊請罪，改過自新。』不是『我小孩很乖。』或『這是誤會。』而是『大衛說錯話了，不管你們認為該怎麼對他，他都要徹底執行。』」

大衛說：「如果我平常沒有獲得父母支持，這件事可能會對我造成嚴重後果。我可能會想：『噢，老天爺，爸媽不愛我。』但我並沒有這樣想。為什麼？因為他們從一開始就不斷支持我，以各種方式表達他們的愛。但那並不表示我可以免於被處罰、被糾正，也仍會被告知這種行為是不能接受的。」

小學三年級，就開啟自動駕駛

幾乎所有高成就者在八到十歲就已經成為自律的學習者，不大需要飛航工程師父母幫他們檢查功課、掌控他們的時間和進度，或幫他們精通自己感興趣的項目。簡單講，到了三年級，他們就能自動駕駛。

就像飛行員指引飛機正確方向、設定儀表板，然後放手不再干涉，大師級父母也在早期就培養孩子的好奇心、建立學習技巧，並執行明確的規則與責任，因此比較不需要家長監督。這並不表示大師級父母停止監督孩子；飛行員仍然監督自動駕駛的飛機。這是表示，只要孩子維持在許可範圍內，就讓他們自己做選擇。

其他孩子或許需要更長時間，才能達到不需要家長持續查看及提醒他們必須做些什麼的狀態，有時候遲至高中，甚至到大學。有些孩子甚至永遠達不到自動駕駛的標準。

根據二〇一七年一項針對一千七百名德國兒童進行的研究指出，自動駕駛的孩子比同儕學得更多也更快。研究員採訪數百名父母，調查他們就讀三、四年級孩子的獨立程度，請他們在四項標準為孩子評分：自動自發、堅持不懈、積極主動，以及傾向由自己做決定，不管其他小孩決定如何。研究發現，在「個人主動性」（這個用詞能完美闡述我們的成功者）得分高的孩子，到五、六年級時，在閱讀理解等方面的技巧已超越同儕。

即使沒有來自父母或其他大人的鼓勵，我們研究的成功者往往還是會竭盡所能的努力。由於父母灌輸他們學習熱忱，他們樂於挑戰學業，正如他們在運動及其他課外活動一樣。同時，他們非常認真看待學業，就跟父母去工作一樣，視之為自己的責任。成功者們，特別是哈佛學生，他們在採訪中一再重複把學業稱為「工作」，例如說：「我一直在工作。」

這時候扮演飛航工程師角色的父母，通常只是給予孩子支持，特別是在孩子年紀較大時。當成功者升上國中或高中，課業變得難多了，意味著有時候他們要熬通宵，才能完成一項專題或進階的作業。有些成功者提到，母親會表示願意幫忙、遞給他們一杯茶表示支持，甚至陪他們一起熬夜。

我們採訪的成功者也尋求學校及家長提供範圍以外的學習機會。大約在八至九歲這個年紀，他們開始選擇自己要探索的主題或要精通的技巧。這些非常重要的「熱情專案」如它們的稱呼，不僅激發孩子更深入去學習他們所選擇的興趣，也開發各式各樣的技巧。這些專案當中，有些直接影響孩子成年後的職業，有些只是建立孩子日後在學術研究或其他嗜好上採用的技巧。

許多家長得逼迫孩子在外界尋找興趣。大師級父母雖然可能會引導孩子找到興趣，但多半是促進自動駕駛的孩子發展自己選擇的嗜好。身為飛航工程師，他們鼓勵孩子發展興趣，但必要時也會減緩孩子的速度，像是當孩子不斷忙到深夜，也會催促他們去睡覺。

掌握插手與放手的時機

國際太空站太空人盧卡．帕米塔諾（Luca Parmitano）指出，飛航工程師必須監督所有系統，隨時準備插手扮演「水管工、工程師、廚師、科學家、指揮官，或飛行員」的角色。飛航工程師的大師級父母同樣是萬事通，準備調動各式各樣的糾正措施以因應問題發生。根據需要，飛航工程師父母可能會訓練孩子或老師回應狀況，就像琳恩糾正女兒的老師那種傷人的評分方式。他們也可能合作找出解決方案，就像老鮑勃鼓勵在人際關係上受挫的兒子勇敢面對一樣。

有些情況下，飛航工程師可能會決定，最好的方法是放手和靜觀其變。如果放手的方法失敗了，他們則會積極採取行動，填補孩子未被滿足的需求。

扮演飛航工程師的以斯帖，在三個女兒開始進入學校就讀後，成了絕佳的監督者，她掌握孩子學什麼、研究是否嚴謹，在校大致的狀況如何。以斯帖當過老師，談到學校的事，她希望自己不要「看起來很強勢」，而選擇要相信老師，也相信在她調教之下非常獨立的孩子。因此她試圖採取遠距管理，當孩子跟老師之間發生問題，她訓練孩子面對問題，而不是自己跑去找老師。

「如果她們跟老師合不來，會把我當成諮詢對象。如果她們覺得某一科教得很差，也會問我的意見，而我會告訴她們跟老師相處或學習該科目的建議。我也成為她們所有朋友的諮詢對象。他們說，他們聽不懂課堂老師教的，是因為老師不用某種方式教學。所有學科都可能出現這種問題，孩子也會想要幫忙處理老師的問題。有些老師或許被歸類為教學不力，但學生不能轉班，他們必須面對問題，這就是人生。或許不公平，但必須去面對和解決。」

有時候，以斯帖仍會插手，如果她知道那件事會造成很大的影響。當她注意到女兒高中寫作課的教學品質很差，學校沒教會學生進大學前要準備的功課，身為訓練有素的專業記者，她自告奮勇出手相救，自己教一門課後寫作班。「有二十五個小孩和我的孩子都來上課了。由我來教他們如何寫作，這件事我覺得很有趣。」

艾方索：沒有飛航工程師管理的成長旅程

如果教養方程式裡的任何一種角色消失，對特定的孩子來說，都可能增加他無法充分發揮潛力的風險。本書幾乎每位成功者都有一名飛航工程師家長，監督學校及老師做好分內工作，並保證孩子的所作所為能充分利用學校教育，除了艾方索．赫南德斯（Alfonso Hernandez）以外。

艾方索的父親雷納爾多（艾方索與雷納爾多．赫南德斯均為化名）是個內行的學習夥伴，但他從不督促孩子在校表現。對他來說，學習就跟呼吸一樣自然，學習要尋求機會體驗自我，而不是依賴學校供應，甚至由學校來評價自己。

雷納爾多是盡責的父親，他跟孩子的母親離婚後，取得三個兒子的主要監護權。除了熱愛衝浪及政治辯論，他也善於引導孩子接觸發人深省的書籍、哲學、古典音樂及其他事物。他熱衷參與孩子選擇的任何專案，自己也從不停止學習新事物。

艾方索說道：「爸爸對我展現他的支持，他會買素描簿和繪畫材料給我，以及在美術課或美術學校會用到的各種東西。他寫小詩，會告訴我們史上知名的畫家，如畢卡索、梵谷或相關的人物。」

艾方索想去參加一場特別的漫畫展，雷納爾多不只是帶兒子到那邊就走，而是陪他一起參加。

艾方索說：「我不曾怨恨爸爸或不希望他在身邊，我記得自己真的很享受跟爸爸在一起的時光。」

雷納爾多認為，課程應當把重點放在學生覺得有趣的任何事物上，而不是由某些教育工作者委員會去決定學生們應該知道什麼。他排行居中的兒子艾方索對學校與學習也發展出同樣的觀念。他喜歡閱讀、繪畫和彈吉他，但正如他說明的：「學校擋了我的路。我必須上學，那是我必須履行的義務，我去上學不是因為我對代數、歷史或英文感興趣。我的態度是：『好吧，這就是人生，你要讀英文，你要念歷史……』」

儘管雷納爾多是個在許多方面駕輕就熟的老爸，但他絕對不是擔任飛航工程師的家長，這個事實也確實造成影響。艾方索不記得爸媽曾和校方進行任何溝通。他也不記得爸媽曾檢查他的成績單，不記得爸媽曾幫忙學校專題或確認他把功課做好了。「我都必須趕在上課前做完功課……我沒有努力要在班上或任何方面成為最好的學生。我能念進階班，不是因為我很用功，只是因為我應付得來。」

進入中學階段，艾方索跟幾個與自己相像的朋友混在一起：宅男，熱衷於電玩、音樂和漫畫。

「我們開始對搖滾樂團感興趣，如『超脫樂團（Nirvana）』、『珍珠果醬樂團（Pearl Jam）』。那是孩子開始對任何事物感興趣的年齡。你可能開始對運動感興趣，於是開始閱讀相關資料。」艾方索說：「我們開始閱讀《滾石》雜誌與《Spin》雜誌，那是不在學科範圍的智力啟發；我們談論『超脫樂團』在音樂領域的意義，卻不知道我們正在鍛鍊的大腦區塊，也許對功課或寫報告同樣有用。」

放學後的晚上，艾方索和兄弟們自己決定要做什麼。即使本書其他父母也容許孩子擁有大量空白時間從事興趣，相較之下，他還是擁有大把自由。「我們就待在外面，在朋友家玩，或在附近玩。在我的童年早期，甚至在我的青春期早期，功課都不是那麼重要。」

九年級時，艾方索因販賣大麻而被學校開除。兒子被學校開除前曾出現警訊，但雷納爾多並未留意。艾方索上高中以前，因為和兄弟們一起對別人的車子與房子扔石頭和雞蛋，全家被從住宅區驅離。高中後他變得叛逆，在校行為不當。「我不交作業，或在考試時故意寫一些很荒謬的答案。我認為那是一種反傳統的龐克搖滾作風，其實我已經開始變得叛逆了。」

艾方索被學校開除的那一天，是他在高中的最後一天。在下一章，我們會看到他父親幫助他扭轉局面（後來，艾方索畢業於普林斯頓大學，並將許多成就歸功於雷納爾多）。但是在這段期間，因為艾方索生命中缺少了飛航工程師，所以導致整個家庭出現額外的艱難與壓力。

太空船沒有飛航工程師，會發生什麼事？如果所有系統依計畫運作，答案是「沒有任何反常之處」。然而，如果機械系統故障或機組成員不適任，旅程可能走向災難。

多數教育工作者竭盡所能啟發他們所照顧的孩子、指導孩子前進，但未必足以避免麻煩，或幫助孩子在脫軌時能回到正軌。若沒有飛航工程師，本章中的孩子沒有一個可以受到學校的完好照顧。羅伯可能會在還不夠成熟時，就進入小學一年級就讀；吉娜可能會繼續認為自己很笨；以斯帖的女兒及她們的同學，可能不會發展出以斯帖所教導的大學關鍵寫作技巧。我們無從得知，因為歐巴馬夫婦要求兩個女兒及老師們負責，而避免了什麼不幸的事。想像所有家長都跟雷納爾多一樣，跟孩子的學校生活完全脫節，他們的孩子還會成功嗎……？

如果父母成功扮演飛航工程師與教養方程式的所有角色，又會如何？是否表示他們所有的小孩都會成為超級巨星？在本書收錄的傑出年輕人當中，有許多人的兄弟姊妹成就較低。大師級父母怎麼會養出成就不高的小孩？難道這表示他們根本就不是大師級父母？他們的高成就小孩是命中注定要成功，而不是因為父母的關係？還是有些爸媽只願意投資在一個小孩身上？讓我們很快一探究竟。

7

手足

手足成就大不同

多數夜晚，在臨睡前的安靜時分，羅尼（Ronnie）的心思會游移到克利夫蘭的家裡。當他躺在康乃爾大學大一宿舍的床鋪上安全無虞時，他會想起只比他小十八個月的弟弟達雷爾，因販賣毒品而被踢出家門，流連街頭，過著迥然不同的生活。

「我正在常春藤盟校裡，一切正要開始。」羅尼說：「感覺『前途一片光明，世界掌握在你手中。』我在這裡遇見的所有新朋友，都是我真的可以認同、既聰明又酷斃了的高成就者。派對美好，世界正好。只要我不去想太多關於達雷爾的事。」

本書的核心問題是父母如何養育出高成就的孩子，但這個問題伴隨著另一個問題：是什麼原因造成手足之間的差異？如果教養可以帶來這麼大的影響，為什麼在同一個家庭長大的兩個孩子，一個在學業和生活上的表現會遠勝過另一個？對擁有兄弟姊妹的人來說，這不只是學術上關注的議題，它完全是跟個人認同相關的存在問題。在本書採訪的兩百位人士當中，許多人談到手足時都說他們「一樣聰明」，卻並未展現同樣的成就。

這正是羅尼一生都在思考的問題：他每個兄弟姊妹都接受不同的教養方式，而他在孩提時代就提出「教養的方式會對於孩子的成就有重大影響」的見解。當他取得麻省理工學院博士學位，並在幾間頗負盛名的大學任教之後，羅尼仍在思索這些問題。教養與家庭生態如何讓他的父母擁有一個任教於世界一流大學的兒子，另一個成為醫師，還有一個成為美國空手道國家代表隊一員，且是在世界各地參賽的冠軍常客，但另外兩個則在酗酒、毒品與經濟困頓中苦苦掙扎？是什麼原因造成在同一個家庭長大的孩子有如此差距？

建立孩子熱愛學習的習慣

羅尼排行次小的弟弟荷馬，跟達雷爾一樣深陷於毒品濫用，他給了一個答案。他說：「羅尼謹記我們學到的教訓，而我沒有，我半途而廢。他遵從書上的教導，並充分運用那些建議。」他的解釋呼應了一些高成就者的說法：他們的兄弟姊妹成就較低，只是因為沒有專心致志。

但為何會有這些能否接納他人意見和努力程度的差異？只是個性不同嗎？

羅尼、達雷爾、荷馬、肯尼與史蒂夫在一個大家庭裡長大，他們的母親、父親、外公約翰及外婆娜娜都為家庭帶來正面影響。正如家中未來的醫師史蒂夫所說：「我很幸福，擁有四個家長。」

他們的年輕母親是慈愛寬容的家庭主婦，父親是工時很長的房屋油漆工及承包商，他們都會擁抱和親吻兒子們，但也是嚴格執行紀律者，在孩子行為不良時會「痛揍一頓」。羅尼說，爸爸從來不以循循善誘和諄諄教誨來處理小孩的犯規行為。「去拿我的皮帶，把褲子脫掉。」就是他唯一會說的話。對兩位家長而言，在校的行為似乎遠比成績重要，包括外公約翰也很少談論學業或製造學業壓力。

但兄弟們的四個「家長」裡，有一個異類。當年輕且體弱多病的媽媽懷達雷爾時，外婆娜娜一直陪伴守護著女兒，承擔起照顧女兒一歲長子羅尼的責任。娜娜是特教老師，更是教育大師，甚至許多以前的學生都會來參加她九十歲的生日宴會以示感激。她把同一套教學技巧用在長孫身上，讓孫子持續專注於學習。

「從我有記憶以來，外婆就非常關注和照顧我。她說過在我十八個月大時，她是怎麼帶我搭火車到紐約市，還有當時我對著火車上每個人說話的事。」羅尼說：「我記得四歲時，我會使用綠色黑板，她教我在黑板上寫我的名字和畫其他東西。我想，是她給我的一切關注與早期指導，培養出我的學習動力。」

娜娜渴望幫助羅尼成為高成就者，是受到她自己被拒絕的經驗影響。她童年時期的人生導師、知名非裔美籍社會工作者及律師珍・艾德娜・杭特（Jane Edna Hunter），在娜娜二十歲結婚時，便將娜娜從年輕女性領袖培訓團體開除。杭特女士告訴她：「你在浪擲你的人生。」特別是娜娜嫁給了一個抽雪茄、嗜喝威士忌，且在杭特女士眼中缺乏雄心壯志的男人。七十年後，娜娜在日記裡寫下：「我到底犯了什麼錯！」是她的失望燃起了渴望，激勵她成為精心策畫的早期學習夥伴，她要讓外孫羅尼出人頭地。

她花在羅尼身上的時間，證明值回票價。就像書中其他孩子，羅尼記得在幼兒園及小學一年級時的早期領先效應，他比其他同學知道的、會做的事情更多，而開始認為自己是班上最棒的學生。

「娜娜每一分鐘都在教育我，她對我們每個孩子都一樣。」他說。

但為何羅尼比其他孩子更卯足了勁學習？

他認為，原因出在生命最初的三、四年。「我有更多跟她一對一相處的時間，那使我學會打開思考的模式。」

對於一個早年獲得智力啟發的孩子來說，世界就像是一個房間，有人把燈打開，讓世界大放光明。茅塞頓開的孩子會追根究柢，全盤吸收。

「剛進小學時，我花大量時間自己用積木和附有基本零件的組合玩具蓋東西。二年級開始，我加入一個暑期讀書會，記得那年夏天，我就坐在角落陰涼處讀那八本書。」羅尼說：「我在美國學樂教育集團出版社的《讀者週刊》（*Weekly Reader*）上看到書的廣告，於是請媽媽訂書，她訂了。我也經常去圖書館，但並不是大人們以任何方式指導我要讀多少什麼書，是因為早期啟發的效果，建立了我求知若渴的習慣。」

扮演早期學習夥伴的大師級父母，會讓孩子接觸具啟發性的經驗，像是小羅尼在十八個月大時被帶往紐約市旅行。但孩子在這些經驗期間的回應，與家長努力開創啟發經驗本身，同等重要。如果孩子熱愛在這些早期經驗裡學習，比方說，在旅途中對火車上每個人說話，那麼大師級父母及孩子都會沉醉其中。他們會建立一種有趣的夥伴關係並持續參與、一起學習，基於彼此有興趣的事物發展，形成正向回饋循環。娜娜幫助羅尼產生對學習的渴望，這是絕對無庸置疑的，但羅尼從一開始就樂於接受，這可能與娜娜精湛的教養技巧同等重要。

二年級以後，羅尼在克利夫蘭黑人社區文化中心卡拉姆屋上藝術及現代舞課。四年級開始，他也在黑管音樂班學習，並在學校的樂隊及管弦樂團演奏。媽媽和娜娜總會參加他每一場表演與展覽。看見她們坐在觀眾席，激勵他繼續投入、持續進步。

我們知道，接受密集早期啟發的孩子，比起未獲得同樣關注的孩子，可能會對學習產生更大的渴望。然而，接受力的差異程度很微妙，當家長試圖吸引孩子玩積木，或只是讀一本書給他們聽，孩子在當下可能被深深吸引，這會獎勵及鼓勵家長做得更多；但另一個孩子在完全同樣的情境下，可能毫無興趣。

如果孩子沒有興趣，大師級父母也會遵循孩子的引導。以長遠的眼光看，了解每個孩子都以自己的步調發展，稍後再試，或試圖以不同方式吸引孩子，像是用黏土取代積木，或帶他們去散步取代看書。重要的是，家長提供某種學習經驗，和孩子一起學到的愈多，孩子未來在學習上的接受力可能愈強。

然而，即使是最盡責的家長也會發現，如果孩子興趣缺缺，自己便難以繼續嘗試。伊莉莎白說傑瑞爾熱愛學習，「但我的女兒們，就算我竭盡所能督促，她們還是大肆反抗。於是我告訴她們：『你們未來要過的生活，是你們自己的選擇。我以前不會跟傑瑞爾吵，現在我也不打算跟你們吵，我只是想辦法教你們一些事，讓你們的人生過得更好。你們以後就會知道。』」

雖然她的女兒們不像傑瑞爾那麼熱愛學習，但也很聰明，一個念完社區大學，另一個從四年制學院畢業。

早期發展關注：通往成功的重要基礎

並不是每個兄弟姊妹都可以在大師級父母的家中充分獲益，還有其他原因。考量實際情況，對於有財務負擔或時間限制的家庭來說，扮演教養方程式裡的角色可能相當困難。一名哈佛研究參與者嘉博拉・「蓋比」・瓦格斯（Gabriela "Gabby" Vargas，蓋比的姓與書中之後出現的媽媽名字均為化名）告訴我們，媽媽在她年幼時總是陪在身邊，但當妹妹們陸續出生，爸媽的婚姻破滅，而媽媽必須去工作，蓋比插手扮演妹妹們的飛航工程師，去學校處理她們的問題，但那時她自己還是個孩子，其實無法複製媽媽提供給她的優質教養。

相反，當查克的哥哥年幼時，媽媽做為大師級父母還不夠成熟，無法做出她後來幫助查克所做的事。有時候，無論是基於時間、精力或興趣，家長在教養不同孩子時的狀態也不同。

所以，通常他們只能成為其中一個小孩的大師級父母。

家庭就像是動態拼圖，孩子的發展不僅取決於父母，也取決於兄弟姊妹及整個大家庭，這些都影響了孩子的栽培結果。比方說，你可能常聽到家長說：「噢，這是我們家最聰明的小孩。」「這是我們家未來的運動選手。」但一個孩子在校平均成績為B，可以是父母口中「聰明的小孩」，也可以不是，端看其他兄弟姊妹的成就。

在羅尼家裡，排行居中的弟弟肯尼，長大成為全國空手道冠軍及成功的商人，可能已經是這個家庭的成功案例。但當肯尼還小，家裡的生活鬧哄哄，安靜的肯尼很容易就黯然失色。對一個剛進小學的孩子來說，沒有什麼可以取代大人一對一的互動陪伴，傾聽他們的想法、了解他們的興趣，以及回應他們的見解。但在家裡，肯尼多半是被忽略的。

這樣看來，肯尼的前途似乎困難重重。不過他很幸運，擁有一對教父母，膝下無子的他們就住在兩個街區外。肯尼幾乎每個週末都去拜訪他的教父母，他們給了肯尼在家得不到的關注。「讓我感到與眾不同的轉捩點，是我的教父母。」肯尼說。教父母對肯尼的關注，給予他自信，以及更強烈的感受到「我值得」，他發現自己敢於公開表明立場，而非人云亦云。他們與肯尼一對一的相處，有助於建立孩子的情緒安全感與執行技能，專家說，那是重要的成功基礎。

肯尼並未獲得羅尼從外婆娜娜那裡得到的學業基礎，但他說：「我試著跟隨羅尼的腳步，盡我所能。」從十一歲起，長達四年，肯尼從羅尼那兒成功接管《克利夫蘭誠懇家日報》的清晨送報路線，也為外公清理地毯。十六歲時，他在震教徒廣場斯托弗餐廳代客泊車，就跟所有兄弟們做過的一樣。

因為羅尼上過大學，總是遵守紀律的肯尼也進入肯特州立大學就讀。他在那裡被說服嘗試學習空手道，大四時，他加入美國空手道國家代表隊，持續擔任該隊成員多年，在世界各地參賽，拿下不只一次的美國全國冠軍。他現在是克利夫蘭的知名商人，一度經營旗下有數百名學生的空手道工作室。

家庭背景對排行第五的史蒂夫同樣影響重大。荷馬出生後四年，史蒂夫出生，這時家中已有四個兒子，對媽媽來說是相當大的照顧負擔。外婆娜娜再度出手相救，協助減輕育兒重擔，在幾個晚上、週末假日及暑假期間幫忙照料史蒂夫（羅尼那時九歲，已進入自動駕駛模式，不需要再花那麼多時間跟娜娜在一起）。

說到娜娜多麼鼓舞人心，史蒂夫回想起娜娜常說的一句諺語：「當你瞄準月亮，縱使無法抵達，也將躋身於繁星之間。」這正是史蒂夫所做的，他五歲起就決定要當醫生。雖然娜娜給史帝夫的早期學習關照，不像羅尼那麼密集，儘管他因讀寫障礙而深受閱讀遲緩所苦，他仍打下夠好的基礎，足以追尋夢想。當史蒂夫不在外婆家，就會跟羅尼共用臥室。他記得總是看到哥哥在臥室的書桌前讀書。史蒂夫的哥哥們會說他個性倔強，但他比較喜歡說自己擁有強大的自主能力。他自己報名進入一所天主教高中，並說服父親支付學費，因為史蒂夫相信他在那裡會獲得比社區學校更好的教育。多年後，儘管他的考試成績並不理想，他仍說服一間醫學院允許他入學。他現在是一位醫師，為北卡羅萊納州偏鄉地區低收入戶服務。

然而，荷馬因為在家中的排行，在這家的所有孩子當中，只有他沒有受到父母以外特別的、一對一的學習關照（達雷爾有從舅舅及外公那裡獲得關注，但帶到錯誤的方向，我們稍後會讀到）。當時，娜娜仍花大量時間陪伴羅尼，同時擔任忙碌的特教老師，並指導十幾個女性年輕後進。荷馬其他可能的外部支持，如外公外婆或教父母，都被兄弟們占去了。而當史蒂夫帶著天使般的可愛臉蛋及最受歡迎的個性出生時，便搶盡家中寵兒鋒頭，轉移大家對荷馬的注意。

結果是，荷馬獲得的早期發展關注較少。有些專家說，早期發展關注是孩子未來發展執行功能技巧的基礎，有關控制個人行為以達成目標的能力。身為小小孩，荷馬並未獲得太多在大人關注眼神下堅持到底的訓練，可能因此發展較少的自我約束能力。而他自己承認，他在青少年時期並不喜歡接受大人的指導。

對大師級父母早期指導反應度好的高成就者，會發展出一種自主感與堅持。像是瑪姬長時間自主練小提琴，還有桑谷在十四歲時便上網申請一所美國高中，並為自己爭取到四年獎學金的例子。

當達雷爾或荷馬缺乏大人為他們未來建立一個明確而具創造性的願景，他們就自己形成較短期的目標。他們兩人至少都是中等程度的學生，英俊、愛交際、受人喜愛，且異性緣佳，但兩人都不把學業當成讓自己出類拔萃、取得成功的一條路。

他們滿腦子想的反而都是賺錢、找樂子、耍酷，以及成為明星球員這些事。特別是對達雷爾來說，成功就是衣冠楚楚、荷包滿滿，那也是與達雷爾長時間共處的外公約翰最看重的；他也受到前哈林籃球隊員及知名高中籃球教練的舅舅比爾的影響。達雷爾和荷馬兩人都把職業運動（達雷爾是籃球，荷馬是足球）當成是他們名利雙收的門票。

但到了高二，兩人顯然都不具備打職業球賽的實力。於是，缺乏其他方向和目的感的兩個高中生，雙雙尋歡作樂、追求人氣，走向麻煩之路。

兄姊的榜樣，可能造成弟妹挫折

肯尼和史蒂夫都敬重大哥羅尼，羅尼影響他們在成長過程中的抉擇與志向。但達雷爾和荷馬跟大哥羅尼成就之間的關係，就不那麼直截了當和積極正面。

當哥哥姊姊的成就在家中獲得重視，也在弟弟妹妹能力所及的範圍內，就會是他們最有效的榜樣。弟弟妹妹通常會選擇跟隨哥哥姊姊的腳步。但如果他們認為無論如何努力嘗試，都無法達到哥哥姊姊的典範，那麼他們可能會往別的地方尋找關注與目標。我們追蹤的人物，如桑谷、羅伯及蓋比，通常都是弟弟妹妹試圖效法的學業榜樣，但有時候，他們也讓弟弟妹妹的成就黯然失色。

達雷爾在學校是成績B的學生，從來沒得過A。羅尼說：「即使我們還很小，我因在校表現良好而囊括所有讚美，而達雷爾非常擅長打掃房子，娜娜仍會特別讚不絕口說他把房子打掃得多好。達雷爾必須找到不同光源，好讓自己發光發熱，找到不同於學業成就的方式，讓自己在家中表現突出，於是孩子們在家中能進入各種角色。而或許在某些家庭，只有一個人能夠成為明星。」

荷馬將羅尼和達雷爾兩人視為榜樣。羅尼是傳統類型的成功榜樣，但他的成就對荷馬來說，總是無法企及。「誰跟得上啊？」荷馬說。

達雷爾英俊有魅力。「他很酷！」總是對兩個哥哥讚嘆不已的荷馬說：「我記得達雷爾開著雪佛蘭敞篷車上學，穿得很有型。他在街上酷斃了，時髦到爆。」荷馬說：「羅尼很聰明！我記得他走路上學，帶著一大堆書，書多到他得用屁股幫忙背著。我想要『像羅尼那麼聰明，像達雷爾那麼酷』……這樣的對比把我搞糊塗了。後來，我看到達雷爾嗑藥，那真是又炫又時髦。」

所以，跟隨達雷爾比較容易。

「我想了很多關於荷馬及達雷爾的事，是否我在青少年時期花更多時間和注意力在他們身上，他們就會做出不同的選擇？」羅尼說：「但那時我已經離家上大學了，他們真的當時就誤入歧途。」

羅尼就是隆納．弗格森，是本書作者之一，他長大成為哈佛經濟學家及探討成就的專家。他在康乃爾大學宿舍為達雷爾憂心的多年後，某天，當他坐在哈佛辦公室跟同事談話時，電話響了。

達雷爾死於酒精中毒，享年三十八歲。

「我記得自己當時非常憤怒，心裡想：『真是浪費生命。』」他把內心的憤怒化為憂傷，然後轉為內疚，因為自己從小備受關注，或許排擠了達雷爾走上更有願景的道路。

「我用一樣的方式養育他們」是一種迷思

我們在弗格森兄弟們引以為鑑的故事中看見，每個孩子與父母、祖父母及彼此之間的經驗差異，如何通往五種截然不同的生命軌跡。但不僅是孩子們所處的環境與家庭生態的變化，會影響他們生命的發展，如我們之前看到的學習接受能力和孩子的個性，也都會帶來影響。

本章的家庭故事有一條共同主軸：儘管父母可能同樣愛每個孩子，並基於同樣的教養理念與他們互動，並不表示他們實際上是以同樣的方式養育每個孩子。任何相信自己確實是以相同方式養育每個孩子的家長，都應當問自己兩個問題。首先，「我的孩子彼此之間有何差異？」其次，「我對哪個孩子說什麼有效，但對其他孩子說相同的話就無效？」

這兩個問題的答案就是一種提醒：所有孩子都不一樣。即使孩子沒有意識到，但每個孩子都有自己的愛好與厭惡、強項與弱點，會引導父母以不同的方式，對待不同的孩子，也就是因為不同個體而有不同的養育方式。

前教育工作者及家教老師喬．布魯斯易斯（Joe Bruzzese）相信，在不同家庭裡，每個孩子都需要為他們量身打造的成功模式。舉例來說，布魯斯易斯曾花數年的時間教導三兄弟調整組織能力與學習技巧。他們的父母督促三個兒子在學業上要有最佳表現，但因為每個孩子都有自己的一套強項與弱點，所以在抵達目標的過程中，每個孩子都有自己獨特的挑戰。

長子

布魯斯易斯說：「大兒子最後進入普林斯頓大學就讀，他是足球員，球技頂級，他也是非常有效率的學生，但他是靠著他的敬業態度，才能達到這麼高的水準。」

為了獲得這樣的成績，他必須非常努力。「他是很棒的學生，他學習理解大量進階課程，這孩子每晚得花好幾個小時完成功課、準備考試和念書。」

大兒子知道自己身負眾望。「從很小的時候，我們就對他極力要求。他大學攻讀中文和經濟學，畢業後在一家頂尖企業中，有望按部就班獲得高階主管工作。」

雖然大兒子的成功祕訣是努力，當時布魯斯易斯卻總是懷疑這個特別的孩子身上背負的期待是否過高。「我要他在班上除了拿A，別無選擇。」他說。

如果經濟上的成功是衡量一個人是否成功的唯一標準，那麼大兒子進入常春藤盟校又捧了個金飯碗的工作，這成果似乎沒有什麼好爭論的。「他成功達到那個目標。」布魯斯易斯說。

但如果目標是像大師級父母那樣，塑造出一個自我實現的孩子，那麼大兒子的成果是未定數。「他現在感到多快樂或多滿足，我不知道。是否連現在已達成功標準的他，都對自己成不成功感到困惑？我無法確定。」

次子

二兒子比哥哥小了幾歲。我們在跟布魯斯易斯談話時得知，他最近畢業於史丹佛大學，並考慮攻讀神經科學研究所。

「他是很棒的運動員，而且老二最適合這個家的學習環境，從小到高中一路脫穎而出。基本上，他能讀、能寫，什麼都記得，幾乎到了過目不忘的程度。我問他：『你怎麼準備考試？』他說：『就簡單看幾遍筆記。』」布魯斯易斯回憶道。

達到跟哥哥一樣的水準，二兒子需要的讀書時間其實遠遠較少。他這麼老神在在，只有在期待高成就的家庭中才會成功。「這孩子如果不給他高標準的期待，他就不會去達成。」布魯斯易斯說。

么子

布魯斯易斯認為最小的兒子是三個孩子裡面最聰明的。「這孩子在中學時期，就可以坐在你旁邊，花幾分鐘的時間告訴你整個中世紀史，但如果你要求他寫在紙上，那就可能要待在那裡好幾個禮拜，他會試圖逃避所有要他解釋的東西。」

小兒子的學習方式與眾不同，那是在教室裡不被重視的。「真正的挑戰是，今天的學習環境無法滿足偏向聽覺學習型孩子的需求，那些孩子會聽、會記得，也能談論他們所學到的。」他說：「但無法用答案卷的形式評分。」

後來，當小兒子進了高中，父母意識到他無法按照計畫像哥哥們進入一流大學。布魯斯易斯說，對這個特殊家庭來說，這是極大的啟示。父母終於將小兒子視為不同個體，而不只是另一個進入常春藤盟校的兒子。

「我終於明白，他不會達到像哥哥們同樣的水準，除非我們開始察覺他與眾不同，不然我們會失去他的信任。』」

他們決定最好的選擇是，小兒子接下來的高中生涯在家自學。他取得高中文憑，繼續就讀護理學院。

這三兄弟的父母是大師級父母嗎？對二兒子來說，或許是。這對父母抱持高期待，顯然知道如何培育聰明的小孩。而這些高期待是讓缺乏動力、夾在中間的次子持續走在成功道路的關鍵。但他們一心一意專注於學業成就，而非全人教育，可能導致大兒子過度仰賴外在的成功標誌，排除其他促進情緒發展、得以自我實現的有價值活動。他們也未能及早理解小兒子是不同個體，隨之調整教養策略，導致錯失學習時間。

正如我們所看見的，大師級父母是孩子的機靈學生。那些不是只管一個小孩的大師級父母，會知道每個孩子都是獨立個體，並不斷調整教養模式，以針對每個孩子做最有效的安排。即使父母非常投入，未能調整教養模式，仍是導致手足之間成就差異的另一項因素。

成績不是聰明才智的唯一表現

我們來看看另一個類似實例。這個家庭對孩子蓬勃發展的方式具有更寬廣的視野，他們強調全人發展，而非只看成績，因此三個不同的兄妹都找到自己獨特的成功之道。

柯爾家的兄妹以自己的方式展現聰明才智，就像布魯斯易斯訓練的三兄弟一樣。成長過程中，三兄妹在同樣充滿知性的家庭環境裡，讀一樣的書，玩一樣的遊戲。但其中一人並未如她傑出的手足一般，達到同樣的學術水準。

在學校裡，恩雅卡拿的成績是B或C，偶爾還拿D。在溫哥華出生長大到現在，恩雅卡說她從來不重視成績。

但她的哥哥姊姊卻很重視成績。她的雙胞胎姊姊艾達，是全科拿A、從七年級跳級到九年級的學生，她的成就是洛杉磯區艾美獎最佳編劇得主及 **Netflix** 系列影集《盧克凱奇》（*Luke Cage*）聯合監製。他們的哥哥安蓋，是前《新聞週刊》電玩評論家，一度被拿來跟美國知名影評羅傑・艾伯特（Roger Ebert）相提並論，現在經營一家成功的電玩顧問公司，是當年全加拿大國際文憑大學預科課程得分最高的學生。

安蓋和艾達很小就因聰明靈巧而掀起風波。安蓋的一年級老師察覺他在班上「製造干擾」其實是因為課程太無聊的徵兆，就跟大衛一樣。老師讓安蓋去接受測試，發現他的數學能力是三、四年級的程度，而閱讀能力是七年級的程度。「她去找校長，然後他們去找學校董事會，說服學校把我安置在沉浸式法文班，比同儕提早兩年學法文，而不是讓我跳級到三年級。」他說。

父母擔心兩個即將進入幼兒園的女兒，可能會碰到跟安蓋類似的經歷，於是立刻尋找挑戰她們的方式。就算父母自己不會說法文，他們最後也讓這對雙胞胎報名參加幼兒園的沉浸式法文班。

沉浸式法文班的老師無法相信，中途加入幼兒園的艾達已經會讀法文，就像艾達描述的：「老師說：『你拿那本書做什麼？』我說：『我在讀書。』她說：『不，你不會讀書。』她要我讀給她聽，我就讀了，然後她的反應是：『噢，我的天哪。』她帶我去校長室，要我讀法文……我害羞得要命，真是嚇呆了。那一刻，我發現有些不一樣的事正在發生。」正如發生在許多高成就者身上的，老師和校長在眾人中選上她，某種程度上，讓她覺得自己與眾不同。

隨著年齡增長，艾達和安蓋兩人持續表現良好。艾達通常是前三名，安蓋在八年級決心登上榮譽榜，成績突飛猛進。他開始更用功，不久之後，就成為高中的優等生。

在這之前，艾達都認為自己是家中及校內較優異的學生，但現在哥哥超越她的成就。她以哥哥為榮，決定跟隨他的腳步。「我哥是全校最棒的。以前，我從來不必追隨他人，沒有任何人領先在我前面，還好我總是在鞭策自己。」她說。

相反，恩雅卡選擇根本不去競爭，感覺就像荷馬對羅尼一樣，她永遠無法比得上艾達的成就。「我創造一個表面形象，我重視社交技巧，但那不是真實的我。」她說。她相信，跟哥哥姊姊一樣拿高分，不是她駕馭這個世界的方式。

資質是問題所在嗎？艾達相信：「恩雅卡擁有跟我一樣或非常相似的資質。」她解釋道：「在六年級時，我們有位老師告訴恩雅卡，說她可以做得更好，並對她抱持那樣的期待，於是她為了那個老師，變成A等生。後來，她身上不再背負那樣的期待，於是再度變回C等生。那一年，她為了那個老師表現良好，但其實她努力的程度變化不大，所以我知道她做得到。」

恩雅卡回想那位激勵她拿A的老師。「我不知道這樣是不是在取悅別人，但她真的相信我，所以我集中精力上她的課，也連帶影響我感興趣的其他事物。」

如果恩雅卡多半時間無法取得佳績，如何能在那位老師班上進步神速？答案發生在柯爾家裡。在這個家裡，學習是常態。母親伊芳是前幼教老師，父親詹姆士是退休數學家，成長在南美洲國家蓋亞那（Guyana）的低社經家庭，但這兩位大師級父母創造一個優質的家庭學習環境，家裡都是電腦、書籍和樂高積木。他們是傑出的早期學習夥伴。

在孩子小時候，詹姆士會帶他們到他工作的西門菲莎大學電腦室打發時間。「他會做他的工作，我們就在Apple II電腦打電動遊戲。」安蓋說。

幾年後，一九八九年，在家用電腦普及前幾年，他們比身邊任何朋友都早擁有了一台家用電腦。這讓柯爾家的小孩明顯勝人一籌，特別是安蓋，他後來的寫作與顧問生涯都埋首於科技。

「我們還很小時，就有大量接觸電腦的經驗。」安蓋說：「我想，無論是刻意，或只是出於興趣和他自己對世界的好奇心，父親試圖灌輸給我們的就是：學習無處不在，就在你周圍。」

艾達說：「我們在家做的事，從來不會以學習的方式來呈現，就只是創造一種家庭氛圍。我們會出門散步，父親會談論光譜的性質，以及我們看得見和看不見什麼……母親和父親所做的，是把我們往前推，遠遠超越教室所學的範圍。」

正如詹姆士描述的家庭生活：「家裡總是有書，總是有交談，孩子跟我們彼此之間總是忙著做事。」

當詹姆士還是小孩時，他父親每週日晚上會讓詹姆士和兄弟姊妹聚集在一起，討論所有他們想談論的事。

後來，當詹姆士的孩子上了小學，他也決定如法炮製。

在這些週日晚間的討論中，詹姆士注意到恩雅卡是最健談的。「她通常會帶頭，表達最多意見，也比另外兩人更了解事物的微妙之處。她經常會注意到其他人毫無興趣的議題或理念。」

恩雅卡缺的不是聰明才智，也不缺學習興趣。她的優先考量不是學業，如此而已。

尊重孩子的獨特性

詹姆士和伊芳很早就意識到，跟哥哥和雙胞胎姊姊相較，恩雅卡是以比較善於社交的方式展現天分。不同於三兄弟的父母，柯爾夫婦視每個孩子為不同個體。他們對每個孩子都寄予厚望，但不會逼恩雅卡達到跟其他兩個孩子同樣的成績，他們知道那種策略對這個活潑且社交能力超凡的孩子，會產生反效果。

柯爾夫婦並非採取以不變應萬變的通用模式來養育孩子，他們尊重恩雅卡的智力無法以類似成績單的學業成績標準充分測量，也無法依據結果判斷她的成長進度。如果有社交技巧成績，可以測量溝通與同理能力，恩雅卡的得分無疑會輕易超越哥哥姊姊。

「我從不需要用學校成績來告訴我恩雅卡的表現如何，我自己可以判斷。」詹姆士如此說。

他看不出三個孩子的學習表現有何不同。「當然，每個孩子有自己的表現方式，但那只是天生的。」詹姆士說：「我們從來不會試圖把他們塞進任何模子裡。安蓋和艾達在校成績較好，恩雅卡則是從嬰兒時期就比較善於社交。」

他們對恩雅卡仍寄予厚望。「爸媽的期待是我應該致力於學習。」恩雅卡說：「其實（跟哥哥姊姊）沒什麼不同。但我不會被期待要在學業上跟艾達和安蓋一樣優秀，我不會因為拿B或C的成績而被斥責。我們在家裡有一個學習環境，無論出來的成績如何，都是出自於此。」

不過，當安蓋帶著低於A的成績回家，媽媽會告訴他，如果他盡力了，她會以他為榮，然而她知道安蓋沒有盡力。媽媽和恩雅卡之間從來沒有這樣的對話。艾達相信，父母也讓恩雅卡知道，他們希望她盡力而為，但因為早期「她拿不到跟我一樣的成績，也拿不到老師說安蓋可以達到的成績，他們對她的要求沒有那麼嚴格，當她帶著C+或B的成績回家，他們不會說：『你完蛋了。』不過如果是我拿那種成績回家，他們一定會說：『你怎麼了？』」

艾達相信父母在妹妹身上做的事是對的。「在她身上施加任何多餘壓力，可能都不會有效。他們確實試過，但無效。」

恩雅卡說：「我向艾達的高成就者角色投降，相信自己比不過。」

但她不嫉妒雙胞胎姊姊，只是以她為榮。他們的父親說：「恩雅卡會到處跟別人說，艾達完成了這個，艾達又完成了那個。」

艾達同樣以恩雅卡為榮，也以妹妹的高人氣為榮，甚至在艾達成功之際，仍認為自己無法達到妹妹的典範。

「當艾達五、六年級時，她告訴我們，她厭倦活在恩雅卡的社交陰影下，想要被安排到不同班級，這樣就可以交各自的朋友。」詹姆士說：「於是我們讓她轉班。」

恩雅卡告訴自己，童年時期的學業成績比不上哥哥姊姊，不會造成她的困擾，但現在，她不那麼確定了。「一定會有困擾，確實有。」

如果恩雅卡當時就明白，家中每個人都知道「她跟哥哥姊姊一樣聰明」，事情會不會有所不同？她會在校爭取自己似乎肯定有資格的高學術地位？或者她仍會選擇集中精力在社交層面？

我們無法確切得知。但我們確實知道，她未把學業列為優先考量，仍付出了代價。她錯過把書讀好、贏得高分的喜悅與滿足，錯過大人的稱讚以證實盡力的重要性，而影響她看待自己的方式，和她認為自己可以完成的事。即使到了今天，已是一名成功演員的恩雅卡仍說：「我從不視自己為高成就者。」而她確確實實表現傑出。

這種自我懷疑減緩了恩雅卡的旅程，延遲了教養方程式的全面影響，也就是塑造出擁有明確目標的孩子、長大成為具影響力人物的那股力量。恩雅卡承認，哥哥姊姊在高中時就有明確目標，他們知道自己想要什麼，並知道該如何取得他們想要的。她自己到後來才有了明確目標。

或許恩雅卡的父母比較缺乏策略與考量，讓她的人生發展迥然不同。雖然柯爾家的小孩形容父母有時情感疏離，但恩雅卡的父母基本上充滿愛與關心，針對每個孩子有效扮演教養方程式的所有角色。這一切的關注，加上他們在那些年給予恩雅卡磨練社交技巧的自由，都幫助恩雅卡成為一名專業演員。「身為演員，需要有高EQ及同理心。這是我的強項中很大的優勢。」她說。

恩雅卡比哥哥姊姊花了較長的時間，但終究找到自己的目標。

恩雅卡申請紐約大學研究所課程時，她已經是一名專業演員了，該課程讓藝術家離開工作一年，學習更多有關藝術家在社會扮演的角色。她沒有取得入學資格中通常必備的優秀大學成績，但她的故事感動了招生辦公室中有權決定錄取資格的把關人員。「她在家庭內外都曾經歷掙扎，但最終她克服了，這是一個關於異類的故事。」

在研究所，她成為全科拿A的學生，那是她一直有能力達成的。

「我其實只是透過學術成績來伸展我的筋骨，讓我知道：『噢，我辦得到！』」

在參加該課程以前，恩雅卡曾質疑，她長期的表演生涯是否對她具有足夠的意義及目標。但在課程進行過程中，她說，真正對她重要的是，運用她的表演影響世界，創造議題，並成為她的目標。

你家老大真的比較聰明，或者你只是累到無法招架其他孩子？

你在本書中將遇見的許多成功者都排行老大。到目前為止我們所知的，恩雅卡的哥哥安蓋，加上羅伯、傑瑞爾、蓋比、大衛、潘蜜拉及馬爾維斯家的雙胞胎，都是家中老大。這與一般人對排行順序和成功關聯的常識一致：老大較可能勝過弟弟妹妹，並成為領袖。

普遍的原因是，因為長子長女獲得較多關注，也能建立較堅實的知識與技巧基礎，在長大後仍保有這項起步領先的優勢。這項說明在二〇一八年獲得瑞典大量科學研究支持，研究發現，排行後面的孩子確實通常成就較低，因為比起老大，父母投入較少的時間關注他們。這個結果或許會讓你無奈皺眉，但其實並不令人意外。許多家長往往花上數年養育頭一胎，若再有孩子出生，要維持同樣程度的精力投入，可能相當困難。

另一項理論是，長子長女較可能在學業上表現優異，因為他們通常被要求承擔家中責任，如照顧弟弟妹妹，這需要他們發展更好的組織與自我管理技巧，以及更強的責任感。

但正如我們所看見的，孩子天生的接受力及其他先天傾向也同樣重要。因此當排行老二或老三的孩子學業表現不如老大良好，很難確切得知，是因為父母的參與熱忱已經消退，或是孩子缺乏學習能力，或是其他因素。

羅伯只知道，對他的妹妹來說「人生並不公平」。妹妹出生的時候，羅伯已被當成非凡的孩子，而跟在明星哥哥後面的妹妹「真的很難跟得上」。羅伯說：「妹妹雖然聰明，卻不是社會評量標準的那種聰明。她很有藝術天分，但就是不擅長學業。所以我一直是那個前途燦爛的聰明兒子，而她總是那個會跳舞的可愛女兒。我想我們是以各自的方式不負眾望。」

難道是因為他們的父母做了（或沒做）某些事？羅伯說：「父母絕對是以不同方式教養她，但他們還是我們家同樣的父母啊！」

老鮑勃相信女兒只是決定不參與競爭。「他們兩個在七年級前，似乎都走同樣的路，但後來女兒學不好高階數學，像是代數和分數之類的，讓她很頭痛。直到她高三時，我們才發現她有注意力不足過動症。」他說：「那時候，她已經放棄跟哥哥競爭了。她幾乎把自己轉向完全不同的方向。」

在一個班上，成績超乎預期的高成就學生，會扭曲班上的成績分布曲線分級量表，而高成就的兄弟姊妹，也會扭曲其他手足對於成功的看法。如果家長或其他大人並未明確介入，主張更合理的標準，孩子可能出於挫折或無力感，而不智的放棄對學業的追求。

「她嘗試跟羅伯競爭，但她辦不到，於是她選擇不同的路。」老鮑勃說：「我們必須監督她。我們從來不用擔心（羅伯）做什麼，但我會擔心她。」

羅伯的妹妹在高中畢業前就懷孕了，然後不斷尋找自己的立足之地。羅伯說，妹妹一直是非常疼愛孩子的母親，她的一兒一女在校表現良好。「她始終很有韌性。」羅伯說：「舉個例，她有一次要到銀行面試，車子卻在半路拋錨了，於是她在攝氏三十九度之下徒步三公里到那個銀行，當場贏得那份工作。」

老鮑勃相信，如果家裡的老大不是那個高成就的孩子，大家都會比較輕鬆，因為成就較低的孩子就不必在成長過程中，試圖（但無法）達到高成就者所設立的標準。

當然，在一些家庭中，則是排行居中或最小的孩子成了超級巨星。

桑谷是學業佼佼者，他在家中的四兒一女排行最小。他的大部分哥哥姊姊們在校都表現優異，但桑谷的智力先天就超乎尋常，完全是另外一個等級。桑谷還是個孩子時就有過目不忘的能力。我們也知道桑谷是非常喜愛學習的孩子，他從爸爸和媽媽那裡獲得大量關注，媽媽在他很小的時候就教他閱讀，因為幼兒園老師注意到桑谷擁有過人的記憶力和理解能力。雖然桑谷的媽媽要關注每一個孩子，在家幫他們檢查作業、輔助學校教育，但她堅持桑谷的功課要達到更高的標準。桑谷做的不僅僅是回應媽媽的期待，而是讓自己的學業蓬勃發展。

不過，桑谷有個哥哥被認為是學習遲緩兒，即使他們有年齡差距，桑谷也很快就開始讓哥哥相形見絀。

「我知道他在成長過程中非常受挫。」桑谷回憶道：「他沒上特殊學校，也沒有學習障礙課程，完全沒有。但老師有點殘忍，他們總是拿我跟哥哥比較，讓他難堪。這很糟糕。他大我兩屆，他在五年級，而我在三年級，當我們在上課時，老師會把他叫到全班面前回答問題，如果他答不出來，我會被從自己班叫去他班上，幫他回答問題。」

「那樣很容易會導致兄弟間彼此怨恨，但我們很幸運，因為他愛我。他以我的名字給他的獨生子命名。」

桑谷的哥哥雖然愛他，卻痛恨學校，儘管母親幫他請了家教，仍放棄努力學業。「他很抗拒，所以家教的幫助不大。」桑谷說。哥哥雖然變得極具生存本事，但從不像家裡其他人那樣擅長學業，尤其不像桑谷。

終於，桑谷哥哥的一名家教發現他擅長於數學，而鼓勵他更努力學習，以建立他的自信。桑谷哥哥後來成為一名企業家，開創自己的事業。但直到他長大以後，才意識到自己有多聰明。

本書其他非長子長女的高成就者猜想，父母能夠成為他們的大師級父母，可能是父母在養育哥哥姊姊的過程中學到方法的。而在這種情況下，只是因為生活環境與時機剛好對身為弟弟妹妹的他們更有利，而不是因為他們的先天才智或個性差異所致。

在查克的哥哥入獄後，查克媽媽意識到她必須花大量時間陪伴查克，讓他朝正確方向前進，特別是在扮演早期學習夥伴那幾年。查克的媽媽相信兒子因為不智的運用空閒時間才惹上麻煩，所以她務必要讓查克保持忙碌，參與豐富的各種課程。等到媽媽的努力獲得了成果，兒子的學業能力後來超越了自己，她便仰賴別人提供知識以彌補自己的不足，並讓兒子跟其他的聰明孩子站在同樣的立足點，遠離危險環境。

孩子的智力為何重要？

然而，關於排行順序如何影響父母教養孩子的發展成果，把標準放寬來看，其實沒有牢不可破的規則，也沒有以不變應萬變的育兒解決方案，雖然有一些普遍原則總是適用，就像教養方程式的角色所掌握的那些原則。

本章提到的每對手足，從弗格森兄弟到柯爾兄妹，羅伯和他妹妹，桑谷和他哥哥，都擁有獨一無二的故事，有自己的內在邏輯和發展動向。但類似的故事在世界各地的家庭輪番上演，每個故事表現的模式可能都具有教育意義。

即使是在同一個家庭裡，孩子如何被養育長大，總是會有差異，而這些差異可能導致截然不同的結果。但對多數大師級父母來說，教養上的差異會盡可能放在策略上，他們會調整教養方式以符合每個孩子的需求。

正如大衛談論父母如何養育如此外向的他和內向的哥哥丹尼爾：「總結我父母的教養模式，他們是根據我和哥哥的潛力與能力，為我們兩人設立非常高的同等標準。他們評估我們的個性、智力，以及適應學習環境的情緒準備狀態為基礎，以建立一切。」

8

救援者
（角色三號）

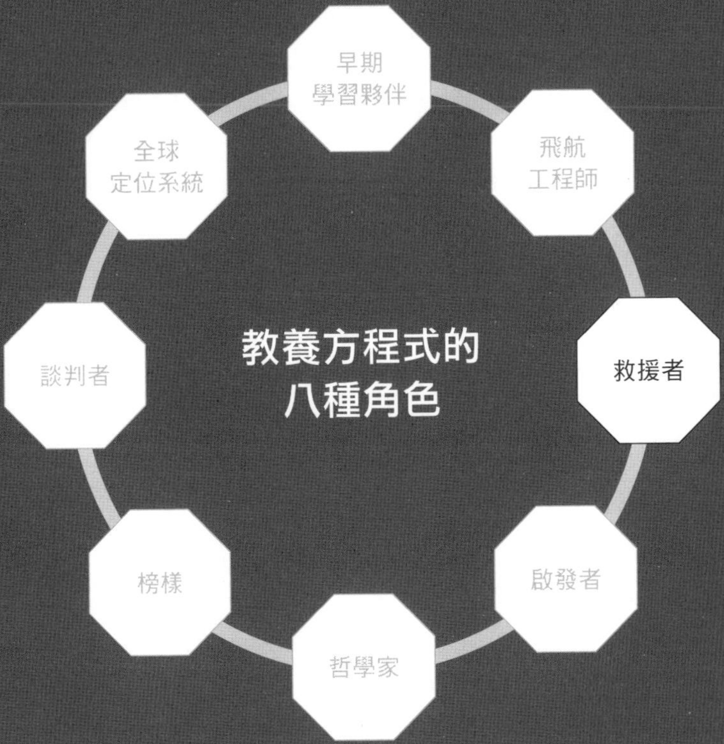
早期
學習夥伴
飛航
工程師
救援者
啟發者
哲學家
榜樣
談判者
全球
定位系統
教養方程式的
八種角色

救援者登場！

一九七八年的電影《超人》（*Superman: The Movie*）中有個場景，一輛旅客列車快速穿越沙漠，這時地震導致前方的鐵軌中斷，列車勢必會傾倒落入山谷，而突然間，超人出現了。他把鐵軌扳回原來的形狀，在另一頭以他的身體支撐填補缺口。列車安全通過，彷彿什麼事都沒出錯。

扮演救援者的大師級父母，是當環境可能造成危害，導致孩子的人生進展脫軌時，前來挽救局面的超級英雄。特別是關鍵時刻，這個機靈而隨機應變的護衛，以一針見血的解決方案採取行動，讓孩子的旅程保持在正軌上。

如同飛航工程師，救援者也會保持警覺，監督孩子的生活中發生了什麼事。但飛航工程師是在孩子所屬的生態或系統裡工作，在系統出現故障時，與老師及校方合作；但救援者則是單打獨鬥，就像超人瞬間飛入場景一樣。他們採取的動作往往是英雄式的，就像一名獨立演員，當系統中出現危害孩子處境的狀況時，立刻前來移除障礙或修補裂縫。

扮演救援者角色的大師級父母，就像特派記者在國外報導時，為擺平當地的各種障礙以執行任務而聘用的「助手（fixer）」。這些「助手」在幕後為記者創造並保障機會，提供線人管道、幫忙翻譯資訊，並協助他們安全通過危險的領土。他們冒著生命危險，在看似無路時開路，卻鮮少因貢獻良多而獲得表揚。扮演救援者的父母也為了讓他們照顧的孩子在旅程中保持既定軌道而犧牲，有時放棄珍貴財產，做出生命中的重大改變，或奉獻大量個人時間，讓孩子保持動力。

救援者必須發揮力量以採取驚人行動，就像一個母親為了解救被困的孩子而擡起車子一樣。救援者隨機應變，鼓足耐力與勇氣，超越我們多數人的意願及能力範圍，並尋找任何需要的資源，做必要的事。這項能力不需仰賴家長的社經地位。中上階級的家長或許有較寬裕的時間尋找財務資源與背景顯赫的盟友，但各種收入等級的大師級父母，都懂得有策略且巧妙尋找管道，讓孩子的旅程保持在既定軌道。

最重要的是，扮演救援者的父母持續不斷以孩子的旅程為優先考量。無論他們是在高壓產業力爭上游，或因收入貧寒而努力工作以勉強維持生計，扮演救援者的大師級父母不容許自己面對的其他壓力，分散他們為孩子的成功而奉獻的注意力。每當需求出現，他們必定會為孩子而戰，並尋求保障孩子成功機會的能力及資源。

保持警覺，果斷介入處理問題

以斯帖三個極為成功的女兒在科學與技術領域達到成就顛峰，是由於扮演救援者的母親協助女兒們把握大好機會。高中時，她們參加PSAT，那是為大學入學考試SAT所做的模擬測驗。警覺較低的父母可能不會注意到那些成績，或是就算注意到了，也沒有意識到成績的重要性。畢竟，PSAT只是為SAT做準備動作，不會在任何成績單上留下紀錄。但以斯帖身為備受敬重的老師，知道PSAT的成績應該是預測SAT成績的良好指標，而SAT對頂尖大學的入學條件來說極其重要。

「她們的PSAT考得很差，我對她們說：『太扯了！』」以這種成績，她們不可能進得了以斯帖和她先生史丹利確信她們原本可以上的大學。

「我說：『你們都得上大學，所以你們最好記得為考試讀一點書。』」

以斯帖未必同意SAT應做為大學入學的必要條件，但規定如此，所以女兒必須考好，而根據她們目前的PSAT成績，前途未卜。她知道她必須立刻做一些事改變現況。

「我告訴她們：『在參加那個愚蠢的考試以前，你們必須準時上床好好睡覺，不要在半夜跟朋友鬼混。』」

然後以斯帖自己開始研究SAT。

以斯帖相信，不管任何問題，她幾乎都可以透過拆解分析、想出解決辦法，而書中幾乎所有大師級父母都曾在某一刻採用這項策略。他們退後觀察，然後破解眼前的狀況，無論是財務問題或對付桀驁不馴的孩子。

首先，以斯帖取得SAT測驗範本並予以分析。「就像有人懂得拆解汽車引擎，我研究SAT，將其中的學習類型分類，然後專注於字彙。我們無法在一夕之間記住單字，但可以用單字卡研讀一段時間。」

她買了一箱單字卡，在家裡四處展示卡片。「我把它們擺得到處都是。」女兒們每個禮拜也帶十張單字卡在褲袋裡。「而且，還有其他單字卡貼在汽車儀表板上。」以斯帖回憶道：「這個點子是為了讓她們熟悉那些單字。我曉得，只要她們經常跟這些單字不期而遇，就能記住。這方法真的有效！」

雖然以斯帖的工作生涯多半是擔任記者及寫作老師，她也能破解數學測驗：「我曾當過數學家教，所以也搞懂了測驗裡的數學問題類型。」她要女兒們練習題目，直到她們徹底了解為止。

以斯帖保持警覺，一旦感應問題警報，便隨機應變而堅持不懈，犧牲時間和精力去解構與掌握SAT，並引導女兒研讀。蘇珊在滿分一千六百分中拿下一千五百九十分的高分，數學及英文總共只錯了一題，而珍妮和安妮也考得幾乎一樣好。

小心「知行落差」現象

人生充滿著我們認為該做、卻很少堅持完成的事。我們並非決定不做，只是沒有真正找時間去執行。史丹佛大學教授傑夫瑞·菲佛（Jeffrey Pfeffer）與羅伯·蘇頓（Robert Sutton）將此現象稱為「知行落差」。雖然菲佛與蘇頓的焦點在於企業（他們的著作探討為何有這麼多公司在面臨巨大挑戰時，未能將他們致力發展的見解與理念應用出來），但他們的「知行落差」理論，也適用於人們無法充分應用所知的任何背景，像是親子教養。

每個家長都對孩子懷有希望及夢想。我們都知道有些事是我們可以做的，像是花更多優質時間理解孩子的興趣與想法，改善他們的人生前景。但我們很忙，我們想之後再做這些事。還有一些事情，像是幫助孩子將他們的特殊興趣與潛在生涯結合，或是回答他們有關人生的深度問題，這些問題我們雖然不知道，卻可以學習。但是又來了，我們很忙，誰有那些時間呢？

菲佛與蘇頓發現，當公司停止浪費時間列舉面對迫切問題時能做些什麼，轉而展開第一步去修正問題，即使他們還不知道走完整個路程的每一步是什麼，知行落差仍會縮減。當公司專注於找出他們還不知道的答案，就會導致惰性；反之，公司根據他們已經知道的嘗試解決問題，他們所需要的答案在行動過程中就會浮現。

這個理論同樣適用於教養。大師級父母尋找管道，透過學習，處理知識落差；透過立即參與，處理知行落差。

當大師級父母接觸一項重要且熟悉的教養理念，他們不會想：「那了無新意，我以前就聽過了。」他們提出疑問：「我盡我所能的做了嗎？」或許遵循教養方程式的父母與其他父母之間最大的差異，不在於他們知道什麼，而在於他們如何堅持不懈、有策略的把他們所知道的，應用在支持孩子及幫助孩子增強能力上。

在救援者的角色裡，行動是關鍵。救援者並非無所不知，他們也未必事先握有正確答案。但他們無論如何會致力於解決問題，而通常會在行動過程中找到答案。

犧牲奉獻，主動提供拯救與保護

十五歲的艾方索因販賣大麻而被學校開除後，應該被送往法庭命令的感化院，這時父親雷納爾多決定救他免於服刑。「我們逃離了，我爸說：『管他的，我們快點離開這裡。』他拒絕讓政府把我帶走，因為他是非常偉大的爸爸，他非常保護我。」

如果雷納爾多當初扮演好飛航工程師，就會早在艾方索販賣毒品時介入阻止。但他沒扮演好他的角色，現在他必須做出重大犧牲，扮演救援者來保護兒子。保持被動、默許艾方索被送走的選項不予考慮。雷納爾多無法接受聰明且前景看好的兒子落入司法系統。因此，他們立刻離開原本居住的芝加哥郊區。

環境的改變令人卻步。對任何家長來說，要這樣離開都不容易，而對來自哥斯大黎加的非法移民雷納爾多來說，更是格外困難。約莫十年前，他帶全家移往美國，承接一位在中西區大學服務的朋友提供的工作。雷納爾多之前曾跟那位朋友在亞馬遜叢林做過一些人類學的工作。但當他們抵達美國之後，雷納爾多才發現工作機會已經被撤銷了。雷納爾多在美國只去過幾個地方，幾乎沒有資金，又缺乏人脈，因此雖已取得幾年的大學資歷，卻只能做些卑微的粗活。

逃離芝加哥區之後，雷納爾多帶著艾方索的兄弟去找住在佛羅里達州西岸坦帕的母親一起生活，也與現任妻子（兒子們的繼母）達成共識，他們至少會有一段時間不能在一起。然後雷納爾多與艾方索搬到遙遠的加州大學城（當雷納爾多和艾方索兩人安頓以後，另外兩個兒子也離開坦帕，搬過來跟他們同住）。

在父親支持下，艾方索展開非正統卻終至成功的學習旅程。隔年秋天到來，是決定學校的時候了。「我們研究正式回到學校的可能性，但事情可能已經變得太複雜了。」艾方索說。

那一年，艾方索應該念十年級，但父子倆發現另一種管道。「我們發現有機會可以參加考試，如果考過了，我就能進入社區大學。我去考了，覺得非常簡單。我取得成績合格證書，我十六歲就考上社區大學。」

如果艾方索當初進了感化院，他的人生必定會走向南轅北轍的道路。研究專家相信，即使是較不密集的管教形式，如長期停學，通常也會導致退學和被頻繁拘留，甚至終身耗費在獄中。由於父親的介入，艾方索並未成為淹沒在失敗案例中的一項統計數據，他最後畢業於兩所精英大學，以極為流利的中文和一名成功的國際企業專業人士之姿，在世界各地旅行。

透過犧牲奉獻，以及冒著極大的現實生活風險，雷納爾多給了艾方索一套更好的選項與迥然不同的旅程。

隨機應變，確保孩子成功發展

莎拉．瓦格斯（Sara Vargas）的女兒蓋比是哈佛出身的移民律師，她幫助人們解決那些當年從薩爾瓦多內戰逃離的非法移民母親們，也曾面臨的問題。

回到蓋比六年級時，她只是一個需要長笛的女孩。

對蓋比來說，能擁有自己的樂器，對在校地位與成就發展的重要性，遠超過一般人所能想像。蓋比身處大約三十個高成就同學之中，她在社交及學業上都能成功發展，但多數同學家境富裕，與瓦格斯家不同。其他頂尖學生都參加中學樂團，蓋比也必須參加。如果沒有自己的樂器，她就不能保有與同學公平競爭的環境。

「我想要全新的長笛，不是廉價或二手的。」但她想引人矚目，卻不是什麼好事。

「我想要的，是跟其他人所擁有一樣好的東西。而我知道，不管媽媽能不能，都會想辦法幫我搞定。」

莎拉了解融入團體的重要性。她知道蓋比必須和其他高成就的孩子在一起，才能獲得那個同儕團體的好處，像是有高收入家長做為可以接觸的榜樣這類，而她如果沒有自己的樂器，那就辦不到了。但要買下全新的長笛，對一個沒有多餘資金花用的家庭來說，是天大的問題。

這名單親媽媽和三個女兒以一份收銀員的薪水（每小時六美元不到）勉強存活。一支像樣的長笛要價一千美元，但莎拉沒有那筆錢。不幸的是，她沒有其他人可以求助。身為非法勞工，她沒有儲蓄帳戶或信用卡。如果她要給蓋比買長笛，只能選擇抵押自己的結婚戒指。

那枚戒指是一九八〇年代後期的典型款式，由兩個鎖環和三顆鑽石製成的金戒指。最重要的是，它是一個家的命脈——在這個家裡，財務緊縮與被驅逐出境的陰影總是如影隨形威脅莎拉和蓋比兩母女。

儘管如此，莎拉並未遲疑。「我覺得我可以到市中心處理這件事，所以我開始在街上尋找當鋪。我在百老匯大道上找到一間，就走了進去。」

她給櫃檯的男士那枚結婚戒指，拿到現金，做為長笛分期付款的頭期款。

「小孩需要樂器，我沒有其他選擇。音樂是蓋比最擅長的領域之一，而且她真的很想要。我可以買下長笛的唯一方式，就是抵押我的戒指。」她說。

她以先租後買的方式購買長笛。「那是悲喜交集的一天。」莎拉回憶道：「那枚戒指具有紀念價值，但同時，它也是換取我孩子真正想要的東西的唯一選擇。我要幫我的孩子，就是這樣。」

家裡有了長笛，從莎拉的眼光看來，「就像中了樂透。」那是無價之寶，象徵蓋比擁有與較富裕的同學公平競爭的環境。

當莎拉可以休假時，她會去參加女兒的音樂會，有時候甚至會帶著朋友一起去。「我很自豪。」

莎拉相信，蓋比的音樂興趣會讓她擁有一切好處。身為學校樂團的一份子，蓋比拓展了視野，讓她有機會旅行，發現團隊合作的重要性，並與同樣受到栽培而在校表現良好的同學，建立親密的友誼。

直到現在，蓋比仍對母親的隨機應變印象深刻。「沒有人會抵押結婚戒指給你買長笛！那件事一直緊緊跟著我、支持著我。當時如此，現在也是如此。」

莎拉定期付款，終於拿回了戒指。然後，每當女兒們需要其他東西，而莎拉沒有那筆錢時，她就會再度抵押戒指。「我從未停止付款，就為了贖回戒指……我的目標是持續付款，然後再度抵押，獲得更多金錢。」

沒有信用卡和銀行貸款管道，當鋪就像是銀行，用戒指做為高利貸款的抵押物。每次抵押戒指都要承擔再也拿不回來的風險，但莎拉總是找到方法平衡收支，從不放棄。

堅持不懈，尋找可能的人脈與資源

泰莉．查普曼（Terri Chapman）永遠忘不了她接到伊蓮．貝佐（Elaine Badger）第一通電話的那天。泰莉辦了一個名叫「領導力學院」的創業夏令營，讓家境貧寒的孩子有機會接觸中產階級。泰莉回憶道：「我通常向學校招生，我會告訴老師這個很棒的夏令營專案。老師會推薦給家長，家長就會打電話來。貝佐女士是透過教會裡的其他家長得知這個專案。」

伊蓮希望四年級的兒子查克可以參加這項專案，但泰莉說明，還有候補名單在等著。伊蓮下定決心，她不放棄。「可是我才剛知道這個活動。」然後她開始訴說他們的故事。

伊蓮向泰莉解釋，在查克還是嬰兒時，他和前夫是如何從紐約市搬到納許維爾，而比查克年長許多的哥哥後來為何被監禁，以及這件事如何激勵伊蓮要讓兒子保持忙碌於課業，而不是無所事事、陷入麻煩。「伊蓮告訴我：『我現在努力做的，就是安排他的八週暑假。』」

伊蓮終究很有說服力。泰莉回憶道：「我想這個孩子有一些特別之處。如果一個住在第八區住宅（美國資助低收入家庭的住房計畫）的媽媽，堅決要我跟她的兒子見面，我必須見他一面。」

泰莉沒有立即答應，她總是先去家訪，看看人們在「自然棲息地」的樣子。如同泰莉專案裡的其他家庭，伊蓮的家並不是位在鎮上最好的區域，也不豪華，但他們住在哪裡，對泰莉來說並不是最重要的。泰莉跟貝佐家一樣，也是非裔美國人。最令泰莉感動的是伊蓮這位年長的媽媽，因疾病纏身而顯得更為蒼老。事實上，她在查克二年級時曾經中風，導致有時需要枴杖才能四處走動。

泰莉印象深刻說道：「伊蓮是政府資助的殘障家長，但她得養育查克，而她的年紀足以當這孩子的祖母了。當查克從房間走出來，穿著熨得筆挺的黑褲和鈕扣領白襯衫，完全不像附近的其他孩子。他的媽媽非常堅持要讓他留下好印象。」

那次會面是合作關係的開始，泰莉成為伊蓮的代理人，帶查克接觸更廣大的世界。若不是伊蓮力求保護查克，避免他走上哥哥的命運，查克絕不會提早接觸那些他長大以後共事的政治領袖人脈。他會錯過企業與政治巨頭的指導，他們培養他成為學校領袖，使他後來成為機智敏銳的競選活動負責人、顧問及政治評論家。

救援者帶來什麼樣的改變？

如果以斯帖不是如此保持警覺、雷納爾多不願意犧牲奉獻、莎拉也沒有隨機應變的能力、伊蓮不願意堅持不懈，他們孩子的人生，可能會演變成什麼不同的結果？

如果以斯帖的女兒們沒考好SAT，世界對她們來說就會截然不同。哈佛大學是蘇珊第一次上電腦課的地方，一九九八年，她成為 Google 第十八位員工，她先擔任行銷經理，後來擔任廣告與商務資深副總裁，直到鼓勵公司買下 YouTube 後，成為 YouTube 的CEO。珍妮如果走上不同的學業旅程，可能無法達到現在的位置，為處理非洲愛滋病毒疫情做出貢獻。安妮如果沒有創立 23andMe 基因技術公司並擔任CEO，一般民眾不會擁有管道得知溯源基因和罹患某種疾病的風險。

如果雷納爾多沒有犧牲奉獻，帶著兒子逃離感化院，艾方索的發展可能會有天壤之別。即使他可以在感化院設法取得高中學歷，可能也永遠無法接觸那些引導他在學業、事業與人生表現優異的機會。

少了長笛，蓋比可能已經遠離極為成功的同儕團體。那個團體強化她的求學渴望，激勵她成為律師。如果她不在那個團體裡，想像一下對於如今她支持與辯護的移民家庭所帶來的影響。

最後，查克永遠不會見到泰莉，以及透過泰莉所認識的、幫助他實現政治夢想的其他人。他籌辦與獲勝的競選活動可能不同，而那些因競選活動勝利所激起的眾多連鎖反應也無從發生。

透過扮演救援者，這些父母尋找資源取得機會，避免擾亂和破壞導致孩子從高成就軌道被擊倒。結果，他們不僅幫助自己的孩子成功，也觸動了無以計數的其他生命。

9

啟發者
（角色四號）

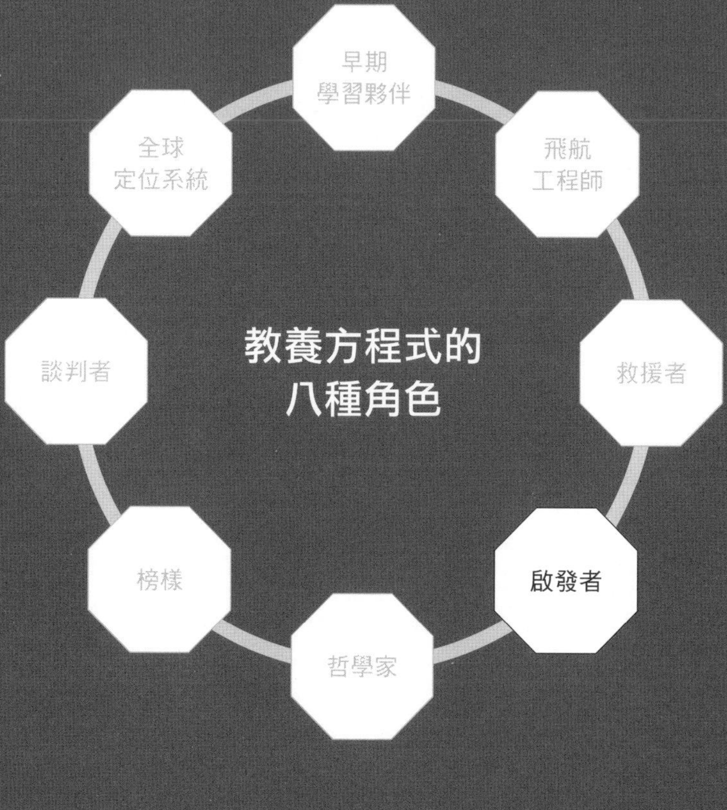

愛因斯坦的啟發教育

在愛因斯坦成為一頭亂髮的物理學超級巨星，以相對論改變我們對宇宙的認知之前，他是個出生於十九世紀末、極度討厭學校的男孩。但他不是沒在學習，他只是不在學校裡學習。

愛因斯坦在校表現不佳的事實，廣為人知。不過鮮為人知的是，愛因斯坦的母親寶琳是多麼大量而刻意地輔助他的學校教育。她給孩子玩具和書，堅持要他嘗試練小提琴以增進專注力，並安排老師指導他感興趣的領域。儘管愛因斯坦被同學及老師視為無禮、無趣且愚蠢的「怪咖」，他在家裡卻很快樂，而且專注的程度讓親戚把他比喻為小活佛，因為他在公園裡與世隔絕，自得其樂沉浸在數學方程式裡，又飢渴的飽覽從大眾科學到哲學家康德的著作。

寶琳有策略的創造一個溫暖而富啟發性的家庭學習環境，讓他可以在這裡搭起十四層樓高的紙牌屋、玩積木、聽音樂，或閱讀所有他喜歡的書籍，鼓勵愛因斯坦和妹妹瑪雅發展好奇、自律而獨立的特質。比方說，根據妹妹未發表的日記，愛因斯坦年僅四歲時，寶琳便開始介紹他認識周遭的世界，鼓勵這個小男孩自己過馬路，並研究他們居住的慕尼黑郊區鄰里。

當愛因斯坦長大一些，家中每週四的午餐聚會進一步激起他的好奇心，他被允許跟寶琳、父親赫爾曼、家庭成員及他們邀請一起用餐的科學家朋友同桌。在這些「午餐研討會」中，愛因斯坦接觸到世故的大人，他們挑戰這名青少年的思維，介紹他認識最新科技，讓他知道成為一位科學家是怎麼回事。

當中特別的是愛因斯坦的叔叔雅各。根據作家丹尼斯·布萊恩（Denis Brian）在《愛因斯坦》（*Einstein: A Life*）一書中所寫，愛因斯坦總是「手握難搞的數學題目」在定期午餐聚會中出現。「當他解出題目，會像足球員不可思議的射門得分般，發出勝利的歡呼。」

一名貧窮的猶太醫科生馬克斯·塔爾邁（Max Talmey）也會參加週四的午餐聚會。他以指導十歲的愛因斯坦聞名，經常跟愛因斯坦分享數學、物理與哲學書籍，提供他科學突破發展的最新資訊。愛因斯坦很愛把他在那週解出來的方程式秀給塔爾邁看（塔爾邁曾回憶說，不久以後，他就再也跟不上這個小男孩的程度了）。

愛因斯坦的父母有策略尋找適當人選加強孩子的教育，但愛因斯坦確切指出，最初是經由一項更簡單的校外活動，讓他踏上成為科學家的畢生旅程。

愛因斯坦的父親是努力奮鬥的商人，也是當時新興的電子工程領域先驅。當年五歲大的愛因斯坦臥病在床，父親為了讓愛因斯坦保持好心情，就給了他一個磁羅盤。羅盤不僅迷惑了男孩，也讓他開始著迷於空間推理。這個好奇男孩驚訝的扭轉羅盤，樂此不疲的嘗試理解為何指針擺動後會指向北方。

十六歲的愛因斯坦想像追逐與捕捉光束的模樣。他對答案的追尋，改變了我們對時空的認知，以及相對論的誕生。透過發展想像思維的實驗，如追捕光束、搭乘自由降落的電梯，或把一個人的雙胞胎送上太空船，他將科學概念理論化的能力，成為他革命工作的註冊商標。愛因斯坦相信，這種童心未泯的、由好奇驅動的思考方式，是從家中那個五歲男孩嘗試搞懂父親給他的玩具羅盤開始。即使在收到羅盤六十年之後，愛因斯坦回憶起來仍舊是津津樂道：「那段經驗給我留下了深刻而難以磨滅的印象，事情的背後總是有深藏不露的原因。」

寶琳和赫爾曼是啟發者。扮演這種角色的大師級父母為孩子揭開世界帷幕，向他們引進潛在未來自我的種種可能。

由於啟發者清楚意識到學習不僅僅在教室裡發生，他們深化孩子對已知事物的知識，並讓孩子接觸未知的事物。

如同帶孩子登上帝國大廈頂樓，一一指出他們有朝一日會去造訪的地方，扮演啟發者角色的大師級父母在三個主要層面擴大孩子的視野：

1 讓孩子接觸鎖定目標的學習經驗與環境，特別是那些增進孩子興趣，以及讓他們和志同道合的成功者（他們的「同類」）互動的經驗與環境。

2 讓孩子熟悉成人世界的真相，包括人生的殘酷與現實，因為他們有一天也要進入那個世界。

3 介紹孩子認識成年的人生導師，幫助他們在有熱忱的領域獲得更深入的知識，並做為孩子的典範。

成果會是一個見多識廣的孩子，對自己未來的可能性擁有寬廣視野，讓他們贏得先機，成為成功的大人。

輔助教育的藝術

就像第五章早期學習夥伴的作用，讓家庭不僅是孩子經驗到最初的學習環境，也是最重要的學習環境。從出生到五歲這段期間，是大腦發展必要基礎的階段。我們期待孩子進幼兒園時知道的一切，從數字、字母到如何與他人互動（至少具備基本水準），通常是在家裡，在早期發展的時期學習到的。在進小學前的這段期間，是成就落差（家庭背景懸殊的孩子之間的教育差距）開始出現的時間，也是家庭活動提供機會，在孩子入學前防患於未然、消弭這種落差的時機，如寶琳讓學齡前的兒子愛因斯坦跟著家教老師上小提琴課，以提高他的專注力。

寶琳是猶太銀行家的女兒，父親在糧食業累積了一筆不小的財富，使他有能力提供女兒良好的教育，包括藝術方面。寶琳對音樂的熱忱使她成為一名相當精湛的鋼琴演奏者。當她注意到五歲的兒子無法專注且脾氣暴躁，猜測讓兒子開始接受音樂訓練會有幫助。她是對的，練小提琴及鋼琴幫助愛因斯坦多年後仍能保持專注的想像與發展驚人理論。

伊莉莎白輔助傑瑞爾的教育方式比較正式。她發起的居家閱讀馬拉松像在教室上課一樣制度化：每讀完一本書，她會要求三個孩子寫報告，以強化他們的批判性思考能力。傑瑞爾喜愛閱讀，但討厭寫報告。伊莉莎白會督促他，她知道傑瑞爾必須用額外的時間鍛鍊他感到最艱難的寫作技巧。

在家中建立的迷你教室，是我們的採訪對象，特別是哈佛專案參與者的共同話題。這些小型家庭教室通常是在孩子學齡前開始，持續到他們正式入學，並可能以某種形式持續下去。現已成年的成功者，滿懷眷戀談論他們從家長（通常是其中一位）那兒獲得大量的時間與關注，也提及那位家長讓學習變得多麼有趣。

一名哈佛專案的參與者開心談論「媽咪學校」。當她還是學步兒，母親在一間閒置的臥室裡建立了一個小教室，只有媽媽和這個學步兒在裡頭玩耍、唱歌、畫畫及閱讀。她記得，當她大到可以上「真正的學校」時，還曾為了不再有「媽咪學校」而感嘆。

有些父母是在暑假期間或週末假日在家開辦「課程」。其中一些家長創立正式的教室或工作坊，不僅幫助自己的孩子，也幫助其他孩子，就像以斯帖為回應女兒的學校缺乏寫作指導老師，而為女兒及她的朋友在學校開辦非正式的寫作班一樣。

我們採訪的一對夫妻，當小女兒無法進入大學先修數學班就讀，他們就為有色人種學生創辦了一個大型數學替代課程。他們的兩個女兒後來都進了麻省理工學院，他們教過的許多學生也都進入全國各地名聲不錯的大學。

這些校外學習經驗，屢屢從家庭以外延伸。事實上，父母為高成就者創造或促成最具成長性的經驗中，有一些是在社區中心、教會、機構或音樂學校中，孩子在那裡不僅從更專業的指導中獲益，也因接觸有影響力的同儕中獲益。

接觸同類與新的學習經驗

從十歲起，一直到高中畢業，瑪姬和兄弟姊妹由父母報名參加了頗負盛名的茱莉亞學院大學預科分部課程，每週六在那裡跟技藝高超的同儕一起研習樂器、增進音樂知識。在獲得獎學金的第二年之前，全家縮衣節食，省下每分錢以支付課程費用。瑪姬想起有一次，媽媽把一罐果醬放回雜貨店架上，因為那罐比另一罐貴了十美分（即〇．一美元）。「我記得當時清楚意識到，課程的費用是一筆很大的負擔。」

每週一次與其他小小音樂家的聚會，是瑪姬和兄弟姊妹一個禮拜最重要的活動，一週裡，全家人做的每一件事，從瑪姬和兄弟姊妹的日常練習（母親會在旁聆聽），到週五提早上床睡覺，都與茱莉亞課程息息相關。週六早上，全家人會擠進車裡，開兩小時的長途車程到紐約市。

對瑪姬來說，週六的茱莉亞課程班是個神奇的地方，感覺也像一個家。她在同儕之間找到來自各行各業、各種族群及文化的畢生友誼，他們都跟她一樣專心致力於音樂。每個週六都充滿音樂與可能性。有管弦樂團課，有專門訓練聽覺的課程，還有指揮課和基礎樂理課，以及獨奏會和音樂會。學生們在室內演出，並接受評論。

對瑪姬來說，「現實生活」不在她位於長島的初中或高中。她的「真實」世界是在紐約市的茱莉亞學院。

「我們會在晚上六點離開茱莉亞學院，然後開兩個小時的車回家。但我必須說，噢，我真是愛極了。」瑪姬回憶。

在長島的學校，她覺得自己與他人不同，這或許是她畢業後並未跟任何高中同學保持連絡的原因，但在茱莉亞學院，她可以跟她的同類在一起。

扮演啟發者的大師級父母，讓孩子接觸類似茱莉亞學院的機會，向他們展現未來的可能性，並提升他們渴望達成的目標。瑪姬初次知道像林肯中心這樣的世界級演奏場地，就是在她當年週六的課程聚會裡，而林肯中心也是她後來演出的地方。最後，她甚至進入聲望極高的茱莉亞研究所就讀。讓高成就者接觸其他成功的同儕，就像週六與瑪姬共度時光的音樂家，展現心馳神往的嶄新藝術水平。

這種類似茱莉亞學院的課程，對成功者的人生軌道還有另一項重大影響。本書幾乎所有參與者，若曾在中小學階段被安置在資優班，無論是在校學業或課外活動如音樂資優班，都描述自己能雀屏中選，與其他高成就者並列，以及跟了解、欣賞自己的人在一起，是多麼徹頭徹尾令人振奮。這種屬於成功者同類的歸屬感，對他們來說非常重要，以至於一旦身處那個團體，成功者便會小心翼翼，避免做任何可能讓自己被排除在外的事。

聰明而有才華的孩子如瑪姬（她後來獲得哈佛大學的入學許可，但仍決定進入費城的一間小型音樂學校），也了解被視為「資優生之一」還附帶其他獎賞，包括受到大人的重視，以及被選中而獲得意想不到的特殊經歷與千載難逢的機會，那是其他人可能求之不得的，比如到遠方求學。

接觸世界與殘酷的現實

本書採訪的大部分成功者，在家裡幾乎都有自己的讀書空間。有時候只是在臥房的一角，但總有書、餐桌或小書桌和一把椅子。一名哈佛專案的年輕韓國人回憶，父親特別為他布置了一間用來讀書的「地圖室」。這個小小的房間，有一張攤開在整面牆的世界地圖，是專門為他而設計的，讓這個男孩覺得自己與眾不同。而這張地圖也向他揭開有朝一日他將去遊歷的地方。有趣的是，有幾位成功者也表示，父母曾布置一間地圖室，提醒孩子那裡有一個廣大世界，而他們是其中的一份子。

啟發者讓孩子認識這個世界，包括它的缺點及其他各方面。一些大師級父母教導孩子，他們可以質疑那些聲稱專業的人。以斯帖鼓勵女兒向醫師、科學家、老師或教授提問以驗證他們的主張，艾方索的父親則提醒他，不要把權威人士說的話視為真理。傑瑞爾的母親提醒他注意權威人士也會犯錯，告誡他不要跟幾個黑人男生一起搭車、吸引警方的負面關注，或誤以為他們在幹什麼壞事。

同樣，在桑谷的童年時期，父親始終告誡他絕不要以為他人都是出於好意。「我告訴他，人心詭詐。」德爾大夫說：「所以他應當對人們的言行慎思明辨。我也告誡他有些人善於阿諛奉承，不要隨讚美而動搖。」

這些家長給予孩子的教誨起步很早。在迦納長大的桑谷才五歲大，已經得知解放政治的痛苦現實。在獅子山共和國和賴比瑞亞等西非鄰近國家，內戰已激烈展開。他的父親德爾大夫不僅是內科醫師，也是非洲健康與人權委員會創辦人，他在家外面的水塘附近，主持一個午夜會議。政治難民，通常是酷刑受害者，都會把這個家當成避風港，講述他們的恐怖故事、討論戰略。小桑谷坐在前排的位子，他記得聽過一位奶奶訴說自己被兒童兵強暴，以及一位難民因撰文反抗賴比瑞亞前總統查爾斯・泰勒（Charles Taylor）而遭受嚴刑拷打的事。

桑谷知道這些會議非常重要，因此他會穿戴襯衫、外套和領帶，跟大人們坐在一起，聆聽並觀察他們的計畫與行動。「大約晚上十一點，人們會在屋裡出現，持續開會到天亮。」桑谷回憶道：「他們的政黨當時受到政府禁止，他們討論自由與解放的議題。我爸讓我在場目睹一切。」

德爾大夫在天主教學校體系長大，在那裡，孩子雖然在大人旁邊，卻不被允許發聲，但他從來不使用那種方式對待桑谷。德爾大夫甚至會暫停會議，讓他的小兒子可以發問「為什麼」。

在多數孩子對爭取政治權力，以及政治對人類生活的影響一無所知的年齡，桑谷卻看見歷史攤開在眼前。現實被暴露，他接觸事實。一切都是具體而真實，沒有一件事是因假設而來。他觀察與互動的那些大人，承擔了拯救他人性命與維護人類尊嚴的責任。這名五歲男孩因這些恐怖故事而受到創傷，但他在旁邊聆聽大人該做什麼及衡量選擇方案的計畫，就已經學習站在他們的立場思考了。

桑谷接觸到這麼多需要解決的問題，從此被激勵成為人權鬥士。桑谷的思想與行動不自我設限，現在他已是出色的社會企業家與世界公民。

「這要追溯到在我爸爸身旁的那些會議。我真的覺得自己可以跟任何年長者及權威人士對話。」他說。

參與大人之間解決問題的場合，經常接觸大人的對話，在成功者之間並不稀奇。出身農場的男孩萊恩，長大後角逐肯塔基州農業局長職位，他就跟桑谷和愛因斯坦（與父母的科學家朋友在週四午餐聚會）一樣，被允許在大人的活動列席。

當萊恩還是小男孩時，「幾乎每天中午，一群農夫會到香柏崗小餐館聚會，在那裡消磨時間，談論他們的世界裡發生了什麼事。」

萊恩的父親端坐家中，研讀報章雜誌及最新農業消息，像一位人氣教授，在這些非正式的午餐聚會裡，大家總是期待他能提供解答。而萊恩會跟大人同桌，當空間不夠時，就會在附近聆聽。

萊恩認為，那些午餐聚會就如同立法聽證會一樣。透過聆聽那些對話，他對於作物保險與菸草養殖經濟等議題獲得深入了解。

「桌前是塵土、油脂及汗水的農人，或是穿著乾淨、上等西裝的知識份子，這並不重要。」他說：「我看著農夫們討論、分享資訊，朝著對農業最好的方向，建立超乎黨派的共識。」那些圓桌午餐會議「讓我接觸到審議過程。那是我在後來的人生裡，身為立法者所要行使的。」

當扮演啟發者角色的大師級父母與孩子在屋裡討論、辯論大人們的嚴肅議題時，像萊恩或桑谷等成功者描述，自己是站在大人的處境與他們的議題搏鬥。就像精英大學的研究生課程採用的個案教學法，課堂討論圍繞在周遭真實的、現實世界的狀況，決策者在其中面臨的抉擇，會對人們的生活帶來實際影響。如同研究生聆聽同學辯論的正反意見，成功者聆聽大人的對話，有時甚至跟桑谷一樣參與討論，為他們有一天在自己的人生中必須運用的思考練習，做好充分準備。

初次認識可能的未來展望

書中的成功者在八到十歲之間，有時甚至更早，開始發展對於專題的興趣，如政治、音樂或動物學，而扮演啟發者的父母承擔責任，為成功者尋找優質機會，以滿足並增進他們的興趣。

從萊恩有記憶以來，有雄偉圓頂的肯塔基州議會大廈，一直強烈吸引著他。當他還是小男孩時，父親驅車帶著他穿越全縣，在例行前往察看他們的幾塊土地途中，只要經過議會大廈前，他就會隔著車窗盯著看。當他們停在水公司前，把卡車的五百加侖水箱裝滿後，萊恩會盡責的把硬幣投入投幣口，把水放出來，並始終目不轉睛凝視遠方的議會大廈圓頂。回程的景象更美，那棟建築似乎透過骯髒的卡車窗，回頭望向他。萊恩只能注目驚嘆，那裡的天花板有多高？誰在裡面工作？看啊，有好多階梯！那一扇扇大門的背後是什麼呢？

後來他終於找到答案。「到處都是煙，人們都在吞雲吐霧！」

萊恩第一次參觀議會大廈，是萊恩的母親和老師所安排，做為他九歲時成績優異的獎勵。那次參觀對萊恩造成衝擊，母親更協助他獲得每年在此擔任州眾議員立法助理的機會，一直到高三，他深入觀察這個大舞台。有一天，萊恩要在這裡實現擔任民選政治領袖的夢想。

「在議會大廈擔任助理，給了我極其罕見的機會，使我得以在年紀非常小的時候，一窺自己將來可以成為什麼樣的人。」萊恩說：「那激勵我努力工作，才能贏得一再回去的特權，也促使我每天拿起報紙，跟上本州的政治新聞。這段成長期塑造我的未來展望，只要我夠努力工作，也可以達到我一度認為無法達成，或是超出一個農場男孩能力範圍以外的水準。」

多年後，在命運安排之下，萊恩在首次競選公職中，打敗了他曾擔任過其助理的同州眾議員。

萊恩的早年興趣由大師級父母促成，他們早早將萊恩放在政治生涯的軌道上。萊恩並不是唯一有這樣經歷的成功者。查克五歲時，母親看見他假裝自己是牧師。她很快就發現他喜歡公開演講，然後就跟萊恩的母親一樣，查克的母親尋求管道，不僅改善查克的社交及溝通技巧，也把他放在一個環境裡，讓他可以根據自己在其他人身上觀察到的，想像出未來的自己。當其他孩子還在運動或打電玩時，十一歲的查克在青少年會議演說個人經歷，在政治雞尾酒會與商界精英間閒談。

小查克穿戴西裝、打著領帶參加雞尾酒會時就像個小大人，他充滿自信的發放名片，那股自信往往是在政治家或執行長等名流家長調教下才看得到的。那股自信激起周遭大人的好奇，因為他們知道查克是來自貧民專案的孩子。查克記得在那些雞尾酒會中，有次遇見一位女士，她顯然看出他身上的某些特質，帶他轉身面對俯瞰都市天際線的景觀玻璃，說：「看哪，這片市區可以是你的。」

加上「世界是你的囊中物」之類的話語，激勵了查克的心靈。「對我來說，人生的可能境界擴張了。」

孩子的熱衷項目，激發精熟取向與自主感

萊恩發展政治活動、查克從事公開演說、瑪姬投身小提琴，像這樣對某個專題感興趣並投入其中，我們稱之為「熱衷項目」。不同於刻板印象裡中產階級父母採用的精心栽培模式——盡可能以許多課外活動塞滿孩子的行事曆，啟發者是深思熟慮而有策略使孩子的教育更加完整，並始終把孩子的未來放在心上。關鍵在於支持孩子選定的熱衷項目。

高成就者往往花大量空閒時間追求深深吸引他們的熱衷項目，而大師級父母會幫助孩子擁有需要的任何工具或機會。例如美國外交官大衛的熱衷項目是爬行動物，而他的父母會花好幾個小時，在沙漠陪他們的兒子蒐集蜥蜴蛋。

「我們在高速公路上開車，我會告訴我爸，我看見一隻蜥蜴在後面的石頭那裡。我爸會聽我的話迴轉，果然，牠就在那裡。」大衛回憶道。

大衛朋友的父母沒辦法這麼接納孩子的興趣。「他們的態度是：『爬行動物？不行，我討厭蛇，但是我們可以養狗或養魚。』但我的父母沒有那樣說。」大衛說道。

「他們很早就觀察出我有熱忱的事物，他們會予以鼓勵：『大衛，讓我們來看看你能叫出多少恐龍的名字。』『我這裡有一組一百五十片雨林青蛙的拼圖。』所以我當然很樂意去做，因為我關注的就是爬行動物。我關注的事情，在我童年的世界酷斃了。而我父母所關注的，是我做的事能促進大腦及心智發展。」

當啟發者帶孩子體驗一些事，激發他們的興趣，鼓勵他們追求卓越，然後支持孩子從事那興趣，他們是在幫助孩子發展兩項主要特質：第一項精熟取向，是學習特殊主題與產出優質作品的內在動機，當任務出乎意料的艱難，會感覺備受鼓舞，而非垂頭喪氣；第二項自主感，是意識到一個人的能力、權利與責任，並採取目標明確的行動。成功者抱持的每種愛好，都會製造新的學習經驗，邁向完全自我實現的旅程，滿足他們的好奇心，激發他們的想像力，並在思想及行為上發展這些特殊習慣。

大衛的法官母親露易莎，記得大衛極度熱愛爬行動物，以及透過他專心致志尋求對爬行動物的精通了解，到達專業的水準。「在他二、三年級時，我們開始幫他訂閱科學期刊。我想應該是在他十歲時，他要求我們帶他去大學聽課。」

露易莎說：「有一天，大學裡有個爬蟲學者的會議。主持會議的教授描述一種特殊蜥蜴，大衛舉手說：『我在新墨西哥州拉斯克魯賽斯的朋友家看過那種蜥蜴。』教授無禮的瞪著他說：『嗯，那太荒謬了。牠連德州西部的某些地方都還沒去過呢！』大衛很生氣自己被數落。兩、三個月過後，教授打電話給他問：『你在哪裡看到那隻蜥蜴的？』大衛告訴他地址。那位教授後來寫了一篇關於那種蜥蜴的論文，原來那種蜥蜴真的已經遷徙到新墨西哥州了。」

大衛的專業在鎮上變得廣為人知。「大概在他十歲或十一歲時，寵物店會打電話給他，因為他們搞不清楚店裡的蜥蜴是什麼品種、公的還是母的。大衛會過去告訴他們，因為他在那方面擁有大量相關知識。」

即使童年時期的熱衷項目並未持續到成年，就像大衛對爬行動物的興趣，孩子透過熱衷項目而發展的精熟取向，仍會成為他們後來進入任何領域的資產。由於大衛在童年時期花時間學習如何精熟爬行動物的知識，是透過「投入無數時間在一項任務，更飽受評論與批評，並持續專注於增進技能」，因此他同樣會將其他技能（如後來為了成為外交官而必須學習的西班牙文），視為能透過同樣的投入而征服的任務。

不過，在某些情況下，透過從事熱衷項目而獲得的特定學科技巧，會直接促使高成就者為未來生涯做好準備。

大衛的弟弟丹尼爾在十歲時，開始對雲霄飛車感興趣，就跟大衛熱愛爬行動物一樣。每次家庭旅遊，他都堅持要父母開車到當地的遊樂園，查看雲霄飛車。

他後來總共參觀了五十台雲霄飛車。而他最喜歡的是六旗魔術山主題樂園。「我喜歡那台，那是最後幾種迴旋七次的雲霄飛車之一。」

丹尼爾未必算是雲霄飛車迷。「一開始我很怕雲霄飛車，直到大衛鼓勵我。」他告訴我們：「我從來不愛搭雲霄飛車，因為我覺得下降時太可怕了，但後來我竟愛上查看雲霄飛車下降、迴旋等感覺。有間遊樂園是我一直到今天都從來沒去過的，它在俄亥俄州。當我還是個小孩時，那裡就擁有超過一打的雲霄飛車，到現在甚至更多。我對每一台都如數家珍。」

他記得每台雲霄飛車的相關數據，並能向每個人發表高論。他會說：「這一台有七十公尺高，下降十五公尺，時速高達一百二十八公里。」

他對細節的熱忱，讓他研究有關雲霄飛車的種種，包括力學，這使他領悟科學與數學技巧，而對這兩者產生偏好。「這是我想主修機械科學的原因。我想當雲霄飛車設計師，所以早在中學時期，我就知道機械工程對我來說是再適合不過的了。」

後來，他童年的強烈興趣被更成熟的意向所取代。大學念到一半時，他改變了設計雲霄飛車的念頭。「我想，身為工程師，還有其他吸引我而且值得做的事，這是我堅持下去的原因。」

透過支持孩子從事熱衷項目，啟發者不僅培養孩子的精熟取向，也幫助他們發展自主感。相信孩子能夠從事他們有熱忱的領域並發展專業，正如與孩子分享世界的現實狀況（以他們適齡的方式），並透過與大人討論複雜議題，給孩子機會在腦海裡解決問題，提升主動性與自信，促進成功。

桑谷的父親耐心花時間在談話中跟他討論周遭世界，所以他也會跟那些來到家中的成年難民交談，甚至以五歲幼齡寫信給哈佛大學校長，詢問如何才能進入哈佛就讀（他後來收到哈佛校長的回信，表示他對哈佛來說還「太小」了，並鼓勵桑谷晚一點再來申請）。

桑谷在孩提時代的熱忱是尋求重大問題的解答。父親認真看待他那股熱忱，引導桑谷相信，自己可以找到答案，也可以參與解決重大問題。「我記得有好幾年，在盧安達戰爭及大屠殺期間，他們會討論新聞時事。我會問我爸：『為什麼聯合國不介入呢？』他會對我說：『這個嘛，你何不寫信給科菲·安南（Kofi Annan）祕書長請教他呢？』於是我就寫了信。」

那年桑谷才六歲。

多年後，桑谷再度主動做了一件大事，但這次並不是因為父親的推動。十四歲時，桑谷向父母宣布，他要離開迦納，他的目的地是美國的寄宿學校。「我在不同時間告訴他們這個決定。我對我媽說：『你看，目前情況是這樣……。』」桑谷全靠自己申請到紐澤西的學校，他獲得入學許可，爭取到全額獎學金，辦理自己的簽證，並用他幫同學寫學習指南賺來的錢，支付八百美元的單程機票。

「我在離開前一週才告訴父親：『我要去美國了。』他臉上露出得意的笑容，但什麼也沒說。」多年後，桑谷的父親承認，他當時又驚又喜。

桑谷不斷接觸現實生活狀況，跟他自己的興趣有關，也跟父親鼓勵他參與有關，就像萊恩在議會聆聽政治人物發言並擔任助理，以及查克與商界人士建立人脈，都是發展自主感的關鍵，這股自主感後來支持桑谷努力籌募資金，援助家鄉的低開發社區。

未來的自我：看見他、追求他、成為他

啟發者鼓勵孩子想像他們有一天會成為的大人形象，以及他們可能會協助解決的重大問題。這種想像能夠激勵孩子採取必要步驟，並且成為他們想像的樣子嗎？換句話說，孩子能夠因此在培養必要的精熟度上展現自主，以達成自我實現的目標嗎？

以認同動機（一個人的自我概念如何幫助他決定目標及行為）研究聞名的南加大社會心理學家黛芙娜·歐瑟曼（Daphna Oyserman），著手回答這項問題。她和研究團隊感興趣的是，年輕人如何意識到現在與未來的自我之間的關聯。她想知道，如果年輕人對於自己可以成為什麼樣的人，想像發展出鮮明而激勵人心的形象，是否會更有動機努力與堅持，展現自主、奮力邁向精熟，以實現那樣的形象？

在一系列的實驗中，她把中學生分配到實驗組與對照組，然後讓兩組學生經歷

不同的引導想像。例如，在一項實驗中，他們要求實驗組的年輕人確認自己想要效仿的雜誌人物，然後用那些照片討論自己現在該做什麼以實現想像的未來。對照組則被安排不同任務，與未來的自我無關。

每次實驗後，已想像過未來自我的那組，比起不曾想像未來自我的同儕，更加努力而堅持。例如，在一次實驗後，「接受教導要將自己對未來的想法融入現在計畫的那組，成績進步了，他們花較多時間在課業上，出席率較佳，並取得較高的標準化測驗成績。他們開始把困難的任務看得重要而非不可能，並以開展人生的角度看待課業。」

我們該從這項實驗得到什麼？歐瑟曼的發現進一步證實了一個概念，年輕人愈能明確的想像未來，愈能提升他們的自主感，激勵他們力求精熟，進而通往未來的成功。

啟發孩子尋找可能的自我

查克小時候夢想成為一位偉大的演說家。十三歲時，他以自己的人生為素材，四處發表激勵人心的演講。「我基本上是在模仿萊斯・布朗（Les Brown）和吉格・金克拉（Zig Ziglar）。」他說。那兩位演說家是他的人生導師泰莉鼓勵他學習的對象。

到了青少年後期，查克夢想成為一名政治操盤手，正是後來身為政治顧問公司年輕領導人的查克所擔任的工作。但是，查克以黑人及納許維爾專案貧民的身分長大，起初他對於未來可以做什麼事，抱持著狹隘的想法，對於可以幫助他成功而必須接觸的種種人物，也不得其門而入。

處於社會邊緣的單親媽媽伊蓮，是如何在預算有限、與疾病搏鬥的情況下，準確塑造出一名政治專家——而這名專家，在非常幼小的年紀，就擁有如此強大的自主感？她怎麼知道要讓兒子接觸什麼？

相較之下，瑪姬的父母是專業的小提琴老師；以斯帖的三個女兒在科技業各具權勢，不論她自己接受的教養方式為何，她後來也成為才華橫溢的大學教師，並嫁給傑出教授；蓋比、傑瑞爾和艾方索的父母都面臨財務困頓，但也都以自己的方式善於處世：傑瑞爾的母親伊莉莎白和艾方索的父親雷納爾多都熱衷於閱讀，而且至少以雷納爾多和蓋比的母親莎拉的生活來說，一般人可能會認為他們比較接近中產階級，而不那麼艱難困苦。

但伊蓮完全沒有這些優勢。

伊蓮並非特別好學，可能是父母對她的期望是成為公務員，但她知道，培育極具天賦的兒子並讓他發揮所有潛力，是自己的責任。

本書其他父母多半是透過說故事時間來建立孩子的讀寫技巧，伊蓮是採用字彙遊戲。「晚間六點半在我們家是神聖的時刻。」查克說：「母親從來不會錯過任何一集《命運之輪》（*Wheel of Fortune*）電視節目。」查克會坐在她旁邊，搜尋腦海裡的字彙。但查克最鮮明的早期回憶，是和母親一起玩拼字遊戲 Scrabble，那是他最喜歡的字彙遊戲。即使還沒上小學，母子兩人可以坐著玩上數小時。

志在必得的查克，仍保存著一本小小的單字書。「我花在拼字遊戲專用辭典上的時間，可能比真正的字典還多。」他說：「我記得自己超迷那本辭典。」

字彙遊戲增進他的基本技巧，使查克開始熱衷於閱讀與寫作。

「我只想讓他擁有最好的，因為我在幼小的他身上看見某些潛力，我不想讓他的天分消失，無論那是什麼，我必須把它激發出來。」他的母親回憶道。

伊蓮在查克才五歲時，就窺見了他可能會成為什麼人、做什麼事。這個觀察敏銳的孩子，定期上教會，因為熱衷字彙遊戲，加上伊蓮習慣跟查克像大人般的談話，以查克的年紀來說，他腦中的字彙量龐大。他甚至會想像自己是牧師。「我記憶中最早關於查克想要成為什麼樣的人，是從他穿上長袍，在家裡搭了一個臨時祭壇，手拿聖經，想像自己在祭壇上講道、練習當牧師開始。這件事讓我留下深刻印象，以致無論我後來做什麼，讓他接觸什麼，都是那件事訂立的方向。」她說。

從那時候開始，伊蓮變成查克的啟發者，主動讓查克接觸一些人和機會，以輔助學校教育，帶領他更接近那個他未來將成為的人物。雖然她擔任兒子的啟發者，她做得和本章其他任何人一樣有聲有色。伊蓮不是自然而然進入這個角色。那是一條經年累月的崎嶇道路，需要廣泛規畫與外界的協助。

對伊蓮來說，把查克培育成她想要的樣子，就像在拼圖。她已經擁有其中幾塊拼圖，她要把兒子培育為聰明、有禮，而且熱衷學習的人。她也略知欠缺的部分可能是哪些。但她確切知道的是，她缺乏某些必要條件，像是社交人脈。她要讓兒子接觸重要人物，幫助他發揮潛力，找到自己的目標。

伊蓮決定尋找代理人，那個人擁有她所沒有的，能夠幫助她找到失落的拼圖。但伊蓮幾乎花了十年的時間獨力帶大兒子，讓兒子接觸自己認為他必須知道的事物，竭盡所能輔助他在校所學。

我們提過的其他大師級父母，比較不會把焦點放在孩子參與的活動數量，而是允許或鼓勵孩子專注於他們先天愛好的事物。而伊蓮試圖效法她認為中產階級家庭會做的事：用待辦事項填滿孩子的行事曆。

除了在開學期間幫查克報名免費的課後活動，伊蓮在冬天和春天也耗費幾個小時上網，尋找獎學金資訊，填寫表格，策劃孩子的暑假活動。儘管多數大師級父母會讓孩子自己選擇課外活動，但在安排行事曆上，查克說，伊蓮可能會「很強硬」，但查克知道原因。伊蓮堅決要兒子保持忙碌，這樣他就不會跟社區那些難以管束的小孩混在一起，或像她大兒子那樣最終鋃鐺入獄。

「那是安全問題。」查克說。

他六歲上游泳課，後來是薩克斯風課。雖然查克說，他喜愛大部分的課程，儘管過程中仍有失策。「比如她曾要我短暫加入童子軍，但我退出了，我就是不喜歡，對我來說那花太多時間了。她確實容許我中斷一些課程。」

不過，伊蓮還是盡可能安排所有輔助學校教育的活動，更懂得什麼時候該找到其他人協助。當查克十一歲時，發生了兩件事。首先，伊蓮讓他和泰莉建立關係，泰莉同意讓當時四年級的查克，進入她為納許維爾貧民區學校及社區孩子開辦的「領導力學院」。

泰莉成為查克的人生導師與伊蓮的代理人。泰莉與伊蓮成為啟發者團隊，她們共同的使命，是讓查克接觸更寬廣的世界，也讓更寬廣的世界接觸到查克。泰莉帶著前青春期的查克參加豪華雞尾酒會，介紹他認識政治人物，而當泰莉帶領導力學院的孩子在沒有父母陪同下出城旅行，即使團體內只有兩、三個小孩，查克永遠是其中之一。

伊蓮說：「泰莉的幫助很大，因為我真的對政治懂得不多，再加上我沒有車。泰莉可以帶查克到他該去的地方，並讓他看別人如何穿著。」

泰莉讓小查克跟對的人物建立關係，而且查克拓展人脈的技巧，很快就超越了泰莉。泰莉記得十一歲的查克打電話給她，請泰莉帶他參加參議員比爾．弗利斯特（William H. Frist）在納許維爾附近農場舉辦的雞尾酒會，而且查克自己已經設法獲得了邀請。泰莉在那場宴會裡感覺格格不入，小查克周圍環繞著老練的民選官員，看起來卻相當自在，在政治討論中更是毫不遜色。

有了泰莉的幫忙，查克開始看見自己可以成為什麼樣的人。泰莉介紹給查克認識的第一位真正領導他的政治人物，是艾德．桑德斯（Ed Sanders）。

「對十一歲的小孩來說，他的體格就像是巨人，他有浸信會牧師那種低沉有力的嗓音，可以穿透整個房間，還有爽朗的笑聲。」查克說。

桑德斯是納許維爾一間大型教會的牧師，積極投入非洲愛滋病疫情，同時擔任前總統小布希的顧問。桑德斯也競選田納西州州長。查克回憶道：「我自願接聽電話，整理檔案等。我更在辦公室裡提供諮詢。」

接下來發生的事，則幫助查克想像自己有一天可以成為什麼樣的人。「艾德很喜歡我，他開始帶我到處參觀，所以我會在車上跟著他四處參訪，我記得我們去到每個地方，每個人都以為我是他兒子。大家總是問：『這是你兒子嗎？』」

桑德斯是共和黨員。「但那年他以無黨籍參選，因為他跟政黨理念不合。」查克說：「他擁有氣宇不凡的外形，而且是雄辯滔滔的演說家，我記得自己對他讚嘆不已，或許就是在那年夏天，我決定這就是我想要做的：『我要像桑德斯一樣。』」

查克十一歲那年夏天發生的第二件事，是伊蓮讓他去上密西西比州的寄宿學校，他在那裡一直念到高中。進寄宿學校是查克的夢想之一，儘管伊蓮面臨經濟及身體上的困難，還是為查克找到了獎學金，讓查克入學的夢想成真。伊蓮希望讓查克接觸中產階級的學校教育。但把查克送去寄宿學校，她其實做的比中產階級學校更多。寄宿學校讓查克磨練溝通技巧，並對政府與政治產生新的熱忱。更重要的是，他開始看見自己的人生有更多的可能性。

在那段期間，他開始著迷於托馬斯・索維爾（Thomas Sowell）的著作，索維爾跟他一樣，是保守派的黑人。查克將這位出生於哈林區的保守派經濟學家稱為「最出眾的保守派人物」。

查克喜愛保守派作家喬治・威爾（George Will），他也是前國務卿康朵麗莎・萊斯（Condoleezza Rice）的頭號大粉絲。「閱讀他們的作品對我的政治發展帶來重大影響。」他說。

還有其他事點燃了查克內心的政治火焰。從十二歲到高三，他開始全神貫注於伊拉克戰爭。這個在人生中更嚴酷的現實案例，不僅成為查克的關注焦點，也是查克與同儕，特別是寄宿學校的同學之間，激烈辯論的話題。

「我們都面臨從軍。」他說。戰爭議題是他那一代起而行動的主要政治爭議，也是每個人發展不同政治理念的嚴峻考驗。「伊拉克之於我們，如同越戰之於嬰兒潮。你不是贊成，就是反對，大家會變得非常固執己見。每個人的意識型態會被不斷驅策辯論的火熔化。關於布希與伊拉克的相關議題，始終讓大家爭論不休。」

查克迷上多半吸引大人的嚴肅話題，如政治。在同學之間，他很自在的擔任他愈來愈常被指派的領袖角色。「我意識到我和同學之間有一些差異。在小組專題討論時，我總是被選為組長。在我一生中，從小開始，我幾乎都在團體中被其他小孩選為領袖。」

到了青春期中期，母親第一次看見查克對著數百名觀眾演講。「那場特別活動大概有五百人，我驚嘆不已。」伊蓮說：「那些人起立為我兒子鼓掌。我轉身望向舞台，看見我的寶貝，我好驕傲，但我只是目瞪口呆『哇』了一聲。」

查克後來獲得聲望極高、免學費的伯里亞學院入學許可，他的故事更在此展開。如同母親所想像的，他的人生在螢幕上即時播放。他被選為學生會主席、共和黨年輕領袖，名列全國申請者的前一%而獲得小布希總統的白宮暑期實習機會。查克這名崛起的年輕政治發言人，在引發爭論的二〇〇八大選之年，開始在當地電視台及全國公共廣播電台公開露面，成為大學報的特寫人物。

由於伊蓮努力扮演啟發者，支持查克對於公開演說的熱忱，讓他接觸人生導師、志同道合的同儕，以及他們貧民區的家以外的世界。查克不僅逐漸發展為母親預想他成為的人，更重要的是，也發展為他相信自己必須要成為的樣子。

10

哲學家
（角色五號）

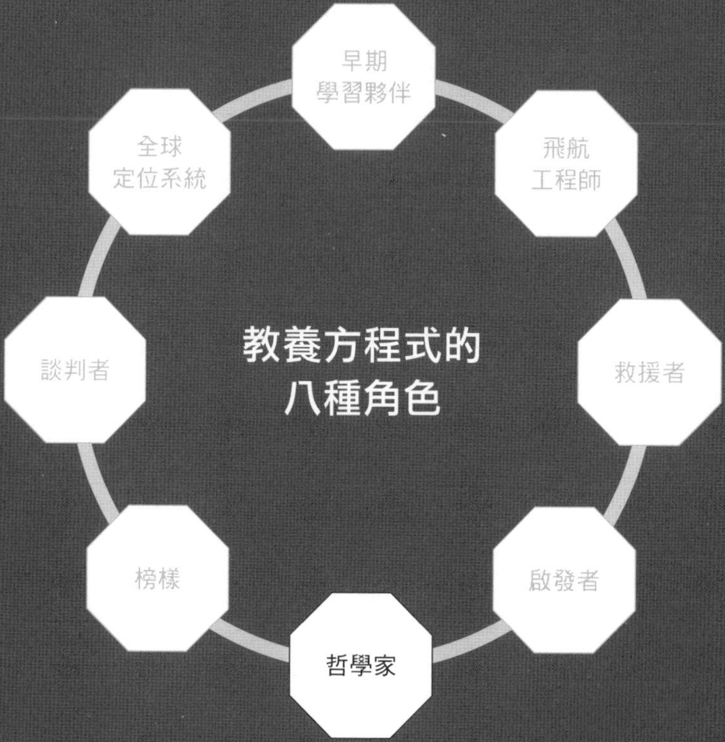
早期
學習夥伴
飛航
工程師
救援者
啟發者
哲學家
榜樣
談判者
全球
定位系統
教養方程式的
八種角色

在浴缸裡辯論亞里斯多德的學前兒

企業家兼慈善家桑谷，五歲大的他在迦納時，會跟扮演哲學家角色的爸爸德爾深入辯論亞里斯多德、蘇格拉底及《聖經》。德爾大夫經常離家到偏遠的村莊出診，但桑谷回憶道：「當他在我身邊時，我們總會一起共度早晨。」

爸爸洗澡時，桑谷會幫他擦洗背部，並接二連三提出追根究柢的問題。每次跟爸爸共處的這段時間只有十分鐘，但這些對話的深度，遠比時間長度重要。

「他想知道自己為什麼會出生、什麼時候會死亡，以及死後會發生什麼事。」德爾大夫回憶說：「他會質疑基督教的某些教義，提出經過縝密思考的艱澀問題。」

有一次，在讀完《兒童版圖解聖經》後，小桑谷想討論一個他在讀到耶穌故事時想起的問題。「我問他：『最重要的美德是什麼？』他說：『那是大哉問。』」兩天後，爸爸帶著答案回來了，他說：「是謙卑。」但小桑谷窮追不捨問道：「為什麼是謙卑？」

德爾大夫希望就讀幼兒園年紀的兒子，能夠分擔他想要減輕人們痛苦的責任感，所以告訴桑谷「謙卑是最重要的美德」，原因之一是想要教導他這個聰明的兒子，面對那些不如自己幸運的人，不要感到優越，特別是對那些晚上來他們家作客的難民。

但他給出「謙卑」這個答案還有另一項原因。德爾大夫相信，謙卑是引導人們持續努力達成目標的關鍵，一個人「從不該相信自己已達極限」。他說：「所以我從不過度讚美桑谷，因為成功與智力的成就是沒有極限的。」

即使到了今天，桑谷說，他面對自己所有的成就時，「我選擇被批評，而非被讚美。我對阿諛奉承很不自在。我懼怕傲慢，那會埋下失敗的種子。」

哲學家的三大主題

德爾大夫是傑出而有策略的哲學家，這個角色幫助孩子找到人生的目的與意義。透過你來我往討論道德、人性與存在，哲學家幫助孩子塑造信念與選擇工作方向。

「我們會熱烈辯論各種話題，甚至是遠遠超越桑谷年齡的話題。」德爾大夫說：「儘管年齡還小，對他來說，發展世界觀仍是很重要的。」

如同我們從許多成功者那裡聽到的，桑谷說：「爸爸總是把我當成大人來對話與對待，就是從那些晨間辯論開始的。」

成人對話的出現，或許是因為扮演哲學家的大師級父母，抱持全像式理想，也就是父母堅定盼望孩子成年以後的樣子，於是有策略的對孩子說話。

當然，不是每個孩子都同樣樂於接受。就像早期學習夥伴會花較多時間在給予新觀念或挑戰時會熱切回應的孩子，哲學家也會把最多的注意力放在提出大量問題、深度思考父母的回應，然後追根究柢的孩子，像桑谷。

「桑谷想知道人生的目的。」德爾大夫說：「那就是我讓他認識哲學的原因。」桑谷學習的範圍涵蓋古老的口述傳統到希臘哲學家著作。

他也鼓勵年幼的兒子對那些古老觀念發展出自己的詮釋。他知道，支持桑谷形成對《聖經》與古希臘智慧的觀點，並在父子二人的對話與辯論中尊重桑谷，能建立桑谷的自信，讓他對於改變世界有所準備。

德爾大夫讓桑谷學習學術的哲學基礎知識，反映古代思想家影響史上偉大人物的悠久傳統。舉例來說，《博伽梵歌》，據說是世上最古老的哲學經文。甘地曾說，每次閱讀後，總會感到極大的安慰。愛因斯坦也說，當他閱讀《梵歌》時，「其他的一切彷彿都是多餘。」

《梵歌》的力量可在它的敘事架構中找到，阿朱納王子與他的馬車夫宇宙之主奎師納兩名密友間史詩般的對話，討論通往圓滿人生的永恆原則。他們的結論與世界各地哲學家及古老經文的看法不謀而合，關於人生的目的，他們強調三個不變的主題：一、尋求內在洞察力；二、追求繁榮昌盛；三、憐憫的責任。

這三項基本概念也滲透到大師級父母傳授給孩子的人生哲學：尋求深度同理、避免貧窮，以及協助改善他人的生活。

哲學之一：尋求深度同理

本書中的父母與我們採訪的其他家長，往往聰明敏銳，把最關注的焦點放在尋求深度同理上，但他們的渴望卻因無法掌控的外在環境、未必正確的決定，或綜合兩項因素，而受到妨礙或阻撓。他們通常是移民家長，多數但不完全是男性，並缺乏足夠的美國經驗去判斷，孩子在專業上達到成功的高標準是多麼務實，或即使他們相信這樣的成功是可能的，卻對如何支持孩子達成目標，以及教導他們精通技能的樂趣，所知甚少。對這些家長來說，他們能夠提供孩子最寶貴的東西，是對智力的欣賞，純粹滿足於運用大腦經歷探索，無論是在車裡、圖書館，或可以尋找自我的任何地方。

麗莎的爸爸就是這樣一位家長。

麗莎的父母在南韓都上過大學，但當他們移民到美國後，一切都必須重新開始。他們的財務緊縮，以至於他們數度失去家園。爸爸雖主修政治學，取得新聞學學位，但因英語不夠流利而無法在美國從事記者工作。他開起計程車，曾在倉庫、鞋店和加油站工作。媽媽獲得一份護理師的工作，成為主要負擔家計者。「典型的移民故事，他們兩人都得工作到晚上十點。」麗莎說。

父母只有在他們被叫到校長室時，才會到學校，而校長室是弟弟經常待的地方。「他們不常來我們學校，因為他們的生活方式比較像在韓國，韓國的家長對學校沒有什麼影響力。」她說。

媽媽把焦點放在她的成績上，她希望麗莎長大後的生活情況可以好轉，但爸爸毫不在乎物質財富或學校課程。畢竟，他自己在韓國受的教育沒有得到回報，因此督促孩子取得高分、渴望似乎無法獲得的財富，看來毫無意義。

然而，他善於培育孩子成為思想家，以知識份子的方式體驗世界。

對小麗莎來說，爸爸是「全世界最聰明的人」。他是「真正的知識份子」，教導這個害羞文靜的女兒韓國歷史與韓國戰爭，把他自己的人生故事說給她聽。

回顧爸爸對麗莎非比尋常的教養策略，他從不告訴孩子答案，而是讓女兒自己想出像「crazy」這個字是以y還是ie結尾才是對的；他們會站在黑暗中，將手電筒的光投射在球上，幫助女兒自己搞懂為何韓國的白天是澤西家中的夜晚。她不是在哥倫比亞大學或巴納德學院找到問題的答案（雖然她曾在這兩間傑出的學校研讀心理學），而是從爸爸那裡學到的。當爸爸駕著家用汽車載著她在城裡四處逛，會提出問題刺激她思考，但從不告訴她是對或錯。

「他從我很小就開始大量問我有關算術及物理的問題。他會說：『好，我們要開始減速……如果我們從時速八十公里開始，在這段距離開始減速，你覺得我們會慢到什麼程度？要花多少時間才能減緩到這個速度？』那時候我會開始思考。我年紀很小，不知道怎麼計算，但我會說一些類似『時速三十公里？』的答案，而他會說：『好，繼續思考。』就這樣，都是這些開放式問題。」

麗莎的爸爸相信孩子應該自己搞懂答案，而不是透過被告知的方式認識新事物。他教導孩子思考與記憶，他很聰明的讓孩子認為自己是在玩，但其實是在學習。

「在上幼兒園以前，弟弟和我開始用餐前必須背乘法表。這在韓國很正常，我們會站起來背：『二一得二，二二得四，二三得六，二四得八，二五得十。』下週，我們會開始背三的乘法表，就以這種方式一直背到十二。有趣的是，我對我的孩子如法炮製這個傳統。因此他們的進度有點超前。我們的父母不會真的強迫我們，但我們把背乘法表當做記憶遊戲，覺得那很好玩又有趣！」

麗莎爸爸的目標，就像麗莎對自己孩子的目標，是要養育有洞察力、有見識、能夠自己推理思考的人。

他也刻意投入三年的時間，幫助麗莎學習「有紀律的堅持、創造精湛的表現」，這是描述深度同理的另一種方式。

「我是如假包換的運動員。」麗莎說：「我爸爸在我八歲的時候，幫我上了第一堂網球課。」

爸爸買了一支木製球拍給麗莎，整個暑假父女倆每天打網球兩小時。「從那時候開始，一直到中學的暑假期間，我爸會和我一起打球，當我達到理想的體能狀態時，他就在我身邊。我體會到那種美好的感覺，知道必須如何移動身體，接到那顆火箭球，然後揮擊過網。」

球場上的那一刻，是透過漫長的鼓勵過程才達到顛峰，爸爸是在教導她「不放棄的成果」。「以前他告訴我好多次：『你做得到，你做得到。』」麗莎知道自己還做不到，但她享受那個過程。「他非常有耐性。我從八歲開始打，一直到十二歲才成功。我當時的反應像是：『好，我現在知道怎麼打網球了，再也不放棄揮拍。』」小麗莎學到她可以透過堅持不懈，達到一種顯而易見的境界——球拍以完全正確的方向擊球，並發出完美的乒乓作響。

教導孩子堅持，是麗莎爸爸教養策略哲學的最重要部分。「爸爸總是習慣說：『堅持下去，直到成果到來。』」他會告訴麗莎，所有人都是生來就知道一切。「當你學習時，你只是在提醒自己。」他說：「每個人都做得到，雖然每個人的腦袋不同，但那些知識都在那裡，只是每個人需要不同的時間達成，重點是你要堅持下去。」麗莎記得當時心裡想著：「噢，好，我知道，就只是要組織我學到的一切，以後用得上。」所以她從不放棄。

哲學之二：避免貧窮

許多大師級父母傳授的第二項哲學，可以比較口語化總結為三個字：不能窮。這項哲學並不限於弱勢家庭。安妮特．拉羅（Annette Lareau）研究低收入及中產階級家庭，根據她的說法，中產階級家長教導孩子一長串的行為，如管理支票帳戶，以及選擇在大學入學申請書上看起來更好的課外活動等，是為保有社會地位做好準備。

在中產階級的教育裡，避免貧窮的技巧已經融入在生活中了，中產階級家長從來不必跟孩子談論「不能窮」。然而，貧窮的家長，像傑瑞爾的媽媽，就會直接告訴孩子：「你們不會想過這種生活的。」因為他們過的「這種」生活，就是他們希望孩子能避免的消極未來。

以貶損孩子現有生活環境為中心的哲學，可能會令人感到不悅，卻不表示要讓孩子感覺不好，或貶低身處同樣情況的其他人。更確切說，教導孩子避免貧窮，是有策略的。貧窮是機會的重大障礙，為了讓孩子達到自我實現，大師級父母希望他們首先必須相信自己能夠、也應該脫離貧窮施加在他們身上的限制。

像潘蜜拉、傑瑞爾及蓋比這樣的孩子，若父母（以潘蜜拉的個案來說是祖母）並未努力說服他們，他們很容易就會聽從「貧窮無法避免」的觀念。對於日復一日在經濟困難的日子裡艱難度過，且因生活貧困而要面對持續高壓恥辱的大師級父母來說，他們會堅決避免讓孩子長大以後有貧窮的可能性。只為了學習而學習，那叫奢侈，精熟課程有其更迫切的目的，是為了改善一個人的命運，避免再度淪於貧窮。

傑瑞爾的媽媽伊莉莎白，在哲學家的角色中教導傑瑞爾，為了脫離貧窮，他有義務盡其所能在校表現良好。她經常直截了當的談到，她一心一意、堅持不懈選擇適當的學校及收容所，一直跟老師保持聯絡，同時安排家中及克利夫蘭附近的學習活動，進一步使孩子明白表現良好的重要性，為了孩子有一天可以在中產階級的世界生活，那是在她的全像式理想中預見的。

麗莎的媽媽同樣希望避免孩子跟她一樣在財務上困苦窘迫。儘管麗莎的爸爸是為了學習本身而重視學習，但或許因為家裡負責管錢的是媽媽，麗莎媽媽的焦點在於，學習是通往更好人生的路徑。

為了孩子要求參加的豐富活動，麗莎的媽媽總會試圖尋找收入來源。高中時期有一次，麗莎想參加曲棍球隊，母女二人長途跋涉到運動用品店買裝備。但當她們到了收銀台，信用卡卻一張接著一張被拒刷。「媽媽哭了，我也哭了。」這次經驗讓麗莎牢牢記住，她再也不要落入那樣的情況。

後來，麗莎下定決心，她確保經濟穩定的最佳路徑就是「學業表現良好」。媽媽關注的則是，麗莎的教育及社交禮儀如何幫助她吸引經濟穩定的金龜婿。根據麗莎的說法：「我媽是極端的完美主義者，也期待我們表現完美，特別是身為長女的我……我猜她是以『你會成為多好的媳婦』做為人生是否完美的衡量標準。」

雖然麗莎最後取得自我實現的路線與媽媽預期的不同，但經濟穩定很重要——基本哲學依然不變。

潘蜜拉的祖母也重視經濟穩定，但她考量的策略，跟麗莎的媽媽所教導的完全相反。潘蜜拉成長的家庭與文化，是女性必須倚賴男性提供經濟來源，這種倚賴常讓潘蜜拉感到備受束縛。擁有獨立的能力，正如祖母總是諄諄教誨的，才是潘蜜拉最大的夢想。

「我只想要擁有自己的公寓。」潘蜜拉說。這個保守目標是她持續努力的關鍵。

潘蜜拉的祖母雅布莉塔向她保證，只要經濟獨立，就不必太擔心任何事。「她說：『讓婚姻成為你的選項之一，我從不希望你覺得自己是被迫進入婚姻，只因為你必須為了生孩子而保持穩定，或因為任何其他情況。我希望你賺到足夠的錢，這樣你就可以選擇你想跟誰在一起。』我知道對許多人來說，這聽起來可能不算什麼，但在我們的文化裡，經濟獨立賦予極大的自主權。」

哲學之三：協助改善他人的生活

大師級父母傳授的第三項哲學主題是：人生的目的是改善他人生活的情況。許多信奉這項哲學的父母，儘管來自條件較差的背景，但已擁有成功的人生。成年後他們經濟穩定，知道自己的孩子也擁有在經濟上成功發展所需的機會。他們更關注的是讓孩子理解，這些機會並不是每個人當下都能擁有的，而他們有義務協助改變，或至少做一些事讓世界更好。

外交官大衛的雙親（媽媽露易莎與爸爸李）在法律事業上都很成功。但他們兩人都生長在不盡完美的環境：露易莎來自貧窮的新墨西哥州社區，李則是從德州敖德薩一個富裕但充滿辱罵聲的英裔家庭裡逃出來的。對他們來說，讓兒子們知道苦難的模樣，這一點非常重要。

「我們總是告訴孩子，你們獲得的恩賜愈多，責任就愈大。」李說：「我們嘗試灌輸他們一種責任感，要為整個社區、為每一個人做對的事。我想他們兩個都以他們自己的方式做到了。」

李和露易莎，以及大衛和弟弟丹尼爾，全家自願在當地一個救濟貧民的施膳處工作，並活躍於教會活動中。

「我是教會的輔祭，在聖餐儀式服事，後來又負責讀經。」大衛說：「高中時，我在假期聖經學校教年紀較小的孩子。我當足球教練，因為那是我的興趣，對我來說，那是很自然的連結。」

大衛從父母學到為幫助他人而奉獻，就是他在大學時期從事許多志願工作的原因，他甚至在亞利桑那大學商學院創辦了一個「改變日」，現在每年有一千四百名志工參與。他的動機是：「重拾責任感，以有意義的貢獻回饋並幫助他人，正如父母與信仰教我的，幫助別人是我該盡的義務。」大衛說。

他記得大學時期曾在一家名列《財星》雜誌全球五百大的公司完成實習工作，他意識到，雖然那是令人愉快的經驗，他卻並未感到滿足。「我每晚躺在床上，想知道這是不是我一生必須要做的全部。」六個月後，他加入和平工作團，然後「為了搞懂外交政策」，他申請並取得哈佛研究所的入學許可。

他的一位哈佛教授，曾是備受敬重的大使告訴他：「你最需要努力的地方不是辦公室，而是以外交官的身分為美國人民服務。你應當前往火災發生之處。」

而這正是大衛要做的。在二〇一三和二〇一四年之間，當時三十歲的他被派往巴格達，他是當地幾位美國外交官之一，負責檢查與核發簽證給在伊拉克戰爭期間協助美國的伊拉克居民。他的工作是要決定誰能獲准移民，誰不能。在生命中最艱難的一段處境，他腦海裡浮現的是父母教導他的哲學。

「他們會把家人的照片帶來，他們的家人曾被打、被捅，住家被塗鴉噴漆，以警告他們叛徒必死無疑。」大衛說：「他們會把上衣掀開，給我看他們的刀傷、槍傷，他們說那是痛恨美國人的伊斯蘭教恐怖份子對付他們的方式。我到現在還會想到他們。」

大衛解釋：「我繞了一圈，終於回到原點，因為父母一直灌輸給我的教誨是『能力愈強，責任愈大。』在我小時候，這句話聽起來是老生常談，但當我坐在那裡看著某個人，看著他們的孩子，看著他們在哭……而他們告訴你：『我不知道還有多久，他們就要來把我殺掉，把我的孩子帶走。』那份責任的重量不再是轉瞬即逝的觀念，因為它就在那裡，就在我的掌控下。我必須做出選擇。」

如同大衛的父母，桑谷的爸爸也是從艱難時期攀越高峰。身為八十六個孩子之一（這不是打錯數字！）德爾大夫在坐落於迦納北部、名叫希望的貧窮村落長大。「那個時代，一夫多妻是常態。」德爾大夫說。爸爸過世後，德爾大夫的老師領養了他。「老師發現我的潛力，培育我、支持我、鼓勵我。我受他們的再造之恩。」

他從一個在街頭賣烤肉串的小男孩，轉為赴義大利學醫，擔任歐洲大使的醫生。後來，教宗若望·保祿二世的樞機主教，成了德爾大夫的人生導師。德蕾莎修女則是德爾大夫的另一位良師益友，是德蕾莎修女鼓勵他離開義大利，回到非洲，成為人權鬥士。儘管他在迦納的醫療工作平均每年只賺得一萬兩千美元，但在那裡已是不錯的收入，遠多過該國多數人的薪水。

像德爾大夫這樣有能力改善他人境遇的家長，會引以為傲的和孩子分享他們得之不易的優勢，卻不讓孩子將那些優勢視為理所當然。

「我非常坦白告訴桑谷，有關人生與世界的現實種種。」德爾大夫說。這麼做，讓桑谷感受到世界不公不義的情況，而他有責任去協助修正。當德爾大夫在深夜試圖協助難民，他傳遞給自己兒子的，是「所有生命都很重要」的觀念，那是一種情感，也是一種生命哲學。

這些服務導向的家長往往對這個世界投入自己的人生使命，有時無法在身心上照顧到自己的孩子。

缺乏陪伴，或許會暗中破壞教養方程式，但大師級父母如何有策略規劃他們與孩子共處的時間，如何刻意運用那段時間，會比親子共處的時間長短來得更重要。哲學家父母刻意分享他們的看法，問孩子問題，讓他們深思，徹底思考未來的交談，或孩子以前提過的問題，期待何時有空與孩子對話。

儘管如此，對書中某些成功者，特別是男性來說，以人生使命為中心的家長缺乏時間陪伴自己，仍會是親子關係的痛處。一些哈佛專案的參與者說，他們深受經常外出工作的特定家長影響，但他們也渴望有更多時間與對方共處。比如，有位年輕人是南韓知名政治人物的兒子，說他深受爸爸對工作的奉獻、智慧，以及分享的思想及世界觀所影響，但他小時候渴望有更多時間與爸爸共處。現在他住在南韓，當自己成為爸爸之後，他比較能夠了解爸爸當年為何那麼忙碌了。然而他打算要跟自己的孩子更親近。

萊恩希望身為傑出農夫的爸爸更善於表達，桑谷則希望忙碌的爸爸更常在家。桑谷說，在他很小的時候，是媽媽花無數時間教他閱讀與數數，不是爸爸；當父母離婚，他選擇與媽媽同住；他與爸爸的關係一度破裂，但後來再度恢復親密。桑谷也不否認爸爸對他的成功帶來強烈影響。爸爸的缺席對桑谷來說，顯示他的哲學家爸爸多麼認真看待本身的使命。那種孤獨成為一種靈感來源。若是把那位哲學家父母從孩子的生命中挪開，換成一位長伴左右，但對自己的工作不那麼盡忠職守，也因此不那麼有趣的家長，像萊恩和桑谷這樣的人，可能就不會表現活躍、發展出類似熱衷政治或慈善的相關特質。

這同樣應用在馬爾維斯家的姊妹。雖然CNN記者蘇珊的媽媽，始終密切關心蘇珊和她的雙胞胎妹妹及兩個弟弟，爸爸卻長時間在工作。蘇珊和雙胞胎妹妹蘇賽特了解身為醫生及前醫學院院長的爸爸工作量如此龐大的原因，因為他有一個比讓他們家過好日子更大的目標。

「我們了解，爸爸想要幫助整個家族，以及幫助黑人社區。」蘇珊說：「他生長於貧困地區，眼見人們因缺乏良好醫療照護而死亡。那裡施行種族隔離，所以父母當年都親眼看見自己的生活條件較差。當爸爸成為醫生，總是被所有親朋好友詢問：『噢，可以請你來看看某某人嗎？』『你可以幫忙處理這件事嗎？』他總是有求必應。」

哲學家創造使命

大師級父母的世界觀是土壤，高成就者在裡面長出自己的哲學。他們與孩子的無數對話產生的理念與價值觀，注入孩子的思維，就像礦物成為樹木成長的基礎。儘管成功者成年後的哲學可能與父母不同，但哲學家父母的世界觀是成功者思考的基礎，反映他們一生的目的感與選擇的行動。

這就是紐瑟姆一家起初令人費解之處。表面上，人們很難捉摸琳恩與克拉倫斯這兩名溫文儒雅的教育工作者，是如何促成小女兒採取行動，登上世界新聞。

「我們嚇到了。」琳恩回憶。

二〇一五年六月二十七日清晨，琳恩與克拉倫斯接到大女兒吉娜的電話：「打開電視機。」在震驚中，他們看見當時三十歲的布瑞（Bree，但他們仍叫她「布列塔妮」），攀上十公尺高的旗杆頂端，非法拆下飄揚在南卡羅萊納州議會領土上方的邦聯旗*。

「我太太琳恩差點從床上跌下來。」克拉倫斯說：「我當下氣喘吁吁，因為我知道布列塔妮有能力做這樣的事。我擔心的是她的安危，因為她偏偏選中第一個脫離聯邦的州首府。我太了解南卡羅萊納州，知道那是非常危險的舉動。」

從旗杆頂端，布瑞聽得見在底端聚集的警員呼叫她下來。「馬上！」據布瑞的說法，一名警官叫其他人電擊她。

當時大約是早上六點，典型悶熱的南方早晨。「我無法想像有多少腎上腺素灌注到我體內，但我只專注在手頭的任務。」布瑞說。

她的同夥詹姆士是三十歲的白人，他在底下站著，緊緊抓住旗杆，大膽向那些準備電擊布瑞的州警挑戰：「如果你們用電刑處死她，也得用電刑處死我。」

*編注：「邦聯」指一八六一年至一八六五年美國南北戰爭期間，自美利堅合眾國分裂而出的南方蓄奴州聯合政權，長期以來是美國社會分裂的象徵。有人認為邦聯旗象徵南方傳統，批評者則斥為黑奴惡制遺毒，是種族歧視的象徵。

布瑞已經接受幾個可能的結果。「我經歷過一些事情，在主裡感到平安，也對我可能會在那一天失去生命感到平靜。」

然而，她的父母幾乎沒有任何時間做好準備。對女兒的擔憂，使他們難以觀察自己的教育如何促成她的行動。琳恩特別擔心布瑞把自己置於極大的危險中，而克拉倫斯現在會嘲笑太太在第一時間的反應：「你的表情太明顯了。」他回憶道：「就好像在等著我把你抓住一樣……」

「我真的想要衝去打她屁股。」琳恩半開玩笑的說。

但看著布瑞爬上旗杆，他們注意到一些事：布瑞穿戴裝備、頭盔和繫帶。有人在旗杆底端，似乎在密切關注著她。這一切跡象顯示，布瑞並非貿然單獨行動，而是有計畫的團體行動。慢慢的，事情開始變得更有意義。「那反映出我們這些年來的對話，也反映出她和媽媽之間的對話。」克拉倫斯說：「我們曾討論以反映與展現正直的方式承擔社會責任。她是一個團體的一份子，他們一再認真思考這件事。」

克拉倫斯很好奇，他想知道，女兒是如何完成這項高難度任務的？她是如何向自己的爸媽及其他人隱瞞這件事？而在旗杆底下的朋友又是誰？

布瑞和其他大約九名社運份子起初是在網路認識，直到執行計畫幾天前才碰面聚會。

布瑞成長於馬里蘭州，但當時住在北卡羅萊納州夏洛特市，那是她父母出生和成長的地方，也是她小時候度過暑假的地方。克拉倫斯與琳恩經常討論他們的家族史，所以布瑞知道自己是奴隸的後代，祖先們生在卡羅萊納，死在卡羅萊納。身為非裔美國人，且與卡羅萊納關係密切，是布瑞接受團體提名她為攀爬旗杆人選的兩個主因。旗杆底下的那個人，詹姆士．泰森（James Tyson），跟布瑞僅有一面之緣，被選為幫她把風。

布瑞和其他人訂定策略要完成一項目標，即是拆下那面旗幟。他們認為沒有人，尤其是沒有一個奴隸的後代，理應看到象徵白人至上的標誌，再度飄揚在州議會大廈上。

琳恩與克拉倫斯都抱持強烈的社會責任感，他們希望孩子所擁有的特質，他們心裡再清楚不過了。琳恩與克拉倫斯想要培育的，不僅僅是聰明的孩子，而是擁有人生目標與意義的孩子。在他們的願景中，女兒可以運用她們的天賦幫助其他人，並且持續為社會正義而奮鬥。

當大女兒吉娜還是個小嬰兒，克拉倫斯會抱著她在後院散步，指著樹木、天空和小鳥，帶女兒認識這個世界。他會在這個長大成為精神科醫師的寶貝女兒耳邊低語，訴說她將擁有的一切美好特質，以及她將從事的一切美好工作。即使女兒們還小，他們仍會談論黑人歷史，談論他們的志願工作與使命，談論社會正義的重要性。

從許多方面看來，布瑞的哲學思維跟父母是同一個模子刻出來的。克拉倫斯的職業是歷史學家，琳恩則是業餘歷史學家。他們兩個都喜歡更全面去了解家族故事與美國黑人歷史，特別是發生在卡羅萊納的事，因為那是他們兩人的故鄉。「有些人會羞於開口說自己是奴隸的後代這件事，我卻覺得那是光榮的記號，表示我來自如此堅強的一群人。」琳恩說。這兩人在杜克大學相遇然後成婚。那是一九七〇年代，他們兩人在校都非常投入抗爭活動。

克拉倫斯後來發現，他的呼召是擔任牧師及神學院教授。那天清晨在前往州議會的路上，當詹姆士協助布瑞翻越圍牆，布瑞的手被輕微刺破，布瑞感覺那個傷口彷彿帶來某種象徵意義，或許也跟爸爸在她成長過程中所教導的有關，也與她二〇一二年再次在靈裡奉獻給主產生關聯。她也將自己的傷口視為一種徵兆，那就是，她在做的事，儘管危險，卻有可能激起巨大改變。

除了留在旗杆底部的詹姆士，其他社運份子也在附近假裝慢跑。儘管如此，布瑞在攀爬時仍無法抑制恐懼的浪潮。她知道若在此刻打退堂鼓，勢必會被逮捕，但那嚇不了她。她早在抗爭活動前就被逮捕過。「我最擔心的是義警持槍靠近。我擁有的平安是心靈的平安。我相信上帝會救我脫離這個情況，即或不然，我仍信靠上帝。」

她之所以不安，還有另一個原因。就在十天前，一名二十一歲的白人迪倫·盧福（Dylann Storm Roof），才在南卡羅萊納州查爾斯頓開槍射擊九名黑人教友致死＊。當官方找到他的網站，裡頭有一張照片是他拿著手槍和邦聯旗。那張照片及屠殺案再度點燃邦聯旗是否應從州議會大廈撤下的激烈辯論。當那面旗幟持續高高在上，即使在受害者喪禮那天，州政府也拒絕降半旗。布瑞和她的社運團體，決定要自己把旗幟取下。

布瑞爬上旗杆，她汗流浹背，看起來像是砍樹或施工工人，以安全帶保護她的胸部，頭盔藏起她的長髮辮，全世界都在看。當布瑞抵達頂端，取下旗子，雙手握住，她高聲呼喊：「奉耶穌的名，這面旗必須撤下。你以仇恨、欺壓與暴力待我。我奉耶穌的名待你，這面旗今天撤下。」

她下來之後，立刻落入警方包圍，警方以損壞州議會大廈領土文物為由，逮捕了她和詹姆士。當她戴上手銬被帶走，一群電視台工作人員連珠炮的問她一連串問題。布瑞先背

＊編注：二〇一五年六月十七日南卡羅萊納州查爾斯頓槍擊案，發生在美國南卡羅萊納州查爾斯頓，二十一歲白人迪倫·盧福在當地的伊曼紐爾非裔衛理公會教堂開槍，造成九人死亡，死者全都是黑人，包括參議員平克林（Clementa C. Pinckney）。嫌犯於二〇一七年一月十日被判處死刑。

誦《聖經》詩篇第二十三篇（「耶和華是我的牧者，我必不致缺乏……」），然後平靜的回答。

不到一個小時，一名警衛再度升起那面旗，贊成恢復旗幟的支持者帶著邦聯旗，聚集在布瑞剛才站立的位置。但布瑞的行動帶來更大的影響，迅速蔓延，使布瑞這名社運份子、音樂家及電影製片人，搖身一變成為國際巨星。在她被逮捕後一小時內，各方募集到六萬美元做為她的保釋金及律師費；在二十四小時內，繼續募集到十萬美元。一位知名電影導演打電話來商議拍攝她傳記的權利。在布瑞撤下旗幟一個月後，南卡羅萊納州眾議院投票表決，通過州政府多年來拒絕做的事：永久撤下旗幟。

當克拉倫斯與琳恩終於能跟布瑞通上電話時，雖然布瑞仍在獄中，卻立刻使他們怒氣全消。她有禮貌的說：「首先，如果我讓你們擔心，而且我可能真的讓你們擔心了，我希望你們知道，我很抱歉。」在克拉倫斯可以吐出隻字片語之前，她又說了：「爸，在你問我任何問題或說任何話以前，有一件事我希望你知道。」

「我說：『嗯，是哪件事呢，布列塔妮？』」克拉倫斯回憶道：「她說：『我一輩子都在聽你教導並宣揚自由與正義，教導並宣揚上帝會保護我們，而我希望你知道，我相信你說的每一個字。』」

哲學家創造目標

如同布瑞帶著她從父母那兒學到的，以他們從來無法想像的方式表現出來，傑瑞爾也領受他從媽媽伊莉莎白那兒學習而來的基礎向外發展。伊莉莎白把焦點放在「傑瑞爾必須在校表現突出，脫離貧窮」這個重點上。傑瑞爾確實表現突出，但他知道，許多其他弱勢孩童同樣需要機會。他想盡可能獲得最好的教育，不僅向其他貧窮的黑人孩子證明他們同樣值得，也能直接幫助他們實現理想，這成為他的人生目標。

傑瑞爾十五歲時，他的人生目標開始滲透到生活中，當時他獲得霍肯高中入學許可，那是一間位於市郊、以白人居多的精英預備學校。熟知那間學校的老師及其他大人都千篇一律的告訴他：進霍肯就意味著周圍都是「最優秀和最聰明的頭腦」。在那裡，他可以鍛鍊自己的頭腦更加敏銳。

「我充滿期待，因為我總是拿第一。所以我說：『好，我要去那裡，看看不一樣的事物。我不知道那會是什麼樣子，但一定很棒。』於是，我去了霍肯，卻發現這些孩子並沒有比我在東科技高中認識的孩子多一丁點兒的聰明。他們只是請了家教，擁有一切不同的機會。」在霍肯的迎新參觀活動後，他回到原本的東科技高中，那是一所以黑人居多的特色學校。

「我在英文課坐著，卡波老師看著我，我以為她看出我的心事。她說：『傑瑞爾，別難過，這裡沒那麼糟。』但事實上，我一點也不難過。我是怒不可遏，因為我一輩子都覺得自己必須努力工作才能贏得某些東西，而我的經驗是，得不到某些東西，並不是因為我努力得不夠，而是因為我的錢不夠。然後當我去到霍肯，看見那裡所有的孩子，大家都說他們比我厲害，但其實並沒有。他們只是比較有錢。」

「坐在卡波老師的班上，回到與我一起長大、卻永遠不會擁有同樣機會的那群人當中，看著老師們努力工作，卻仍永遠無法給我們那些名校孩子所擁有的。就因為錢，我認為那一點也不公平，而我們都是黑人小孩，他們都是白人小孩。從那時候到現在已經十五年了，我當時感受到的憤怒，至今仍未消失。」

他其實覺得與種族無關。「在我一生中，白人朋友對我幫助很大。」更確切說，他的憤怒與階級和不平等有關。霍肯高中少數中產階級的黑人小孩，遇到他們眼中的窮小孩，也可能會跟富有的白人小孩一樣，傲慢擋住他們的去路，甚至有過之而無不及。

他初次參觀霍肯所看見的景象，依舊歷歷在目。堆疊起來的財富與權利，讓他覺得這世界出了一些問題，他說：「我必須去修正這件事。」

傑瑞爾相信，雖然他成長於貧民區，卻也進入了霍肯預備學校及後來的哈佛大學，在哈佛求學期間還打掃廁所，賺取額外的金錢，而這一切給予他獨特的經歷，讓他得以「從各種不同人的觀點看世界，雖然那些人彼此之間從不互動。因此，我的工作是盡我所能讓這兩個世界互動。我採取的觀點，是從弱勢群體的處境去看，我該如何讓處於社會下層階級的人生活過得更好。」

身為芝加哥的年輕校長，傑瑞爾的哲學是，他有義務教導其他窮困孩子如何讓自己脫離貧窮。他為學生做的事，與媽媽為他做的事如出一轍：不需要疑慮「以自己決定的方式獲得成功是否值得」，同時建立孩子的技巧與自信，讓他們可以追求並獲得自己的成功。

哲學家的禮物

如果大師級父母的終極目標，是要培育充分自我實現的成年人，那麼哲學家的角色便是教養方程式中最重要的角色之一，就塑造孩子的程度而言，它與早期學習夥伴同等重要。沒有哲學家幫助他們發展內在羅盤，為他們指引個人的北極星，即使是最聰明的孩子，也不可能對他人的生命帶來重大影響。

回顧一下：充分自我實現＝目的＋自主＋智力。而哲學家引導孩子邁向人生有意義的使命，加上智力與自主感，是塑造成功者成就的關鍵，同時也為大師級父母的最後傳承埋下伏筆。

11

榜樣
（角色六號）

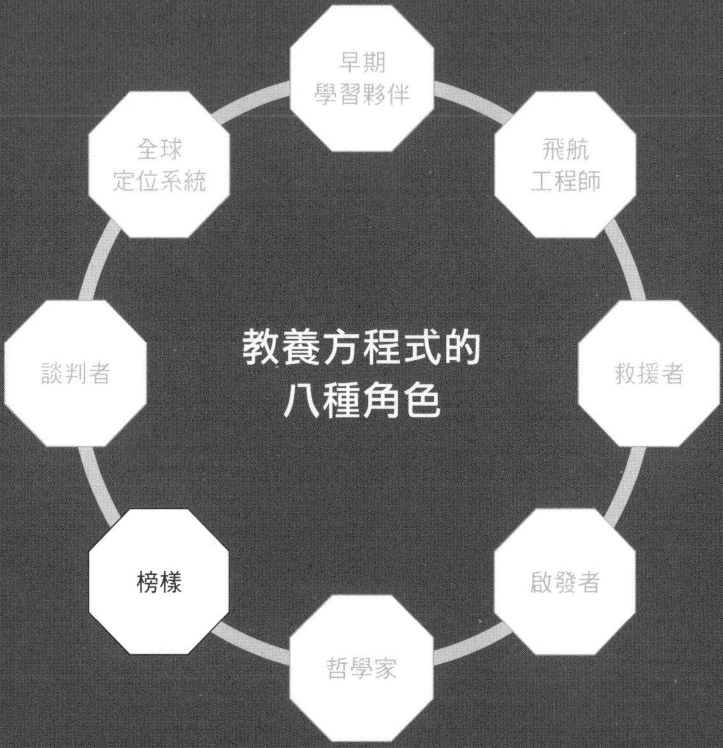

教養方程式的八種角色
早期學習夥伴
飛航工程師
救援者
啟發者
哲學家
榜樣
談判者
全球定位系統

漣漪效應

四健會*的曳引機駕駛比賽，是每年肯塔基州市集最受熱烈期待的盛事，至少對夸爾斯家族來說是如此。萊恩祖母家的客廳有一整面牆專屬於贏得比賽的親戚們。在這個家族中，沒有任何東西可以取代那座獎盃。萊恩的爸爸、兩位叔叔，還有幾個堂兄弟都是之前的贏家。如果有一天萊恩有了兒子，他知道自己肯定也會鼓勵孩子：「等你年紀到了，就去努力爭取吧！」

萊恩在農場上透過觀察爸爸，學到了要贏得比賽必須知道的每一件事。爸爸羅傑不僅是一名好農夫，還是農夫之中最棒的。羅傑出生於上溯兩世紀的農夫世家，大學念農業，直到今天，他仍是滿懷熱忱的冠軍，靠土地自給自足。跟其他人一樣，羅傑自己也曾克服極大的挑戰。

萊恩的父母於一九六〇年代末在肯塔基大學相遇。他們兩人都是家中第一個上大學的，成長過程也都經歷貧困時期，那時有些家庭仍缺乏水管裝置。即使進了大學，羅傑還是窮到付不起宿舍費。他僅能勉強度日，住在農學院的溫室裡。

當他完成學士學位後，就留在學校繼續取得農藝學碩士，在美國農作物商業化初期研究大豆。但他繼續讀書還有另一個原因：他未來的妻子比他小兩屆，正在攻讀護理學位。

後來，這對夫妻買下自己的農場，有了兩個兒子，萊恩和哥哥克林特。羅傑向兒子們示範何謂嚴謹與勤勞，這些特質是小萊恩參加曳引機賽的準備工作關鍵。競賽項目不僅包括障礙賽，還有強調安全與引擎維修知識的筆試。身為曳引機冠軍卓越典範的羅傑，從個人經驗中得知，萊恩應該沒理由拿不到漂亮的測試成績，他也這樣告訴萊恩。最後萊恩辦到了，但花了好幾年的時間努力。

不過，針對駕駛的特別訓練更難，為了能駕輕就熟，必須很早就開始準備。「我八歲就開車上路，大部分的農家子弟會告訴你，他們是在九或十歲時開始學開曳引機。」萊恩說。

為增加挑戰，競賽規則要求參賽者操作後面連結著一台拖車、強鹿牌四十馬力的曳引機，羅傑在兒子們才剛進小學時，就把自己駕馭自如的英勇事蹟展現給他們看。但曳引機

＊編注：四健會（4-H Club），創立於二十世紀初，是美國農業部的農業合作推廣體系所管理的一個非營利性青年組織，四健分別為健全頭腦（Head）、健全心胸（Heart）、健全雙手（Hands）、健全身體（Health）。目標是將公立學校的教育和農村生活結合，透過大量實踐學習項目來發展年輕人的品德、領導能力、生存技能。

賽競爭激烈，官方又在地上安置一些球洞，把高爾夫球放在球洞上端。「如果你的拖車或曳引機擦到球洞邊，讓高爾夫球掉下去，會被扣很多分。如果你直接壓過去，會被扣更多分。戰況激烈到要你把三公尺長的車子倒進虛構車庫裡，但只給你三公分的空隙。」萊恩說。為了充分準備，萊恩和哥哥每天在田地工作結束後，會在農場設置障礙跑道。他們練習用菸草梗來當做障礙。

身高一百九十公分、話不多但要求嚴格的羅傑，絕對是認真農夫的楷模。農場上的每一天都與工作有關，但萊恩跟著爸爸準備比賽的時光格外特別。「我們有許多美好回憶。」萊恩說。

羅傑確保兒子要有比賽所需的工具，意思是要有強鹿牌曳引機。「我爸抽空在經銷商那兒租了一台曳引機。他抽空幫助我追求目標。聽起來很傻，但這其實跟一般父母帶孩子去樂團演奏會、競賽或選拔賽沒什麼不同。」

但羅傑知道，這項比賽不只是小孩隨便玩玩的。為比賽做好準備是在教導孩子耐性、熟練，以及駕駛農場機械時所需要的謹慎態度。

每次萊恩參賽，羅傑都在場，而當萊恩輸了，羅傑會毫不留情提出批評。萊恩從來不喜歡這樣，但他可以了解。他比較喜歡媽媽更體貼的回應與具體而詳細的說明。

萊恩終於贏得了比賽。「那花了我好幾年的時間。」他說。

他第一次贏得比賽是在一九九七年，那年他十四歲。四年後，他又贏了。在兩度贏得州賽後，他繼續贏得在普渡大學舉辦的全國曳引機比賽。「我哥從來沒贏過曳引機比賽。直到今天，我還把這件事掛在嘴上。那不僅象徵著我有權利自誇，也意味著我繼承了我爸的衣缽。」

做孩子渴望效法的榜樣

大師級父母在教養方程式的第六種角色「榜樣」裡，成為孩子渴望擁有特質的典範。羅傑示範自立、堅韌與智慧的人格，萊恩在數度競選公職時也反映出這些特質。以斯帖示範無懼的特質，她三個女兒逐步走在科技與醫療專業頂尖的路上時，也將無懼的特質展露無遺。桑谷爸爸受到德蕾莎修女親自指導，示範為社會正義而從事心靈扎根的工作，桑谷也以自己的方式，透過企業與慈善事業接棒。

有趣的是，家族中的榜樣會以意想不到的形式出現。正如我們將會看到的，最具特殊意義的範本不一定是父母，有時候是兄弟姊妹、祖父母、從未謀面的舅舅，甚至是長眠已久的祖先。有時候讓成功者最受激勵的，是代代相傳的家族特性，像是精通農場經營技巧、承襲度過艱難時期的復原力，或是投身為社會正義而奮鬥這種特質。

儘管如此，所有榜樣中最具影響力的，多半還是母親、父親，或父母二人。

被稱作「社會學習理論（social learning theory）」的大量研究顯示，我們學到的事物，多半是來自觀察：觀看與聆聽他人的言行舉止，然後模仿他們——這是孩子第一次與父母建立關係的機會。社會學習給孩子一個基礎，從中形成有關個人潛能與決定的種種假設。大師級父母或許有目的或無意中，示範給孩子仿效他們為人處事的方式。比如爸爸非常熱愛棒球，於是當起週末戰士或教練，看見他示範的情感投入與努力工作，可能引導兒女成為高中校園裡的出眾球員。

憤世嫉俗者可能會說：「那有什麼了不起？很多老爸都會帶孩子去棒球場練習啊！」而每個農家子弟也都要學開曳引機。但如同書中其他大師級父母，羅傑的不同之處在於，他以最高標準示範給兒子看。萊恩從爸爸日復一日的活動，和他談論自身參與競爭的故事經歷中看見，那樣的專心致志，不僅能贏得該州曳引機賽冠軍，也能成為一流農夫。

羅傑有一股渴望，要傳承家族固有的勤儉美德。他示範成為一名傑出農夫需要具備什麼條件，從管理家族企業的裡裡外外、掌管農場事業的經濟，到展現如何操控大輪式機械。在洽談業務時，萊恩注意到其他農夫多麼讚賞父親的智慧，他也想像自己有朝一日可以取代父親的地位。現在，萊恩的影響力已進一步超越爸爸，或者說，超越了他當年能夠想像的程度。

農場上的萊恩，可能被當做棒球場上的洋基隊隊長、「紐約之子」德瑞克．基特（Derek Jeter）：兩個年輕人在成長過程中，都花許多時間與父親共處，發展父親示範的技巧，成為同儕之間的佼佼者。

就像羅傑一樣，前知名洋基球星德瑞克的父親查爾斯．基特（Charles Jeter），對他向兒子分享的興趣滿懷熱忱。查爾斯當年在費斯克大學時期也是游擊手，在德瑞克大約八歲時，查爾斯給他看自己的剪貼簿。查爾斯告訴德瑞克，只要努力，他也可以製作一本自己的棒球生涯剪貼簿。

後來也成為游擊手的德瑞克曾公開表示：「我想要像我爸一樣。」

雖然查爾斯的工作是擔任藥物濫用顧問，但他也是少年棒球聯盟的家長，指導德瑞克和德瑞克的妹妹打棒球。他扮演一個建立基礎的角色，塑造德瑞克成為一個運動與學業成績都表現優異的文武雙才。

查爾斯從不逼德瑞克打棒球，但他從德瑞克很小的時候，就發現兒子對棒球有熱忱，而且還有一些天分。從那時候開始，查爾斯致力於幫助德瑞克成功實現棒球夢，那是他有能力達成的。加上德瑞克對棒球的投入，當他們一起練傳接球時會全神貫注，查爾斯也同時示範他希望德瑞克擁有的其他特質。

德瑞克曾說過，他所學到的特質，如良好的運動精神、善良、紀律，以及球場內外的公平，都是透過觀察父親而來。他不僅指導棒球，也是一名偉大的爸爸。

當孩子尊敬一位家長，就如大師級父母的孩子那樣，他們對未來自我的展望，多半反映出他們在那位家長身上最欣賞的部分。最後，在孩子身上反映出的家長形象，來自於孩子觀察家長在無數時刻做的選擇，與家長在深思熟慮時分享的想法，或當孩子尋求意見時所提出的回應。孩子渴望達成父母對他們的期望，並不是因為父母要求，而是透過孩子對父母的欣賞。

身為榜樣的大師級父母傳遞他們的特質給下一代，是透過影響而非強迫，就像萊恩和德瑞克的父親栽培他們所做的。

身教而非言教

弗洛伊德．馬爾維斯（Floyd Malveaux）是前霍華德大學醫學院院長，也是CNN記者蘇珊與法律教授蘇賽特的父親，一九六六年十二月，雙胞胎女兒出生時，他正在密西根州立大學攻讀微生物學博士學位。當時妻子米爾娜擔當女兒們的主要照顧者與學習夥伴，弗洛伊德教孩子的則是勤勉與投入的榜樣，這是他傳承給四個孩子的特質。

他傳承的方式是親自示範這些特質。蘇賽特和蘇珊從很小的時候，就看著他在醫學界崛起。無論是穿著西裝出門，或是坐著研究、埋首書中、穿著實驗服工作，弗洛伊德是投入的典範，是真正專業而勤奮的工作者。

當年因為弗洛伊德要進華盛頓特區霍華德大學醫學院就讀，全家搬離了密西根，雖然這對雙胞胎還很小，卻觀察到這對他們家來說是多麼困難的改變。她們也了解，如果父親要當醫生，這項改變是必要的。後來為了她們的教育，他們家又做出必要的改變，當時弗洛伊德辭掉醫學院的職務，開辦私人診所以創造收入，支付女兒們即將到來的大學學費。

「他們必須了解，為了接受教育，必須做一些犧牲。」弗洛伊德說。

女兒們都看見爸爸投入服務，不僅透過他的職業與生活方式，也透過他與其他到家裡拜訪的黑人醫生之間的對話，還有他們每年一次的返鄉之旅。

在孩子們的成長過程中，幾乎每年，全家都會不辭長途車程，去探訪路易斯安那州的家族成員。弗洛伊德想確保孩子們能夠體驗那些人民、土地與故事，是它們賦予他如此強烈的責任感，去協助推動為種族平等而奮鬥。

弗洛伊德解釋：「我想要孩子認識他們的家族、認識他們的親戚，因為我們在這裡（華盛頓特區）其實沒有任何親戚。我想要孩子認識他們的文化，想要他們體驗妻子和我是在多麼不同的情境下成長。我想要他們明白，我們正在做的，當然不只是過自己想要的生活，而是要以某種方式去幫助仍在路易斯安那州的人們改善生活，並且為路易斯安那州與南方普遍發生的許多事而奮鬥。」

弗洛伊德在追尋自己的專業夢想時，始終意識到孩子們在看著，這使得他更加努力工作。當他離開霍華德醫學院，開辦私人診所，也把孩子們帶來一起參與。所有的孩子都來診所幫忙：女生當接待員，男生成為清潔人員的一份子。孩子們看見他在那裡做的，從發想一個點子且堅持完成，到領導一個團隊，並贏得員工的尊敬，這一切都在引導他們有一天也能做這樣的事。弗洛伊德傳遞給孩子們的是「如何立定目標，然後達成」。

孩子們學習如何做事，最好是透過看見他人實作。扮演哲學家的父母，會傳達什麼是好的、值得做的事，給孩子選擇人生特定目標的正當理由，但很少提供（如果有的話）如何實際達成的相關指導。即使是最好的說明，也難以取代良好的示範。想像羅傑試圖向萊恩解釋，如何在四健會競賽中避免壓到那些高爾夫球，對比羅傑直接坐上曳引機實際操作給他看，一切不言而喻。

來自前人的榜樣

當我們想到榜樣，雖然往往會把焦點放在孩子此時此地看到的，但祖先的故事也會帶來類似的影響。我們採訪的高成就者通常熟知他們的家族史細節，而不只一個個案回溯好幾代，尋求鼓舞人心的榜樣。

外交官大衛在成長過程中繼承爸爸的姓彼得斯（Peters），但他受到媽媽的馬丁尼茲（Martinez）家族更多影響。「我的成長過程都是從媽媽那邊的親戚聽到家族故事，特別是我阿姨，會告訴我們關於馬丁尼茲家族與新墨西哥的歷史，以及我們的祖先是如何在一五九〇年代從西班牙南方移民而來。還有我們在我生長的新墨西哥北方，如何擁有長久持續不斷的影響力，而如今整個家族的演變如何不勝唏噓——家族四姊妹之中只有兩個有小孩，沒有人會去繼承她們的家族姓氏。」

當大衛念中學時，他有了一個想法。「我說我想從母姓，這樣我們兩兄弟當中就有一個人可以繼承馬丁尼茲的家族姓氏，而另外一個人，就是我弟弟，會繼承彼得斯的家族姓氏。爸爸用他一貫的支持態度說：『聽起來你對這件事已經深思熟慮了，如果這是你想要做的，那就去做吧。』」

大衛那時候才七年級。

他也深受外婆激勵，外婆在他出生前已過世。「媽媽是我服務性格的原型，而她會第一個告訴你，她自己的母親、我外婆，是她學習的原型。」大衛說。

儘管大衛的外婆不在了，仍透過她的女兒示範家族的特質。成長過程中，大衛看著媽媽供應食物給來到教會、無家可歸的人，親見她參選並贏得政治活動，成為一名法官，也看見她付出努力，讓他和弟弟丹尼爾在青少年時期能有機會服務貧民。觀察媽媽扮演這些角色，如同看見外婆正在做這些事，做著她在同樣情境中也會做的事。彷彿母親接下棒子，在接力賽中，正持續外婆未竟的使命。

每個跟大衛談到他外婆的人，「他們眼裡含淚，然後不斷告訴我，為什麼外婆是他們所認識最了不起的人。」他說：「外婆從沒受過任何教育，她是在高中學生餐廳負責供應午餐的員工，她幫人熨衣服及打掃房子賺取額外的金錢。」

但外婆有這樣的習慣：每當知道哪個鄰居正經歷離婚，或小孩出現什麼問題，無論是什麼事，她都會烤些餡餅，帶到那個人的家裡，只要他們還需要談話，就一直待在他們身邊。她把食物和關心，看做回饋人群與關心社區的方式。

對大衛來說，母親和外婆幾乎擁有同樣的靈魂。

「我媽對服務社會的觀點總是與我產生共鳴。」大衛說：「那確實是我仰望的典範。你知道，像我外婆那樣的人，如果有機會，本來也可以為更多人做更多的事。」他說：「如果生活不是消耗在養育子女、面對種種艱難與疑慮、經濟匱乏，或以非母語的英語辛苦過活，想想看，生活可以變成什麼樣子。」

他的媽媽會說：「大衛，我們已經努力給你這些機會，別浪費掉了。」

大衛沒有把媽媽的話當成強迫的命令，他知道媽媽要說的是：「想想那些人。」就像外婆說：「我們幫你鋪路，讓你能有現在的成就。如果我們做的事情是有價值的，那麼你要做什麼去回報他人？」

大衛說：「媽媽從沒讓我忘記，除非在我們生命盡頭，那些認識我們的人說，我們曾為同伴做對了什麼，做得不對時也會彌補過失，否則世上任何成功都是一場空。」

薩拉・瑞奇林（Sarah Richin）是二〇〇九年哈佛專案的另一名參與者，也深受祖父的激勵。事實上，她說有好幾代親戚都深受祖父經常說的故事所影響。

薩拉的祖父是家中九個孩子之一，由貧困的猶太單親媽媽扶養長大，靠著賣鞋打零工，半工半讀念到醫學院。家裡每個兄弟姊妹只要有自己的工作，就會幫忙湊錢讓祖父繼續學業，成為醫生。但在獲得醫學院的入學許可前，薩拉的祖父面對的是不確定的未來。他這樣缺乏經濟來源和有力人脈的年輕猶太人，如何掙脫貧窮向上爬？這是一個關於機遇與勇氣的故事。

一天晚上，薩拉的祖父在一位陌生人的家裡用餐，而那位陌生人恰巧是一名成功的醫生。雖然對他來說，這其實是一個免費用餐的機會，但他也知道，若能獲得這位醫生的推薦，將助他一臂之力，因為獲得推薦是他進大學唯一需要的條件。在離席前，他大膽詢問那位才剛認識的醫生，是否能幫忙寫大學入學推薦函。

「醫生說：『你看起來是優秀的年輕人，而且非常積極進取，可惜的是，我對你的了解不夠。』我爺爺說：『我完全理解，絕對沒問題。』」

他起身離開，緩緩走向大門。但當他把手放在門把上時，醫生站起來說道：「等等！

我來簽推薦函吧。」

薩拉的家族人才濟濟，她堅信，是祖父勤奮與勇氣的故事，激勵整個家族邁向成功。表面上，這個故事只是關於一個影響生命歷程的關鍵時刻。「但我認為，這讓我學到並謹記在心，爺爺（對陌生人）的感恩，以及他思考與觀察大局的能力。」薩拉說。

一個人的行動，無論是滿腔抱負的年輕人決定冒險一試，或一位醫生的仁慈舉動，就能產生這麼大的影響，深深觸動薩拉和家人們的內心。這個故事成為薩拉的榜樣，也成為整個大家族其他高成就者的榜樣——請陌生人幫忙的這件小事，就像打開水閘及一連串的機會，成就跨越家族世代的豐功偉業。

尊重自己與生俱來的權利

薩拉的祖父成為經濟富足的成功醫生，而其他跨世代的榜樣，像大衛的外婆，雖然從來沒有機會發揮個人潛力，但他們的奮鬥故事依舊激勵人心。

一名哈佛專案受訪者談到祖母只會說中文，不會英文，也從來沒學過認字和閱讀。但她從饑荒與戰爭中活了下來，並建立成功的零售業。而她的職業道德與毅力、真實的求生故事、創辦成功的企業，以及鼓勵子孫努力用功，對他的支持與激勵超越他大學畢業的父母的故事。

另一名成功者受到從未謀面的舅舅啟發，舅舅很年輕就當上《財星》全世界五百大公司的執行長。這個年輕人經常聽到媽媽談論舅舅的事，刻意要他效法舅舅，遵循類似的軌道。他最近也以不到三十歲的年紀，成為大型公司執行長。

最特別的是，成功者往往竟是在餐桌上聽到家族成員的偉大成就。

布瑞的父母在許多晚餐時間討論時事與歷史，還有社區和他們自己的事。紐瑟姆夫婦並未因布瑞年紀還小就停止進行用餐時間的討論。「布瑞一出生，就適應得很好。」琳恩說。他們會把布瑞的嬰兒椅停放在餐桌前，讓她參與對話。

吉娜和布瑞的整個童年都擁有這些晚餐時間的對話。

「她們聽我們談論祖先、讚美親戚做為榜樣。這一切都在傳達我們看重的生命價值與世界觀。」克拉倫斯說。布瑞爬上旗杆，呼應了祖先當年在南卡羅萊納州的民權運動。

紐瑟姆夫妻不只用說的，還會示範他們想要孩子效法的行動。

兩位家長都參與一家食物銀行「伸出援手」的活動。「我們會討論我們正在做哪些事幫助他人，讓其他孩子也能擁有布瑞和吉娜具備的優勢與經歷。」她說。

女兒們看見琳恩為來自資源匱乏社區的孩童開設課後班，以及克拉倫斯成為社區的領袖、發言人和牧師，後來成為霍華德大學神學院院長。

「我們希望女兒成為好人，我們不想要塑造神童。」琳恩說。對她來說，好人的意思是很善良、關心他人的人，就像她的家庭成員，熱愛歷史，以種族認同為榮。琳恩的媽媽在歷史著名的強森‧史密斯（Johnson C. Smith）黑人大學註冊辦公室工作。琳恩小時候會在學校圖書館研究歷史好幾個小時。她還有一個最喜歡的阿姨，經常談論家族史與祖先流傳下來的知識。琳恩和克拉倫斯希望最重要的是孩子能為他人挺身而出，協助族人提升地位。

擁有如此奮鬥求生的祖先，從中國的饑荒到美國的奴隸制度，從布魯克林猶太貧民區的窮困到新墨西哥西語區，這些成功者都意識到，如果他們不成功，就是不尊重與生俱來的權利，他們有義務延續他們的家族旅程。

建立在光榮的傳統之上，與延續成功的家族企業非常相似。家族企業不僅要讓企業主的家族能夠生存，也要讓企業服務的社區能夠生存。當價值觀與技能隨著家族遺產一代代傳承下去，每個新世代都要示範如何跟隨前人腳步，從祖先撒下的種子收成，再撒下種子培育後代。

追溯家族思維模式

每個家族都面臨挑戰與克服挑戰的工作，特別是當挑戰威脅到家族生存時，會成為影響數代及數十年的家族課題。一個家族的跨世代課題或許是累積足夠的存款，保護他們的土地免於乾旱；另一個家族的跨世代課題或許是累積足夠的教育資源，避免經濟剝削，或累積足夠的勢力影響獲選政治人物，提供財務與物質利益。

跨世代的課題，形成家族間共有的思維模式——專心致力於讓每一代都發展技能與態度，然後示範給孩子看，幫助他們有能力生存下去。

夸爾斯家族傳承農業的自立文化，是過去幾代為了基本生存而仰賴的生活方式。從萊恩有記憶以來，他的家族就遵循著這些原則生活：「你必須努力獲得你想要的生活。」「人生是不公平的。」「鄰居擁有什麼不重要……你手上有什麼牌，就打什麼牌。」而那正是他們所做的。

萊恩最早的學前記憶就是工作。「你可以想到的每項活動都跟農場工作有關，都是體力勞動。我們在戶外農場忙於各種莊稼，把乾草紮成大捆。全體總動員。」有時農作物歉收，可能意味著過不了聖誕節。萊恩還不到五歲，就跟在爸爸、已過世的媽媽邦妮及哥哥克林特身邊撒種與餵養農場動物。

六歲起，萊恩在農場工作一小時賺得一美元。暑假期間，工作不變，日復一日，每週七天。開學期間，他一回家就工作，有時工作到日落。羅傑有一本記錄工時的日誌。他一年檢查一次，統計每個兒子的工時，減去扣除額——像是如果他們打破或弄壞什麼東西，他就會扣除重置成本。然後每個兒子會拿到一張支票。跟父親一樣，萊恩也保留自己的紀錄，如果數字有出入，他們會對帳。

萊恩和哥哥克林特滿十八歲時，父母告訴他們，接下來他們要靠自己了。「我們被中斷供應金錢。有幾次，我們向爸媽貸款，然後連本帶利還給他們。」

羅傑不幫忙支付孩子的大學費用，看來或許嚴苛，但財務訓練是他不斷教導的課程。多年來，萊恩觀察父親處理金錢，注意到父親是如何謹慎儲蓄以支付下次銀行貸款頭款，或付清機械的款項。

美國農村有個傳統，家族會把農地一代代傳下去。儘管夸爾斯家族已在當地生活與工作了兩百年，萊恩的父母卻因家族誤會而沒有分到土地。那表示他們夫妻倆必須白手起家。他們只有技能、工作與儲蓄的意願，以及傳承數代的自立習慣。漸漸從無到有，他們建立了經濟基礎和讓羅傑逐步變得更昌盛與獨立的生計，以及運用時間從事多元化領導與服務的經營方式。

小萊恩以他自己的方式，像爸爸一樣節儉自律。他以畢業生致詞代表及班長的身分自高中畢業，更從農場工作中存下兩萬美元，這些年來，只偶爾幫自己買張CD。

然而，他的酬勞並不足以支付大學費用。沒有來自家裡的援助，萊恩必須尋找獎學金來源以增補他的積蓄。「我帶了一台古老的打字機回家，高三那年，有三個月的時間，我每天都在打字。」他最後填寫了七十五張獎學金申請書，發展他所謂的「一套零星拼湊完成的獎學金計畫」。

萊恩獲得的最大筆獎學金，是來自聖路易斯聲望頗高的華盛頓大學。萊恩在溫室裡跟父母分享這則消息。「（爸爸）口中說出的第一句話是：『嗯，那你要怎麼支付其餘的費用？』爸爸沒說『恭喜』而是『你得努力工作』。他基本上總是在傳達，如果你想要某樣東西，就必須自己努力。」萊恩後來進了肯塔基大學，他的父母和哥哥也都念那所學校，學費比他申請的很多大學都來得低。「在拼拼湊湊各種不同的獎學金後，我最後拿到了全額獎學金……為了省錢，我還在家裡住了兩年。」當然，他在農場工作存下來的兩萬美元也幫他擺脫困難。

萊恩在農場上學到的節儉，是代代相傳下來，由父親示範，形成一種近乎超人標準的自律原則，更是萊恩後來成為優秀的學生、政治候選人與民選官員等角色的基礎。

變幻莫測的氣候挑戰萊恩的肯塔基州農夫祖先。而路易斯安那州的種族階層制度，與一九四〇年代貧困的黑人文化，形成馬爾維斯家族的思維模式。弗洛伊德從路易斯安那州的小鎮，一路來到霍華德大學醫學院的院長職，以及開立醫療診所，他將這旅程歸功於馬爾維斯家族父母兩邊貫穿四代引以為豪的雄心壯志，一種「立大志」的思維模式，以及拒絕接受南方白人將美國黑人視為次等的看法。弗洛伊德抱持的觀點反倒是，沒有人應該容許他人踐踏自己的夢想。

「我一直對教育很感興趣。」弗洛伊德說：「追溯到更久以前，媽媽是激勵我的動力，她是家中六個孩子之一，她住在路易斯安那州農村，那裡多數的孩子沒念高中，他們都在戶外的農場工作。」

在那個年代，對女兒的期望是生來照顧弟弟妹妹，而不是進高中就讀，但弗洛伊德的媽媽徵求教區一位牧師協助改變外公的心意。「她為此奮鬥，念完高中，成為老師，又在週末及晚間念大學，取得學士學位。」

在弗洛伊德的成長過程中，黑人在南方農村一向被視為農場工人，並沒有什麼特殊的教育需求。

一八九六年，在普萊西控訴弗格森案＊中裁決，隔離規定並非本質上的不平等，而是種族之間的社會關係，受到五十年前的黑人歧視法所奉為圭臬的「隔離但平等」原則嚴格規定。

雖然弗洛伊德在路易斯安那州奧珀盧薩斯小鎮的這種環境下被養育長大，就像媽媽當年一樣，十二歲的弗洛伊德已開始為自己的教育做打算了。「媽媽透過榜樣來鼓勵我。她滿懷雄心壯志，她想做很多事，而我看見了。我想妻子和我或許只是透過成為榜樣，傳遞那些美好特質給我們的孩子。」

像媽媽一樣，小弗洛伊德年紀很小就為自己的未來做了成熟的決定。十三歲，他進了神學院。「我在十二歲左右考慮當牧師。」他想知道自己是否有從神而來的感召。「我也意識到，路易斯安那州小鎮的教育體系是種族隔離的體系，並不是很好。顯然我無法選擇要上什麼學校。即使在那個年紀，我意識到，如果想要獲得良好教育，就不能繼續留在這裡盼望什麼。所以，基於兩方面的考量，我在那時就決定去上神學院。一方面，我確實想知道自己是否獲得神的感召，另一方面，我也想要獲得更好的教育。當時的我認為神學院確實是實現這兩方面要素的解決方案。」

結果他並沒有受到神的感召。在神學院就讀三年之後，「我回到社區，在那裡求學。

即使我的所學與我投入大學教學、成為醫師，這些都與服務有關，但其實我是在增進自己的能力。」

爸爸示範以勇氣設定學習與服務的高標準，孩子也做同樣的事。

甩開負面榜樣，改寫家族故事

並不是所有大師級父母都繼承了他們想要延續的家族故事，有時候他們目標明確想要改寫家族故事。

查克的外祖父母認為，孩子在大人面前沒有說話的份，但伊蓮培育出來的兒子還是青少年時，就在廣大群眾面前演講。以斯帖成長於正統的猶太社區，因為身為女生而被漠

＊編注：普萊西訴弗格森案（Plessy v. Ferguson），簡稱「普萊西案」，是美國歷史上一個標誌性案件，這個判決維護了種族隔離的合法性，使得美國南部各州在公共場合實施的「隔離但平等」的種族隔離法，延續了半個多世紀。

視，她卻培育出三位世界最具權勢的女性改革者。

像伊蓮、以斯帖與傑瑞爾的母親伊莉莎白（成長於寄養家庭、自高中輟學）這樣的父母，以他們自己的方式，積極主動在家族故事中創造新的篇章，以培育成功人物，以及有一天能像薩拉的祖父那樣，成為後代夢想的典範。而他們的做法，是透過示範截然不同於自己成長背景的行為。

以斯帖的女兒以無懼著稱，她們在史丹佛大學校園附近長大，父母親自示範「製造話題」的方法。史丹利挑戰未知的宇宙起源，而擔任高中新聞學老師的以斯帖，則運用她所謂「人生兩大重要問題：『為什麼？』與『為什麼不？』」來挑戰公共政策。（她說：「訣竅是知道要問哪個問題。」）

女兒很習慣看到以斯帖推著嬰兒車挨家挨戶拜訪鄰居，抗議這件事或那件事。「他們就在我家附近蓋了個住宅區，那個住宅區人口太稠密了，很不恰當，我也不喜歡。我必須說服社區所有居民，我必須跟大學校方抗爭，跟市政府抗爭，跟聯邦住宅管理局抗爭，跟這些不同層級抗爭，而我贏了。」

女兒們目睹一切。「她們覺得很好玩。」她說。

她的言行舉止與接受挑戰，女兒們都看見了，透過這種方式，以斯帖灌輸女兒們責任感，教導慎重承擔風險的價值，展現父母有力量改變自己與他人的環境。對以斯帖來說，教導孩子獨立是很實際的。比如她想要女兒們學游泳，這樣她們就可以不需要她的監督自行玩耍。如果她們會認字，若是迷路了，就能遵循路標回家。會數數，就沒有人可以騙走她們的錢。但還有一個方式，可以讓女兒們學習以不同方式跟世界互動，而不是以父母試圖教導她們的那種方式。

全家因史丹利的工作要遷往歐洲時，以斯帖為三個不到五歲的女兒忙得不可開交。「那裡沒有電話、沒有電，我們住在一望無際的農場中央。我的頭號鄰居是牛，朝窗外就看得到。」

以斯帖展現管理的魄力。她說：「我必須讓女兒們更獨立，她們到處跑，我根本不知道她們在哪裡。」

她的答案是承擔風險的最佳榜樣。她教導當時三歲及五歲的學步兒，騎乘沒有輔助輪的腳踏車。「我教他們不要擋住牛的去路，現在你不會看到那個年紀的小孩自己騎沒有輔助輪的腳踏車。一旦用了輔助輪，就會變成習慣。但如果教她們騎乘沒有輔助輪的腳踏車，她們馬上就能學會。你只要抓住孩子跟著跑就可以了。」

消極可能自我：示範什麼不該做

負面榜樣可能跟正面榜樣同樣重要，因為負面榜樣提供了不要這麼做的充分理由，更指引不該做哪些事。社會心理學家歐瑟曼將此稱為「消極可能自我」。這種自我是你不想成為的那個人：酗酒的大伯、失業的表哥、賴帳不還的鄰居、唯命是從的配偶。

潘蜜拉由「一群村落的孩子」帶到五歲，意味著她身邊有眾多榜樣，她也模仿他們的許多興趣。

她最喜歡的青少年「叔叔」提歐・富蘭克林（Tio Franklyn）在車行工作，於是她開始迷上三菱日蝕賽車。另一名叔叔提歐・葛戴爾（Tio Gardel）熱愛美式足球。「所以我開始學這些。」四歲時，她宣布自己最喜歡的隊伍是「野馬」。「我看過他們打球嗎？並沒有。但我那時候想：『好吧，我也要來選一支隊伍。』」

她注意到兩個姑姑熱衷閱讀。「所以我會挑一本書，說：『噢，我不認同這點。』我並不知道我在讀什麼，但我知道，我想要模仿那種看起來很酷又很老練的行為。」

她欣賞安妮媽咪，安妮喜歡聽八〇年代的音樂，「以野孩子的方式」既抒情又獨立，雖然她覺得那很酷，但會把它的音量調低一點。潘蜜拉的目標是，有一天能獲得一份工作，然後搬進自己的公寓。「所以我模仿別人的行為。」

就連她的年輕父母也帶來正面榜樣的效果。雖然當她年紀還很小，住在多明尼加時，雙親並不常在她身邊，但她媽媽後來成為一名記者，爸爸是美國職棒球員。「我告訴自己：『哇！我有那種DNA。我也做得到。』」她回想。

儘管正值青春期的「父母們」提供可以讓她仿效的事物，但也有一些她拒絕接受的事物。她在美國、進入青春期前，已經開始意識到哪些路徑可以效法，哪些是她不想遵循的。「我覺得自己並沒有像他們犯那麼多錯，像是非常年輕就懷孕……我像是已經跟著他們每個人的經歷活過一遍。」

當潘蜜拉的祖母雅布莉塔備妥所有文件，準備要帶全家前往美國，五歲的潘蜜拉是第一個加入的。祖母成為潘蜜拉第一個成年監護人，潘蜜拉眼中的祖母非常有權力。她帶全家到新的國度，潘蜜拉想要像她那樣。「我祖母是行動派。她位高權重，是家中不可或缺的一份子。她是太陽，每個人都繞著她轉。所以，任何命令、舉動、行為，都來自於她。她是幕後推手。」

雅布莉塔注意到潘蜜拉與正值青春期的姑姑們在多明尼加共度的那些年，發展出自我獨立的傾向。她希望潘蜜拉保持且加強那股獨立特質，並繼續開發。

她告訴潘蜜拉一個故事，關於一個女生不會煮飯打掃的古老故事。她結了婚，新婚夫婿發現她不會做家事，就把她「退還」給娘家。結果變成了家族恥辱。

「我不想要人家把我退貨。」潘蜜拉說：「在我們的文化裡，當你會洗碗、煮飯、當個好太太、生很多小孩，你會獲得獎勵，被大家視為了不起。我在想，我做不到那些，那不是我。」

祖母告訴潘蜜拉，只要經濟獨立，就不必擔心被退貨。

潘蜜拉於是竭盡所能學習，高中畢業時擔任致詞代表，贏得進常春藤盟校的獎學金，最後有了自己的公寓，那是她獨立的象徵。女孩被退貨的文化模式，展示了消極可能自我，那是潘蜜拉肯定絕對不會套用在自己身上的。

潘蜜拉是最佳範例，說明做為榜樣的大師級父母未必以我們期待的方式呈現。她的祖母或許遵循那套文化規範，卻教導潘蜜拉拒絕接受。潘蜜拉照做了，也體現了祖母的力量。她從許多青少女「媽媽們」身上吸取教訓，包括正面與負面的。而正如書中所有成功者，她運用她從那些榜樣身上蒐集到的非正統教訓，在錯綜複雜的世界裡茁壯成長。

12

談判者
（角色七號）

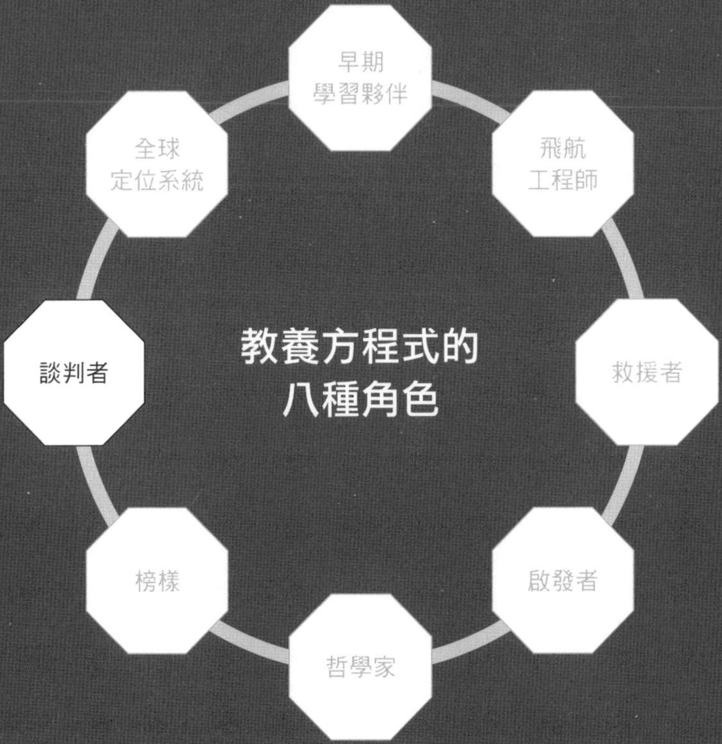

讓孩子學習為自己爭取權益

瑪雅．馬丁（Maya Martin）畢業自達特茅斯學院，並取得哈佛大學甘迺迪學院碩士學位。她七歲時就跟老師正面交鋒，她對那名年輕女老師的教學已失望了好幾週。那天，老師真的太過分了。瑪雅等不及想趕快放學，好告訴媽媽她跟老師的衝突事件，她問媽媽：「你會怎麼做？」

媽媽的反應出乎意料：「我會怎麼做？不，是你會怎麼做！」

「什麼意思？」瑪雅驚訝的問：「我才七歲！」

擔任大學行政主管的媽媽米雪明快的回答：「瑪雅，我不一定能永遠幫你，你必須學習如何為自己爭取權益。」

但媽媽還是協助瑪雅想出執行計畫。

過去一年，瑪雅一直是一年級班上的第一名。她在班上遙遙領先，於是她跳過二年級，新學年一開始就直升三年級。跳級對瑪雅和家人來說是大好消息，因為她四歲就會閱讀，許多一年級教的東西，她在進幼兒園以前就已經學會了。

她終於要接受挑戰了，至少他們當時是這麼想的。

但三年級的老師既年輕又缺乏經驗。「有些小孩喜歡她，因為她其實沒教太多東西。」瑪雅說：「她花很多時間玩遊戲，教我們在課堂上翻筋斗或講笑話。但如果是數學、科學、社會或英文課，上課進度就會嚴重受限，因為她不大能控制課堂秩序。」

瑪雅想脫離一切浪費時間的事物。「如果我想玩，我可以在遊樂場上玩。」她記得當時的想法。

當其他孩子在學習娛樂技巧，瑪雅長時間待在教室後面閱讀。她忍受這種狀況好幾個禮拜了，但在老師教導太多翻筋斗的技巧後，她受夠了。

「你為什麼不加入團體？」老師問。

「因為我比較想看書。」瑪雅回應。

老師繼續催促她去加入遊戲，但瑪雅回答：「當你決定要教科學、數學、閱讀或社會之類的內容時，我會加入。但在這段期間裡，我只要看我的書。」

瑪雅的父母總是教導她，只要是以尊重的態度，質疑大人是沒關係的。她說，她的父母總是「質疑體制」，從不輕易接受現狀。

她相信，只要遵循父母提出的原則，禮貌的表示不同意，老師不會對她怎樣。「我從不大聲嚷嚷。我總是好好講，而且不用負面字眼。我只是表達自己的意見。」

不過，第二天，老師卻把瑪雅從進階閱讀小組降級到比較低階的小組，那個小組只提供輕薄的閱讀小冊子。她心裡想：「這是什麼？連書都稱不上！」就是那天，她向米雪求助。在媽媽指導下，瑪雅自信的長驅直入校長辦公室，然後要求會面。

校長助理看見這個小女孩如此成熟邁開大步，咯咯笑了，但還是為瑪雅預約會面。「那天稍晚，我去跟校長見面，告訴她發生了什麼事，她說她必須親自去看看。」校長認真看待小女孩的投訴，開始觀察課堂狀況。有時校長會接手帶班，示範良好教學，但老師從未改進。有一天，老師忽然離開學校了。

「我真的不知道發生什麼事。」瑪雅說：「我只知道我們下課出去休息，回來時，就有了新的老師。」

學習如何挑戰權威

雖然只有七歲，瑪雅的成長過程已習慣受到大人認真看待。「我問媽媽任何關於種族的事、任何我注意到的不平等，她都會非常誠實告訴我一切。她從不隱瞞任何資訊。她認為對我來說，擁有資訊比沒有資訊更重要。我爸爸是律師，他教導我，如果我可以為某件事提出明智的論點，就可以獲得我想要的。」

瑪雅在父母教養下，熱愛閱讀，大量接觸博物館、圖書館和有趣的人物、新奇的地方。在家裡，書籍就跟廚房用具一樣常見，只不過學校仍是瑪雅期待能沉浸在學習中的地方，超越任何場所。

瑪雅被教養的方式遇上一個表現不佳的老師，導致一場權力鬥爭，但在這場鬥爭中，瑪雅勝出，並學到一生的功課。首先：如果你不滿現狀，但什麼也不說、什麼也不做，就無法改變任何事。然後，當瑪雅向掌權者說實話，她學到第二項功課是：當你挑戰權威，可能要付出沉重的代價，即使你是對的。

第三項功課來自她媽媽：如果你的對手地位比你高，你可能必須越級上報，找到食物鏈的更高等級。最後一課是最重要的，瑪雅學到，她可以成為自己的發言人，這為她後來擔任華盛頓特區教育機構創辦人的事業生涯做好準備。

帶孩子上談判桌

瑪雅的父母是良好的談判者，是教養方程式的第七種角色。他們從瑪雅很小的時候就教育她，如何機智面對握有權力的大人。

談判者的角色具有雙重目的：首先，大師級父母在家中教導孩子與權威人士的特定關係。大師級父母執行原則，尊重孩子的智慧，鼓勵孩子針對原則進行大人般的討論，以改進孩子的推理技巧，帶領他們避開不好的選擇。即使他們設立了界線，仍小心避免成為獨裁者，要鼓勵孩子為自己爭取權益，並提供他們選擇機會。

其次，大師級父母教導孩子如何應用談判技巧面對家庭以外的大人，就如米雪協助瑪雅選擇最佳戰術，持續對抗懷恨在心的老師。基於孩子從面對父母所學到的，如陳述觀點時保持尊重態度的重要性。扮演談判者的父母使孩子做好準備，從他人（特別是擁有權力地位者）那兒成功爭取自己想要的權益。當孩子還小，這可能只是表示，像是向老師提出充分理由，要求容許課堂專題有更多選項。但每一種新狀況都是給予孩子必要的練習，以因應成年後的未來，像是攸關數百萬美元的款項或數千人的性命時。

無論是透過明示或暗示，孩子從扮演談判者的大師級父母身上學到的觀念之一，是來自談判理論所謂「談判協議的最佳替代方案（Best Alternative to a Negotiated Agreement）」，簡稱BATNA。一個人的BATNA是當他們與另一方無法達成共識而談判失敗，可採取的最佳行動方案，也就是「拒絕接受另一方樂意提供的最有利交易時剩下的最佳選項」。

舉例來說，父母希望十三歲的孩子跟他們一起去拜訪叔叔，但孩子不想去。父母也許會對他們說：「如果你去的話，我會給你三十美元。」孩子可能選擇依照父母想要的方式做，收下三十美元，雙方皆大歡喜。但如果叔叔無聊透頂、有夠討厭，孩子也許就決定採取BATNA，在這個例子中，就是口袋空空的留在家裡。

在親子談判的過程中，大師級教養的藝術，是讓孩子仔細考慮所有選項，而不是太快決定要這個或那個。為確保孩子認真思考過留在家裡確實是更好的選擇，父母可以提出，他們在回家的路上會經過購物中心，孩子可用三十美元去買期待已久的牛仔褲。

與孩子機智談判，也在教導他們立場與權益的差異：想要什麼是表達「立場」，而想要那樣東西的潛在原因關乎「權益」。

聰明的大師級父母在上述範例中也許會接著問孩子：「究竟是什麼權益，使你採取『待在家裡沒錢也比拜訪叔叔好』的立場？」孩子也許會回答：「在喬治叔叔家沒有好玩的事可做。」父母因此明白孩子的權益是避免無聊，於是提議：「你可以帶你最喜歡的書去看，或玩你的手機遊戲！」

透過這種來來回回，幫助孩子培養仔細衡量選項的習慣，進一步檢視他們忽略潛在解決方案的可能性。

扮演談判者的父母幫助孩子發展一種成熟度，等到他們處於危急關頭時，也能占優勢。孩子若善於表達、充滿自信，會給潛在盟友留下深刻的正面印象。他們紀律嚴謹，有技巧的退一步考慮問題，並評估狀況。他們也發展出同理設想他人立場的能力，能夠預期他人的希望與下一步行動。而他們運用這些技巧，不僅能為自己，也能代表他人爭取權益。

在界線範圍內與孩子達成協議

高成就者分享了一些有趣而巧妙的例子，是父母獎勵他們為自己爭取權益的經驗。「我向爸爸提出一個論點，因為我沒有玩具可以帶去學校的『展示與討論課』，那會對我造成負面影響。」瑪雅回憶道：「我會變成那種被排斥而沒有說話對象的小孩。後來我們在上學途中去玩具反斗城，爸爸讓我選一樣新玩具。媽媽覺得那很荒唐，但爸爸說我提出了非常好的論點。」

在另一個案例中，蘇珊與蘇賽特想加入男童軍。媽媽尤其認為那不是好主意，因為她覺得在全是男生的團體中，僅有的兩個女生會被「折磨」。但兩個女兒提出很好的論點：加入女童軍的訓練不夠。蘇珊回憶，男童軍會「露營、健行、划獨木舟、游泳，用繩索下降」。父母被說服了。這對雙胞胎變成小先驅：她們加入的男童軍成為當時全國第一個、也是唯一讓女生參加的隊伍。

然而，對談判保持開放態度，並不表示每個願望都會獲准。沒有父母在場監督，馬爾維斯姊妹安排的活動就無法達成協議，因為那可能會導致孩子獲准參加一個可能失控的海邊派對（而如果父母提議在場監督，女兒們無疑會選擇BATNA，就是不去參加派對）。還有一些事就是不容討論，像是看限制級電影，她們的父母絕對說不。

大師級父母給孩子大量練習做選擇的機會，他們清楚知道自己設立的界線。但在這些界線範圍內，他們也樂意協議與讓步，並找到親子雙方滿意的解決方案——只要孩子能提出好的論點。

協議不容違背

不過，談判者父母都會執行一項特殊原則，他們不允許孩子才剛開始做某件事就喊停。一旦孩子開始一項嗜好或興趣，就必須堅持一段時間。大師級父母通常會讓孩子做最初的選擇，引導並鼓勵他們探索與發現自己的喜好。一旦做了選擇，就必須經過一段時間的努力，這是沒有商量餘地的要求。孩子不被容許違背協議。

在麗莎的個案中，她讓女兒每學期挑選一項課外活動，只有在學期結束時才能退出。「我從不希望她對我說：『我再也不想做這個了。』因為一旦她那樣說，而我讓她停下來，她就會認為未來每件事都可以中途放棄。我想降低那種可能性，因此她必須堅持一項活動至少一學期。」

羅伯七歲時，央求爸爸讓他上鋼琴課。

老鮑勃說：「不行，我不確定你準備好了。」

羅伯不斷強調他做好準備了。最後，老鮑勃勉強同意，但有個條件。「你要上滿五年課才可以停下來。」

羅伯熱切同意。「我會照做的，我絕不會感到厭倦。」

上了幾堂課後，鋼琴老師注意到羅伯那個禮拜沒練琴，就告訴他爸爸。「這件事激怒羅伯了。」老鮑勃說。

「對，我沒練琴。」羅伯說：「所以我不想再上任何課了。」

但老鮑勃並沒有要讓兒子破壞他們之間的約定。「還有四年九個月又兩週，你才可以停課。」老鮑勃告訴兒子。

幾年後，老鮑勃的一位音樂家朋友注意到羅伯擅長識譜。她告訴羅伯，他不必像以前練得那麼勤，只要能矇過鋼琴老師那關就夠了。羅伯回想起來，這句話真是為他「注入一股活力」。羅伯不再為練習苦惱，開始享受彈琴，持續上課，還整整上了九年。

老鮑勃為鋼琴課設定的協議，是根據他對孩子充分的了解。他知道小羅伯很快就會想放棄，但他也知道，如果羅伯堅持下去，他會獲得的不僅是音樂技巧，還有寶貴的人生經驗。「我相信，讓他堅持做某件事，是我能給他的最好教誨之一。」

愛因斯坦大約五歲時，媽媽寶拉發現他經常難以專注。身為頗有造詣的鋼琴家，她知道學音樂對於培養紀律與專注力會有幫助，於是聘請家教來教兒子學小提琴。愛因斯坦大發脾氣，把椅子朝小提琴老師身上扔，但寶拉不予理會，她堅定立場，聘請新的家教。愛因斯坦的專注力終獲改善。

有些時候跟孩子談判是恰當的，但也有些時候，父母完全知道怎樣對孩子最好，而必須把他們的意願施加在孩子身上。

處理學前兒惱人的行為

談判者工作中的一部分，也包括選擇最適合孩子的管教模式。大師級父母衡量可以採取的各種行動方案，從中選擇最可能達成期望結果的那一個。如果寶拉是放任的家長，當兒子拒絕練小提琴就讓步，愛因斯坦還會完成劃時代的突破嗎？愛因斯坦自己將相對論稱為「音樂思維」，說那是他憑直覺想到的。他的長子漢斯曾說：「每當他在工作中覺得走到盡頭或陷入困境，他會在音樂中尋找慰藉，那往往會解決他一切困難。」

書中的高成就者在進幼兒園時，很少顯現行為問題，但在進幼兒園前，可能情況就不一樣了。他們當中有些人，特別是布瑞和大衛，相當固執己見。他們的父母必須了解如何在設立界線與不擊垮孩子的意志力之間，取得恰到好處的平衡。

琳恩與克拉倫斯很早就明白，要在布瑞身上塑造他們希望她擁有的特質，需要洞見與耐性。有一次，克拉倫斯注意到兩歲大的布瑞吃太多爆米花。「我告誡她停下來，但她完全不理不睬。我說：『爸爸說你已經吃夠多爆米花了，你必須停下來。』她沒有稍作停頓，又把一顆爆米花塞進嘴裡。」

高大強壯的克拉倫斯站起身來，以略帶威脅的腳步走向她，但他嚇不著小布瑞。這個學步兒也站起來向前衝。

克拉倫斯大吃一驚。「很多孩子會躲起來，但她過來面對我，好像在說：『你要一決高下嗎？』我意識到自己即將面對一項挑戰。」

他把女兒舉起來，但不是要打她屁股叫她聽話。

「我必須贏得她的信任，但我採取的方式，是要讓她尊重我的權威。我正在面對一個膽大勇敢的人。我憑本能決定，用雙臂環抱著她，緊緊抓住，但不要傷到她。」

她必須用力才能掙脫爸爸的手臂，但她掙脫不了。她的堅強意志化為淚水。「我牢牢抱著她在房裡走來走去，說：『現在聽好了，爸爸很愛你，但你要聽爸爸的話。』從那開始建立我們的親密關係。我很早就意識到，若沒有贏得她的尊重，要跟這個孩子建立親密關係並不容易。」

從孩子嬰兒時期開始，大師級父母就成為孩子的學生，學習針對孩子的個性、興趣與傾向，為他們量身打造教養及溝通方式，就像克拉倫斯所做的。他們拒絕接受明目張膽的不當行為，但也避免將那些不符孩子個人傾向的想法或行為，強加在孩子身上。

大衛小時候比布瑞還難應付，雖然你可能料想不到。大衛在二十七歲當上美國外交官，承擔中東及拉丁美洲的高階任務。二〇一五年，他因向國務卿提供出色的情報資源而獲頒國務院高級榮譽獎，並兩度獲頒功勳榮譽獎。身為外交官，大衛是冷靜、口條流利、自省與深思熟慮的談判者，但那是由兩位扮演高超談判者的大師級父母從旁協助，才塑造他成為今天這樣子。

身為馬丁尼茲－彼得斯家中兩個兒子的老大，大衛四歲時就很難管教，正如我們在第六章「飛航工程師」看到的，他在幼兒園裡因「搗蛋」行為而受到挫折。「我們必須把他的精力集中在持續朝正向發展，讓他保持忙碌，學東西或做些具有創造性的事，不要分心或惹麻煩。」他的爸爸李．彼得斯說。

大衛的媽媽露易莎說：「我覺得自己不得其門而入，我一輩子一直想要有小孩。我愛小孩，我跟外甥及外甥女互動從來沒有任何問題，但跟大衛在一起，我真的覺得信心不足。他在許多不同狀況都很難搞，我就是無法理解。」

大衛連在嬰兒時期都很難帶。

「我很難安撫他。」露易莎說：「我現在明白，當時他可能是在反映我的焦慮，身為活力充沛的天才兒童，他或許能感受到我的不安。」

只比大衛小一歲的丹尼爾，就簡直太好帶了，露易莎回憶道：「只要對丹尼爾提高音量，就足以讓他好幾個月絕不再做任何會招致大聲訓斥的事。他不喜歡讓父母煩惱生氣，所以他們兩個人很不一樣。」她說：「對我來說，很難找到方法管教大衛……我會讓他暫停活動，把他帶回房間。他會坐在那邊玩，但並不會改變行為。」

大衛約四歲時，露易莎終於找到解決之道，就是把他單獨放在浴室一會兒，那裡沒事可做，孤單又無聊。他們的浴室裡有門，隔開馬桶、浴缸及水槽。

「我會關上那道門，讓他留在有水槽的那塊空間裡。」他在那裡不會損害任何東西或傷到自己。露易莎說：「我在那裡放了小板凳，他必須坐在那裡，跟大人隔離，也不能說話。用這種方式處罰，我終於成功了。」

大衛最強烈的渴望是參與，參與學習和遊戲，參與他人的活動。如果隔離是他的BATNA，那麼大衛的首選替代方案就是做父母要他做的事。

扮演談判者的大師級父母必須在「執行堅定不移的界線」與「提供孩子空間發展調整個人行為所需的判斷力」之間取得平衡。回顧鮑姆林德提出的權威式教養概念：擁有最令人滿意的學業及行為成果的教養風格，是父母表達充滿關愛的回應，同時也設定前後一致的界線。

身為談判者，大衛的父母能駕馭兒子的充沛精力，有時跟他協議，有時為他做決定，促使他持續朝正向發展。

大師級父母和虎爸虎媽

談判者這角色，最能凸顯教養方程式與近年被吹捧為塑造成功孩子（且經常引起辯論）的其他教養模式（像「虎爸虎媽」）的鮮明對比。虎爸虎媽採取高度獨裁的觀點，認為幾乎在每個面向上，都應掌控孩子。如果孩子想做的事不符合虎爸虎媽認定最好的事，會即刻就被否決。相較之下，大師級父母尊重孩子的觀點，傾聽孩子，讓他們在做最後決定之前，提出他們想要這麼做的理由。大師級父母也考量到孩子是獨立個體，而不會把以不變應萬變的通用成功觀念或特定的成功途徑，強加在孩子身上。

虎爸虎媽與大師級父母都熱切關注孩子童年早期與學齡前的學習，主動支持孩子的教育。兩者都會與家庭以外的其他人協商以維護孩子權益，兩者也都重視高成就。然而，虎爸虎媽讓孩子自行決定的自由明顯較少，特別是在孩子如何支配自己的時間這件事上。

虎爸虎媽要求嚴格，他們禁止多數美國人視為正常的活動。在《虎媽的戰歌》一書中，作者蔡美兒寫道：「這些是我女兒絕對不被容許做的事。」接著列出項目：到朋友家過夜、玩耍聚會、抱怨無法參加學校戲劇表演等，還有很多其他事。

對大師級父母的孩子來說，到朋友家過夜及玩耍聚會，還有看電視和打電玩都可以，只需要先把功課做完。沒有規定練什麼樂器或參加哪種課外活動，也沒有規定成績或班級排名。對大師級父母來說，重要的是孩子發展並追求自己的理想，成為自己想要成為的人。孩子可能必須跟父母協商如何及何時追求自己的理想，但理想本身是他們自己的，而父母對他們的支持，從來不需要懷疑。

換言之，虎爸虎媽與大師級父母的差異，不僅在於父母是否讓孩子有時間，透過到朋友家過夜及玩耍聚會，與同儕社會化，或允許孩子追求非學業的愛好，如戲劇、打鼓或電玩，而是決定孩子的興趣與設定表現標準，處於主導地位的是誰？

瑪姬的家在長島北岸的一個小鎮，離曼哈頓不到兩小時車程，是一個音樂家庭。媽媽拉小提琴及中提琴，爸爸是低音提琴家，並在他們夫妻擁有與經營的小提琴學校擔任音樂老師。瑪姬的四個兄弟姊妹（一個比她大，三個比她小）都彈奏弦樂器。

這也是一個強調紀律與例行工作的家庭。「清晨五點十五分左右，我媽會第一個起床。她會帶狗出去散步，然後回來淋浴。她會叫我們每個人起床，然後我們會依照順序進去淋浴。我哥動作快，所以他排第一，而我排最後，因為我頭髮長，要洗比較久。然後我們會穿好衣服，跌跌撞撞下樓，在廚房跟媽媽說話，很快吃完早餐。」

到了早上六點，四個孩子已經開始晨練。

虎爸虎媽 vs. 大師級父母

虎媽蔡美兒禁止的事：	大師級父母允許的事：
• 沒有在所有科目（除體育及戲劇外）拿到第一名	• 鼓勵高成就者競爭，特別是跟他們自己過去的表現競爭，但只要竭盡所能，不一定要拿第一名
• 選擇自己的課外活動	• 鼓勵孩子從事自己選擇的熱衷項目
• 看電視及打電動	• 雖然大師級父母會限制孩子看電視，但不會完全禁止；做完功課看電視是可以的
• 拿到任何低於 A 的成績	• 幾乎所有高成就者在學生時期都曾全科拿 A，但他們的大師級父母可以接受不盡完美的成績，只要他們相信孩子已盡力而為

「我們會練習音階和一些基本的練習，就像運動員做伸展操一樣。我們都在房間裡練琴。我們住的房子非常狹小、古老，但每個人有各自的角落。我們在房間裡，而我媽無論是在樓下的電腦房、餐桌旁或廚房裡，都無所謂，她聽得見我們每個人的聲音。所以每當聲音一停下來，她就會大喊：『我聽不見你的聲音！』」

瑪姬每天上學前練琴，一直到畢業。「我媽會說類似這樣的話：『每次你一彈錯，你就必須解除錯誤的肌肉記憶，然後重新訓練正確的。所以每做錯一次，你就必須做對十次。』我記得自己把零錢放在譜架上。我把十個硬幣放在這邊，我的練習每做對一次，我就把一個硬幣移到另外一邊。如果又有缺失或不正確，就再把一個硬幣放回原處，然後必須再做對一次，這時候還不可以移動硬幣，需要再做對一次，這樣才能把一個硬幣移到另外一邊。」

這些例行工作聽起來或許就跟虎爸虎媽要求的一樣嚴格，但實際上並非如此。瑪姬和兄弟姊妹是有所選擇的。

有一段時間，兄弟姊妹們想要在例行工作上做一些改變。「我記得高中時期整天都很疲累，我想晚點起床。我媽提出選擇方案：『好，你想睡覺，那放學回家以後，你可以在下午三點先練小提琴，看看感覺如何，但你要知道工作量沒有改變，只是移到一天當中的不同時段。』」

於是他們就把練習時間調到放學後，「但我們討厭那樣。」瑪姬說。他們發現媽媽是對的。一早就把事情做完，感覺好多了。

這種選擇權利，不僅限於何時練習樂器，也延伸到是否要繼續練習這件事。瑪姬說，父母會讓每一個孩子乾脆的停練樂器，如果那是他們想要的。這不同於毫無商量餘地的下達命令，並把決定強加在孩子身上。瑪姬的哥哥長大後確實停練了一陣子，不過在咖啡店工作了幾年後，最終還是回到音樂領域，取得碩士學位。

瑪姬父母塑造的成果，通常與虎爸虎媽尋求的成果一樣，但任何深入觀察瑪姬家的人會看見，這個家既不獨裁，也不是製造神童的工廠。相反，這個家充滿的自由就跟例行工作一樣多，有書、有對話、看電視，還有活力四射的音樂愛好。晚餐時間討論熱烈，而閱讀是大家共同喜愛的嗜好。

「在我們家餐廳，動輒有兩、三百本書。」瑪姬說：「有些是很棒的文學作品，有些不是，但也是很棒的、不同類型的叢書。我不會強調父母正在讀美國小說家麥爾維爾（Melville）或福克納（Faulkner）的作品，但他們就是在閱讀。父母總是在睡前閱讀，總是帶我們去圖書館。我媽說：『你可以從圖書館盡可能帶許多書回來。』我是囤書癖，所以我的書都會跟我一起放在我床上。我枕頭底下常常擺著十多本書，我就是很愛囤積書籍，而我記得晚上從臥室看向我爸媽，他們兩個總是坐在床上看書。」

關於孩子早期的音樂課及規定的訓練，瑪姬的媽媽並不只是為四個孩子想到這些安排而已。她是受過鈴木教學法訓練的小提琴老師，教學法是教小孩如何彈奏弦樂器，同時以非強制性的方式教導正確姿勢與站姿。它的創辦人是日本小提琴家鈴木鎮一博士，他相信此教學法的哲學與人文基礎，也會啟發孩子在生命中遵循並選擇正直的道德準則。瑪姬的早期音樂課不在於表現完美，而在於學習紀律與經驗到「我會了」的那一刻，那教導她努力工作的價值與成果，特別是在追求自己熱愛的事物上。

莫非虎爸虎媽比一般人預期的更像大師級教養，是因為他們的文化背景，而與哪種教養方式最有效無關？有些人可能會以為，瑪姬由照顧周到的媽媽養育長大，從兩歲起接受嚴謹訓練而成為小提琴家，她一定是亞裔美國人，但並非如此，她是白人。

莫非養育高成就者的基本特徵，是從虎爸虎媽與大師級父母教養方式的共通之處所獲得的？

成為虎爸虎媽真的有必要嗎？

大師級父母與虎爸虎媽之間的基本區別似乎是，大師級父母深深激勵孩子邁向卓越，而虎爸虎媽則是更積極予以要求。然而，有一種非常有趣的可能性是，虎爸虎媽只需激勵孩子，但其實不需要如此強制。

虎媽蔡美兒描述女兒們學齡前的教養方式，與大師級父母的例子不謀而合。例如蔡美兒是強而有力的學習夥伴，在女兒兩歲前，蔡美兒用遊戲教她辨識字母，她也形容孩子的早期學習就像海綿一樣。一名兒科醫師曾宣稱，要十八個月大的嬰兒辨識字母是不可能的，但後來被迫收回自己說的那句話，因為蔡美兒的女兒證明他錯了。

在蔡美兒書中披露的一封信裡，女兒證實，她經歷的教養方式在某些方面要求很嚴格。蔡美兒的虎媽作風千真萬確，那些事確實發生。但蔡美兒的女兒也描述爸爸教導她獨立思考與獨立自主，描寫媽媽在身邊多麼好玩有趣。這令人困惑，蔡美兒教養方式的關鍵要素，是否真如她所說，是來自中國的虎爸虎媽那一套？或者反而是符合大師級父母教養方程式的做法呢？

教養方程式，是較佳的美式教養風格？

「簡化一種文化這件事，會讓每個人大驚小怪。」說出這話的蔡美兒，卻也做出同樣的事，而愈來愈多拿美國父母與亞洲父母相比的研究也這麼做。他們的共識是，所謂的虎爸虎媽，即刻板印象裡的亞洲父母，基本上是家庭的獨裁者，不讓孩子質疑或挑戰父母的觀點。

為了改變世界，孩子必須培養說服力。如同教養方程式培養出來的孩子，很早就開始從扮演談判者的父母身上，學到如何仔細傾聽他人並捍衛自己的觀點。因此，他們精熟於掌握施展影響力最重要的工具。而傳統的亞洲父母，較不可能鼓勵孩子與身為權威人物的父母談判協商。

蔡美兒的原生家庭來自中國南方，她在書中寫道：「父母不給我任何選擇機會，也從不問我對任何事的意見。」相較之下，她的猶太美國公婆，則像許多其他美國人，「相信個人選擇，重視獨立、創意，並質疑權威。」蔡美兒批評公婆及其他美國人容許孩子有太多選擇自由，聽起來就像扮演談判者角色的大師級父母。這個角色與整個教養方程式，是否深植於特定的美國意識型態裡？

許多國家的標準化測驗成績排名高於美國，因此近年來，全世界父母都在其他地方尋找養育成功孩子的最佳典範。但標準化測驗並不能全面衡量成功，它只涵蓋認知技巧，而正如我們所看到的，充分自我實現所需要的遠遠更多。

再者，我們主張，即使在那些國家，教養方程式也會塑造出更好的成果。原因可能是，它是基於美國強調個人與自由思想的文化嗎？而培養自我表達與談判技巧的教養方程式，是獨特的美式教養風格嗎？

我們的答案是肯定的。

為了有效扮演談判者的角色，父母必須鼓勵孩子嘗試有禮貌的表達對立觀點。從文化角度來看，相較於來自世界其他區域的父母，特別是亞洲或中東，教養方程式可能對美國父母來說感覺比較自然。原因是獨立思考、言論自由與開放交流意見，是美國根深柢固的政治DNA，從保障言論自由的《美國憲法第一修正案》就能看到了。

我們採訪的一位媽媽瑪魯，她具備所有大師級父母的特質。她是伊朗籍護理師，在美國生活數十年，她有策略、聰慧、堅持己見而勇敢。她有三個兒子，長子特洛伊是美國神經科學家。儘管特洛伊的科學技能高超，卻不是教養方程式的成果，也不像本書的成功者那樣充分自我實現。

回顧一下，充分自我實現來自於擁有智力、自主與目的。當我們詢問特洛伊，父母是否培養他擁有目的感，他反覆強調答案是否定的，他說：「我不認為對我來說，人生具有任何目的。」

他解釋，他會形容自己充滿好奇沒錯，但並沒有什麼明確目標。但是，由如此聰慧而目標明確的父母養育出來的年輕人，怎麼可能沒培養出要在世上做些改變的動機？在其他各方面，他看起來與我們採訪過的其他人物非常相像。

一九七九年，特洛伊的爸爸正忙於取得麻省理工學院學位時，與瑪魯選擇離開美國，返回祖國伊朗參加當地一項抗爭運動。特洛伊當時才剛進小學。因此，從七歲到十三歲，在特洛伊最關鍵的性格發展期，原本可以學習自我倡權與追尋目的感的階段，卻在伊斯蘭教嚴格神權統治下的伊朗生活。

答案饒富興味。他說：「我現在可以告訴你，個人思想的觀念在我們的文化中並不存在……會表達自我的精英寥寥可數。如果他們大聲疾呼，那不是被送進監牢，就是被槍斃了事。」

特洛伊是天生的領袖，即使在伊朗的宗教學校中也一樣，但在親子討論中，應該可以增長的談判技巧或人生使命，卻沒有也不會發生在特洛伊身上，因為那太危險了。受過高等教育且具有政治頭腦的父母知道，幫助特洛伊培養目的感或談判技巧，可能使他更有膽量挺身而出發表意見，因而嚴重危害到自己與整個家庭。

我們研究的許多其他成功者也並非在美國出生，而是像特洛伊的爸爸，有其中一位或兩位家長，比如桑谷和艾方索的爸爸，曾在美國求學一段時間。即使沒在美國念過書的父母，也讚賞美國自由思想與獨立思考的意識型態，於是照著這種方式教養孩子。

然而，亞洲成功者的故事與這種模式有所不同。在他們當中，很難找到扮演談判者角色的父母，但卻出自截然不同的原因。

從局外人看來，亞裔美國家庭（中國、日本及韓國）似乎限制孩子自我表達的權利。然而，美國人詮釋為禁止挑戰權威，中國人卻稱之為孝順，意思是「訓練」孩子採取適當或符合眾人期待的行為。根據研究員露絲．趙（Ruth Chao）的說法，將一套標準強加在孩子身上的原因，「並不是要掌控孩子，而是要維護人際關係和諧與家庭健全的社會目標。」

關係的和諧，也包括要孩子服從大人的命令。中文的「管」，意思是統管，與孩子求學期間的中國文化息息相關，同時應用在教室裡的老師與家裡的父母對孩子的掌控。它意味著在照顧與關心的同時，牢牢掌控。為了回報長輩的照顧、關心與奉獻，儒家思想要求晚輩必須對長輩展現服從、尊重與忠誠、孝道。這種對大人極度尊重的傳統，被視為導向良好行為，也影響在校的努力與成績能達到高標準。

不過，有些證據顯示，華裔美國人比我們所認定的，更傾向於採取大師級教養模式，而較少扮演虎爸虎媽的角色。我們在第三章談到虎爸虎媽的教養時曾引用過，二〇一三年針對四百四十四名華裔美籍孩童及其父母所做的研究，證實虎爸虎媽的教養模式確有其事。然而，研究也發現，虎爸虎媽的教養效力排名居次，落在作者所謂「支持教養」之後，支持教養在親子互動中包含了更多的溫暖與理解。支持教養原則密切符合教養方程式原則。

該研究作者群寫道：「事實上，華裔美國父母是採取支持教養，而非虎爸虎媽的教養模式，促使最佳發展成果：學業壓力低、平均成績高、教育程度高、憂鬱症狀低、親子疏離感低，以及家庭責任感高。」

麗莎是韓裔美國人，她絕對不是虎媽，不過蔡美兒的一些想法，甚至還有更多的亞洲教養方式，仍然是她所讚賞的。比如她喜歡「堅決要求孩子在學樂器、當技巧掌握遇到困難時要堅持不懈」這種理念，因為這樣做會讓孩子認為：「噢，父母相信我確實可以達到更好的成果。」這就是虎爸虎媽與大師級父母教養模式的共通之處。

麗莎認為許多美國人不知道的是，在美國出生或生活的韓裔美國人，是多麼努力推動更接近美式教養的風格，也就是更符合教養方程式原則的模式。

麗莎每年夏天回韓國，幾年前，她參與韓國一家主要電視台製作的兩段式紀錄片，片中討論她的研究專長「後設認知」，即如何對思考過程進行思考。紀錄片的主要目的是要影響韓國人的教養與教育理念，使他們更支持孩子的創意及公開表達自己的意見。「他們的節目名稱是類似『如何讓你的孩子拿第一』之類的。」麗莎說：「為了衝高收視率。」

節目廣受歡迎，吸引三百萬名觀眾收看。「我叫許多認識的人收看這個節目，他們都看了，而且覺得很有趣。」她說：「然後，大家會說：『是啊，快樂很重要。我們必須讓孩子以某種方式學習，思考自己的思考過程，而不是只會聽從老師所說的。』」

不過，麗莎認為這個改變會很緩慢。她表示必須有愈來愈多像她這樣，也許在韓國出生，但在美國生活，「經歷到不同教育方式」的韓裔美國人帶頭改變。在那些不同的教育方式裡，家長與老師就像本書的大師級父母，會鼓勵孩子發展創意、為自己爭取權益。

談判者成就了什麼？

假設瑪姬和她的兄弟姊妹，與書中其他孩子的父母是高壓獨裁者，我們反而會比較輕鬆。「可憐的孩子啊！」如果我們用這種方式思考，就能卸除我們身上的壓力，因為我們大可以說：「我想要孩子成功，但不以犧牲他們的幸福快樂為代價。」問題在於，對瑪姬及其他成功者來說，這句話的觀點並不正確，因為他們不僅表現優異，而且樂在其中。

小桑谷渴望與爸爸之間進行非正式的課程及對話；麗莎和弟弟幾乎無法抑制且歡樂的在每天晚餐前背乘法表；瑪姬不記得自己有哪次不愛練習拉小提琴。成功者成就斐然，不是因為他們被迫如此，而是因為他們的大師級父母讓他們迷上學習，然後給他們需要的資源繼續努力。

卓越需要在熱忱與自律中取得平衡。透過提供孩子空間追求興趣，同時練習為他們自己的時間及行為做決定（但不放棄父母提供指導的責任），扮演談判者的大師級父母培養孩子的熱忱，同時給孩子工具，將熱忱發展為成功的未來。機智的決策者善於爭取需要的關注與資源，使夢想成真；談判者的孩子蓄勢待發，在世上獲得成功，同時更接近最好的自己。

13

征服障礙

塑造成功心態

德國哲學家尼采逾百年前寫下名句：「那些殺不死我的，必使我更堅強。」字句激勵人心，但並非全然正確。不幸的事件往往會令人一蹶不振。然而，當壞事發生在我們身上，如果我們擁有自主感與自我效能，以及強而有力的使命，那麼撐過難關的過程，就能建立技巧與強化態度以克服未來的阻礙，這樣確實會使我們更堅強。

大師級父母的孩子是解決一連串猛烈問題的人。這些被教導要面對挑戰的孩子，下定決心要想出辦法，而非屈服投降，於是他們更能嘗試努力克服挑戰。

而關鍵在於我們如何看待所面臨的挑戰。在運動界，精英運動員的鋼鐵意志讓他們面對與超越障礙。沒有什麼比田徑運動中的跨欄障礙更貼近「超越障礙」的字面意義了。要成為一名好的跨欄選手，需要有勇氣全速前進，跨越一公尺高的鋼鐵障礙。

跨欄選手的勇敢祕訣是：接受碰撞，而非懼怕碰撞。在表現中的瞬間失誤，不如整體成長來得重要，所以經驗豐富的跨欄選手從每次跌倒中，淬鍊出可以拾取的教訓。

當我們急於讚賞與表揚學習能力強的孩子，有時未能意識到他們的堅韌與毅力。如同跨欄選手，高成就者學習透過穿越阻礙，在逆境中堅持到底，泰然處之，贏得勝利。

鍥而不捨求勝且不怕失敗的人，擁有成就心理學領域專家所謂的「成功心態」。心態是影響認知與決定的一套態度。許多不同心態都會促成人生的正面成果，但下列七種心態與成功的結果呈現最一致的相關性：

- **成長：**努力工作會提升我的技能，使我更好。
- **復原力：**如果跌倒了，我會持續前進，不會放棄。
- **歸屬感：**我適合這裡，這是我應該待的地方。
- **恆毅力：**我要堅持下去，不放棄。
- **精熟取向：**我設定自己的標準，我的目標是成為最好的自己。
- **自信：**我做得來。
- **責任感：**我對自己及他人有義務要成功。

這些確實是教養方程式協助塑造的心態類型。回顧早期學習夥伴是如何訓練成功者，透過從事小型專案而堅持不懈。孩子學到努力會產生新的能力，培養成長心態。扮演哲學家的父母，會透過幫助成功者尋找目標來培養富有責任感的心態。

無論之前成就如何，成功者有時候仍必須克服某些障礙，以增強或維持成功心態。有些人發現自己跟所在環境格格不入，有些人給自己太多學業壓力。有些人早期曾面臨輕微的學習困難，而不只一位成功者在最早的求學階段因紀律問題而感到挫折（多半是出於學習過程太無聊，加上話太多）。在這些障礙當中，有些來自外在而可能大大擾亂人生：像是兩名高成就者正要進大學時，他們的爸爸就不幸身亡了。有些障礙來自內在，他人或許看不見，但卻能攻擊成功者的要害：例如羅伯這個在家鄉最聰明的男孩，害怕自己可能不如人們所想的那麼聰明。

羅伯：控制自我懷疑

關於羅伯的童年，如果有一件事可以被改變，那就是他受到的讚美聲量。他但願自己不曾獲得那麼多的讚美。「那會使我盡量避免冒險。」羅伯說。

奧克拉荷馬州、柯林斯維爾家鄉的好心人們，在羅伯小時候談論他有多麼聰明，卻不知道這樣誇讚他的聰穎，並不利於他的身心發展。

因為，自我懷疑成為羅伯人生中最大的障礙之一。「我一生徹底懼怕失敗，在每個過渡期都是如此。」

他不怪父母，因為他們鼓勵羅伯也支持他。他們強調努力，而不是兒子的智力。老鮑勃說，他在羅伯小學早期階段就發現他智商很高，但一直到今天，從來沒稱讚過他。

羅伯的問題來自家庭以外。從小學、中學、高中到其他地方，每當有人對羅伯的聰明才智感到驚奇，焦慮感就緊抓著他不放，且一發不可收拾。當他在一家大型企業開始第一份工作，在那裡督導年長且經驗豐富的工作者時，「我大概有一整個星期都處於緊張狀態。」他在哈佛商學院畢業後，「陷入前所未有的情緒崩潰。」儘管持續成功，他仍嚴重焦慮。隨著時間過去，焦慮漸漸轉變為憂鬱。

幸運的是，羅伯的爸爸曾教導他要成為解決問題者。羅伯需要的是改變內在對話，那是心態常被呈現的方式，從「他們會覺得我是魯蛇」變成「我知道我會想出辦法，就跟以往一樣」。換句話說，他必須提醒自己，一直以來，他都可以靠努力工作及解決問題的技巧，成功應付困難局面。

解決問題取向使孩子較容易把障礙當做拼圖，可以透過將障礙拆解為較小的任務而一一解決。還記得老鮑勃總是挑戰四歲大的羅伯，用樂高蓋出新的東西，接著又挑戰他再蓋一個更大的，或用形狀很難操作的積木來蓋。羅伯必須理解問題和挑戰，在腦海裡想像解決方案，再把想像中的畫面執行出來。在低壓力的環境裡，跟著愛他的爸爸反覆做這些事，對於像羅伯這樣容易焦慮的人來說，是很好的練習。當他對一項困難的新任務感到焦慮，如果擁有許多之前想出如何完成艱鉅任務的成功經驗，可以使他放心，想像這次同樣也會成功。

羅伯為了找到讓自己不再害怕失敗的答案，閱讀了卡蘿・杜維克（Carol Dweck）有關心態設定的知名著作，書中將人們區分為相信自己可以透過努力而變得更聰明的「成長」心態，以及認定自己的智力是預先決定的「定型」心態。

「我就像是那項研究的個案分析。」羅伯說。

羅伯認為自己是以定型心態占主導地位，雖然他相信在某些時候，他也會轉為成長心態。例如當初他遠遠落後別人而差點退出工程課程時，最後卻在華盛頓大學機器人製作競賽中獲勝。

根據杜維克的說法，羅伯認為自己不斷來回在定型心態與成長心態之間，這種看法是正確的。

「沒有人時時刻刻在每件事上都抱持著成長心態，每個人都是定型與成長心態的綜合體。」杜維克說：「你可能在某個領域以成長心態占主導地位，但可能仍有一些事會引發你落入定型心態的特質。來自舒適圈以外、真正的挑戰可能會引發定型心態，或者當你在你自豪的某些領域裡，遇到了能力比你好的人，你可能會這樣想：『噢，那個人很有能力，那不是我。』」

父母對孩子的心態具有強大的影響力，這是無庸置疑的。杜維克和她在史丹佛大學的同事凱拉．海默維茲（Kyla Haimovitz）近年發現，基於父母對孩子失敗時的反應，會在孩子身上培養出刻板的定型心態！如果父母對孩子表現不佳顯得驚慌失措，孩子可能會開始擔心，害怕自己缺乏表現更佳的能力，而助長了定型心態，而非成長心態。杜維克與海默維茲提出建議，教導父母如何專注於將失敗視為有趣的課程，更是提供學習的成熟時機，這正是老鮑勃及其他大師級父母所採取的方式。

羅伯現在是奧斯汀的成功商人，充滿自信，但仍持續服藥以協助控制他的焦慮。他並未隱瞞自己的焦慮，甚至公開坦承，鼓勵人們為情緒問題尋求協助。他看見媽媽因疾病汙名化而拒絕服藥，但他相信有許多像他一樣的成功人士，同樣為焦慮問題所苦，只是羞於承認。

儘管他的焦慮可能部分來自遺傳（如之前提過的，他媽媽是躁鬱症患者），羅伯卻認為，那是因為從小不斷有人說他多麼聰明才引發的。雖然他仍在經歷同樣的自我懷疑，但早年從大師級父親那兒學到的解決問題技巧，使他更容易把焦點放在努力帶來的影響與成長上。現在他也不斷對自己的兩個小孩強調這點。

大師級父母如何讚美孩子？

讚美孩子的努力大過於智力，這對孩子的成功心態帶來正面影響，顯示出父母讚美什麼及不讚美什麼，會對孩子造成很大的影響。

我們訪談的許多成功者都告訴我們，父母很少讚美他們的學業成就。決定不要一直讚美一個聰明的孩子，或許看來嚴厲，甚至殘忍，但我們都知道，有些聰明的孩子因為資質聰穎而獲得關注與讚美，卻變得傲慢或優越，而浪費了他們的天賦。大師級父母選擇表揚激勵的，反倒是孩子的品性：他們運用目的感及自主感，加上不容忽視的才華，讓世界變得更好。

一得知自己即將成為《富比士》雜誌的特寫人物，桑谷打電話給他媽媽，並且超級興奮，但媽媽的反應並不熱烈。「很好啊！」她說：「不過你打給外婆了沒？你幫她買纖維素和維他命了嗎？」

這只是父母和兄弟姊妹讓桑谷保持清醒、回到現實的例子之一。

儘管大師級父母願意做任何事幫助孩子，但他們也把重點放在品性，大過於外在衡量的成功。他們公開表揚孩子成為什麼樣的人，而非等級、測驗成績或獎項。「在追求知識方面，我必須達到一個很高的、近乎完美的標竿，才能贏得父母的正面回應。」大衛說：「但他們會更熱情洋溢讚美我的良好行為，像是分享、同情、同理與勇敢。我媽甚至沒把我和我弟的智商高低告訴我們，她怕那會讓我們自我膨脹，讓我們對於『什麼才是最重要的』抱持錯誤觀念。一直到現在，我都不知道我的智商是多少。」

大師級父母是以一種默默讚美的特有方式，讓孩子知道父母期許他們學業表現出色；當孩子達到學業標準，通常只是眨眨眼、點個頭，一切盡在不言中。

「當我把很棒的成績單帶回家，沒有人會歡欣鼓舞。」瑪雅回憶道：「他們會說『做得好』，但表現得毫不訝異，因為不足為奇。不過，當我為某件我認為正確的事挺身而出，比如當我擔任領導角色，或在藝術展中有任何表現或好作品，我會贏得大量的讚美。在那些領域裡有所收穫，父母確實會對我大加讚揚。」

瑪雅回想，在幼兒園時，她扶助過一個後來死於癌症的同學，媽媽非常引以為傲。「其他所有小孩都不跟他說話，他們覺得那個同學看起來很悲傷。」瑪雅回憶說：「媽媽會跟家族所有人分享這類事，他們也會在慶祝活動中分享這些事，大家永遠對於『瑪雅聰明又努力，這是在預料之內』這個想法心照不宣。但我從父母及家族親友身上學到真正要緊的是，我是一個什麼樣的人，以及在每個領域裡我如何表現，即使是非學術的領域，都要全力以赴，把事情做得更好。」

即使難得獲得讚美，受到鼓勵卻很尋常。麗莎回憶說：「如果我在某件事上遇到瓶頸或倍感壓力，父母可能會說一些芝麻綠豆的小事，甚至是順帶提起，或是用只有我才聽得見的音量，輕聲說：『你當然辦得到，只是需要時間。』」

鼓勵推動信心，她知道父母相信自己會成功。「無論是數學、網球、鋼琴，或是申請某些項目。不同於人們所說的，當小孩做得好的時候，才給予的典型『正面回應』。」

她現在給自己小孩的就是這種正面回應。「不誇張喔，當我兒子第一分鐘、第一天在學繫鞋帶時感到氣餒，我會帶著微笑，演出滿臉不可置信的表情，對他說：

『嘿，才過一分鐘耶，這種事可能要花一年的時間。』而不出所料，他的沮喪會瞬間消散。」

讚美孩子確實會帶來力量。不過，有效運用讚美的關鍵在於，要有策略的給予掌聲。

瑪雅：克服意外悲劇

在第十二章〈談判者〉當中，運用策略勝過老師的七歲女孩瑪雅，長大後成為華盛頓特區的社會企業家，創辦了一間名叫PAVE的機構，教導倡權技巧，以幫助更多父母為他們在公校體系的孩子，成為本書所謂飛航工程師角色。

瑪雅進高中時是傑出學生，擁有非比尋常的成功心態。但她在高三那年，需要動力才能繼續前進。當時她已經開始申請學校，一切按部就班，甚至提前給老師所有推薦表格。悲劇突然襲來。那年秋天，她的爸爸，之前身陷特區吸毒現場的律師，瀕臨病危。

「我爸爸有好幾年沒喝醉了，但他已經因為藥物與酒精搞壞了身體，結果在一次出庭中途中風腦死，那是我高三那年。十月時，我們不得不決定拿掉他的呼吸器。從他進到醫院到喪禮結束，我都沒去學校。兩週之後，我重新回到學校，因為學校對我來說是個非常自在的地方。我在那裡總是一帆風順，感覺很好，因此我寧願待在學校，也不留在家裡自怨自艾。」

其他幾位近親在同一期間相繼過世，包括她摯愛的曾祖父，以及之前隱瞞自己肺癌而不久於人世的外公。

「對我外婆，以及對我們所有人來說，都難以承受。外公在十二月初去世，所以我真的沒有辦法把心思放在申請大學上。」於是她停止了申請事宜。

為回到正軌，她需要復原的能量，以某種方式召喚內在的聲音，那個一直說「我辦得到」、伴隨她度過大半童年時期的聲音。

所幸，瑪雅的媽媽米雪願意當她孩子稱職的學生，她確實知道要說什麼話，才能觸發瑪雅通過難關所需的決心。

「十二月二十二號，原本應該放聖誕長假的兩天前，媽媽對我說：『瑪雅，我知道你完全無法把心思放在申請大學上，那沒關係，現在有兩條路。你申請學校去上大學，或跟我窩在這裡去找工作。』」

米雪擁有大師級父母的沉穩自信，她沒有因為瑪雅在這個障礙上跌倒而心煩意亂或過度憂慮。她知道瑪雅熱愛學校，學校對她來說是自在的環境。她也知道瑪雅是務實的孩子，過去每當面臨權衡取捨，她總會做出好的決定。

她們的對話迫使瑪雅看見負面的可能自我：在原本該上大學的時候，卻去工作或在家裡蹲。那不是她想要的自己。「我得好好努力了。」瑪雅說。

她把悲痛擱置一旁，好實現自己有朝一日能進入常春藤盟校的夢想。幸運的是，當時許多大學接受單一、通用的申請表，所以瑪雅可以一石多鳥。

「我猛趕進度，把通用申請表拿給媽媽。我們坐在餐桌旁，我對她說：『把你對每個學校的了解告訴我。』其中有些學校是我已經做過研究的，但因為經歷這一切不幸，我暫停了所有研究。」

但對某些學校缺乏了解，並不是唯一要解決的問題。「我們沒錢……我媽說：『寫一封信。』於是我們寫信：『這是我媽媽收入的數字，因為我爸爸才剛過世，我付不起申請費。若是您能接受這份申請，並能免除費用，我會非常感激。』」

不但所有學校都願意免除申請費用，瑪雅也獲得所有申請學校的入學許可，除了其中一間：哈佛大學，她是哈佛大學部的備取生，但後來她念研究所時還是進了哈佛。當瑪雅踏進錄取她的其中一所學校，達特茅斯大學的校園，她立刻愛上了它。她選擇在那裡就讀，儘管必須放棄其他大學的全額獎學金資格。

傑瑞爾：搭起兩個世界的橋梁

傑瑞爾擁有良好的智力與社交技巧，但他也沒有因此更容易適應環境。他從家鄉克利夫蘭最衰敗的區域來到學校，與來自富裕郊區價值數百萬豪宅的同學一起生活，每一天都像在跨越社會大峽谷。

他的障礙是覺得自己總是跟別人合不來，不僅在學校，連回到他住的社區也是，像他這種不跟人來往的「書呆子」，很容易成為幫派目標。

十三歲時，他有史以來第一次受邀參加派對。這個用功好學的男生試圖融入混亂打鬧的社區裡，雖然他常感到格格不入，但他那天跟其他在場的人一樣時髦，戴著頭巾，穿著垮褲，不過媽媽伊莉莎白當然不會容許他把內褲露出來。那晚當他離開派對時，卻被六、七個男生組成的幫派攻擊。他們又踩又踢，傑瑞爾躺在地上蜷縮起來。好在一名社區毒販從他的門口走出來，朝空中開了幾槍，把那幫男生嚇跑，因而救了傑瑞爾一命。他隔天下午在醫院醒來，不只腦震盪、頭部腫脹，整個前額布滿深深的傷口。「我的肋骨傷痕累累，手指上的傷口又深又長。我一個禮拜沒去上學，但倚靠上帝的恩典，我身上沒有留下疤痕。」

事情過後，媽媽沒讓他躲在家裡讀書、打電玩，而是訓練他不要害怕出門。那是他獲得歸屬感的旅程開端：他要在演講和穿著上順應環境以融入不同類型的人群，同時也堅決要求人們接受他原本的樣子。

後來，傑瑞爾立志要念霍肯精英預備學校，他想進入自己可能有能力就讀的頂尖高中。但由於他一開始並未拿到需要的獎學金，高一那年就待在貧民區學校，在那裡學到與不同族群學生為友的生存之道。到了高二，他獲得了需要的獎學金，就轉進霍肯。

但傑瑞爾是該校極其少數的黑人學生之一，而且是稀有的貧寒黑人學生。他在那裡不得其所的程度，就跟他回到家鄉社區一樣。所幸他早有豐富的經驗，知道如何適應不一樣的環境。

德州大學奧斯汀分校的社會科學家大衛・葉格（David Yeager）研究那種感覺像是局

外人所帶來的影響。他的研究對象是高中生和大學生。葉格發現，跟擁有相同技巧與才能而覺得自己有歸屬感的學生相較，感到格格不入的學生，成績較低，也較常被退學。不過，若將自己缺乏歸屬感視為預料之內，且感受較為一般的學生，就能努力通過考驗。就像在疾風中屈身前進的人，雖不能阻擋風，但也不由得風來阻擋他們。

傑瑞爾也以其他方式對付沒有歸屬感這件事：他主動反擊。當他在霍肯安頓下來以後，開始相信自己可以在那裡實現目標，他覺得自己必須適應很多事。他開始思考，或許學校也必須幫他做某些調整。「我在高中時其實並沒有因此激烈爭辯。」他回憶說：「但我進霍肯時，在十年級的英文課閱讀《紅字》＊這本小說。我記得那位老師，他是個有名的好老師；每個人都說：『他好棒，他好棒。』我自己坐在課堂上想著：『這有什麼好棒的？』他一個人滔滔不絕、長篇大論，說那本書裡的悲劇何等偉大。這是悲劇，那也是悲劇。我們都讀了那本書，但我感到困惑不已。我舉手說：『嗨，呃，我只是不懂，你一直稱之為悲劇，但我不懂它為何是悲劇。』」

老師開始解釋，但傑瑞爾打斷了他。「是啊，我知道，女主角有個非婚生嬰兒。每天都有人這樣。那不是悲劇。」

傑瑞爾如此確定，因為他有相似的身世。雖然他了解，悲劇不在於女主角未婚懷了牧師的孩子，而因為她清教徒的身分因此被放逐，但他發現這個故事早已過時，跟文化無關。傑瑞爾告訴老師：「『我看不出這本書有什麼偉大，或我們正在讀的其他書有什麼偉大。』我當時其實並沒有為此激烈爭辯，但我現在明白，我是在拒絕接受文學經典製造的典範。他們不是黑人作家、也不是有色人種作家，沒有任何一個書寫出類似我經歷的作家。我被教導的是，這套故事遠比我的故事更有價值。而當我思考別人堅持的標準，或是別人認為很重要的標準，我不斷問的問題是：『那些是誰的標準？誰說那很重要？重要是來自什麼？』」

現在，傑瑞爾相信他的障礙更在於：「我認為自己必須融入環境，我想要他們進入我的世界，而不是我去融入環境。如今我理解自己當時做的，是在反擊已經變成標準的父權主義文化規範。」

他成為學校領袖，開辦「主題服裝週」，協調各式各樣的計畫。但大多數時候，他覺

＊編注：《紅字》（*The Scarlet Letter: A Romance*）是美國作家霍桑（Nathaniel Hawthorne）的代表作。一八五〇年代出版，故事發生在一六四二到一六四九年間，位於美國麻薩諸塞州波士頓的清教徒區。講述一名女性因通姦懷有非婚生子，而後努力創造一個悔悟且有莊嚴的新生活。

得沒有人想要了解他來自哪裡，以及他真正的想法。

高三那年有一天，他站在麥克風前發言，引起觀眾熱烈反應。十年過後，那些字句仍令人難忘，不是出於口才，而是因為他的發言過後數個月所發生的事。

二〇〇六年，那天傑瑞爾一如往常穿著鬆垮的卡其褲、運動鞋，上面寫著「促進者」字樣的大T恤。他組了個學校賽前動員會，討論種族與階級。

在這個會議上，任何人都可以拿到麥克風。現在，他可以讓別人看見真正的自己。不過，他還是準備讓事情保持輕鬆，成為大家期待他成為的那個人：有趣的黑人老哥。

但當他站在台上時，傑瑞爾回憶：「我改變主意了。」就好像他十三歲被幫派攻擊後，媽媽告訴他要走出家門，不要害怕。「就在那時候，我告訴他們：『我覺得你們當中有許多人是因為我看起來的樣子、我穿著的方式、我來的地方，以及我喜歡做的事而排擠我。你們覺得我是個笑話。』」

他轟轟烈烈、以故作嚴肅的語氣和嗓音結束聲明。

「但你們知道嗎？我可能比你們所有人都聰明。」

全場爆笑。

他的老師沒笑，但對其他所有人來說，那就是傑瑞爾一直以來的樣子，他在開玩笑。

他站在那裡想著剛才說的話，沒有一句好笑。他摘下面具，第一次在別人面前揭露自己，但他們並不明白，而他說的話似乎無人傾聽。

「我當時想：『顯然你們並不相信我真正的樣子，但我會讓你們看見。』」數個月後，他做到了。

傑瑞爾小時候住在遊民收容所時，初次聽說的頂尖學校哈佛大學錄取了他。他再也不會覺得自己是在精英預備學校裡格格不入的窮小孩，現在他知道自己名正言順屬於那裡，就跟其他任何人一樣，甚至有過之而無不及。

現在，傑瑞爾相信自己活在兩個世界，一個貧窮，另一個富裕，這幫助他在身為教育工作者的生涯中，為年輕世代搭起兩個世界的橋梁，成為孩子們的燈塔，幫助那些像他過去一樣，害怕自己並不真正屬於何處的孩子們。

萊恩：堅韌不拔，找到贏家之道

為了當上肯塔基州農業局長，萊恩面臨巨大障礙。首先，他比一般州政府公職候選人年輕得多；其次，他名不見經傳。他必須迅速學習如何進行遍及全州的競選活動，克服他的沒沒無聞，並說服人們相信，他已為這項工作做好準備。

但他爭取民選局長的競選活動，只是漫長旅程中的最後一步，為了邁向他從小懷抱的人生目標，為了能夠一直往他的夢想走去，萊恩需要心理學家安琪拉．達克沃斯（**Angela Duckworth**）所說的「恆毅力」，就是俗話說的「貫徹始終」。在她二〇一六年出版的書《恆毅力：人生成功的究極能力》（*Grit: The Power of Passion and Perseverance*）中，達克沃斯發表研究，關於長期堅持同樣目標的人有何不同。恆毅力與擁有耐力有關，她說：「恆毅力像是馬拉松，不是短跑。」我們努力邁向目標，隨著時間過去，建立成就大事所需的技巧。所謂大事，就是那種多數人缺乏紀律去做的事，像是念完醫學院、寫書、重組汽車，或是像萊恩一樣，努力多年而成為專業農夫與國家政策制定者。

達克沃斯研擬了一份列有十二個項目的清單來測量恆毅力，包括下列敘述：

- 挫折不會令我氣餒，我不輕言放棄。
- 我會有始有終。
- 我對於需要超過數個月才能完成的計畫，難以保持專注。

如果一個人強烈同意前兩項，第三項則否，那麼他們就擁有恆毅力。

達克沃斯發現，成功與恆毅力之間的關係，等於甚至高過於成功與智力之間的關係。雖然有人同時擁有智力與恆毅力，這兩者之間卻並未呈現高度相關。事實上，在達克沃斯針對常春藤盟校大學生所進行的研究中，智力較高的學生在恆毅力的得分略低。而在反覆研究後發現，智力大致相同的學生中，恆毅力得分較高者表現得比同儕更好。

如達克沃斯所說，恆毅力是看見你想要的未來而不停堅持下去，直到未來成真的能力。從小學開始，萊恩就對兩件事很有熱忱：農業與政治。自從成為州議會大廈助理，他就開始考慮如何運用政治去幫助自己社區的農民——那些每天午餐時間總是與爸爸坐在當地餐館討論最新議題的人。由於助理的職務，他能想像他在州議會大廈時自己的模樣，結合他在家中農場努力工作而培養的紀律，幫助他成為堅韌不拔的候選人，那是他贏得局長位置的必要條件。

萊恩打敗老將的方式，是比其他所有人更努力。在幾個月的期間，他總共開了一萬公里（仍未離開該州）的路，敲了九千道門。透過頑強的決心，他以三十二歲之齡成為全國最年輕的全州民選官員，一次一個，向成千上萬的人們解釋，為何投票給他可以幫助肯塔基州的小農。

瑪姬：以練習征服恐懼

在我們介紹的成功者當中，沒有哪位比小提琴家瑪姬更具備精熟取向，在才藝上擁有更高的造詣，我們很難想像她曾遇到瓶頸。儘管如此，她有時仍未能達到自己的高標準。而她回應瓶頸的方式，不是垂頭喪氣，而是選擇加倍努力，成為更好的音樂家。

曾經有一次，甚至是瑪姬也未能達到人生導師及她最喜愛的老師羅森伯格（Rosenberg）夫人的期望。

在研究所第一年的尾聲，瑪姬經歷了她最害怕的一件事：暫時失憶。每個音樂家在舞台上都必須避免各式各樣的突發狀況，而暫時失憶，是連最有造詣的音樂家都最擔心害怕的妖魔鬼怪。瑪姬解釋暫時失憶，「會以許多不同方式出現。你的手可能會出現肌肉的暫時失憶，那是當動作在肌肉記憶裡不夠根深柢固，或者你也可能出現在演奏結構上的暫時失憶，而忘記下一步要做什麼。」

瑪姬那天暫時失憶，發生在八個教師組成的品評小組面前，雖然失誤很小，應該可以被理解。她回憶說：「有個段落轉折很大，而且非常容易出錯，是巴爾托克的第二號小提琴協奏曲。」

問題是，四天之前，瑪姬才在私人教師羅森伯格夫人面前犯下同樣的錯誤，而羅森伯格夫人也在品評小組裡面，觀察她每一個動作。「她看出來了，在失誤發生的那一刻，我看著她。」

暫時失憶並沒有錯，但對羅森伯格夫人來說，過去四天，瑪姬顯然並沒有把這件事放在心上。

「我等了三天，在我知道老師會出門的時間打電話給她，然後留言。我不知道要說什麼，但我就是必須打給她，因為已經到學年末了，我想要暑假好過一點。」

瑪姬說：「她回電話給我說：『親愛的瑪姬，你是很有天分的女生，但我對天才沒興趣。你已經不是小女生了，你也不可愛了，我對像你這樣的人沒興趣。過去我以你為榮，你跟著我表現得很好……你跟管弦樂團一起演出、贏得所有比賽，但我每個禮拜都看著你，我知道你怎麼回事。每個人都喜歡你，覺得你真的很棒，但我並不這麼認為。』我們還在通話中，老師說：『你在哭嗎？』我說：『沒有，我同意你說的每件事。』」

羅森伯格措辭嚴厲，但瑪姬知道那些都是對的，她必須聽到那些評語。羅森伯格說，瑪姬必須改變想法，不要把重點放在成為人人印象深刻的可愛才女，而是要成為渴望在才藝上精進的音樂家，不是為了成績或老師的認可這些外在原因。那股渴望必須來自於內在動機。

瑪姬必須發展的是比她原有的還更強烈的精熟取向。

瑪姬在品評小組的表現拿到A，她卻認為自己失敗了。那次的暫時失憶是她生命中極大的轉捩點。在下個學年初，碩士班的第二年，她以篤定的心態回到茱莉亞學院。

「我那時候的態度就是：『好，一切都會有所不同。』」

確實有所不同，終於，她再度征服對暫時失憶的恐懼。瑪姬知道，克服恐懼的唯一方式就是練習。她想起以前放在譜架上練習用的零錢，與媽媽說過的話：「每次一做錯，你就必須消除錯誤的肌肉記憶，然後重新訓練正確的。」

「你在很小的時候建立的肌肉記憶，會對一生帶來延伸的影響。」瑪姬說。就像早期發展精熟取向一樣。

當瑪姬的父母縮衣節食、省吃儉用，好讓孩子們能持續在茱莉亞學院上課，他們知道，瑪姬和兄弟姊妹不只會在學校獲得友誼，也會遇見一些人，能夠推動他們拓展技巧，讓他們有勇氣去競爭。這些經歷在瑪姬最需要的時候派上用場。

同年，正值二十三歲的瑪姬努力把暫時失憶的惡夢拋在腦後，決定參加一場之前輸掉的比賽。上一次，她並未認真準備，但這一次，她咬緊牙關且下定決心。「我態度堅定，非常認真準備比賽，但我還是輸了。我輸給一個跟我在同一個工作室練琴的女生，我以前覺得她表現得沒有那麼好。我那天回家就哭了，然後打電話給我媽，有兩天都沒離開床鋪一步。因為，沒努力而輸掉比賽是一回事，但真的努力還輸了，又是另外一回事。我看著那個贏得比賽的女生。我們在生涯中處在同樣的位置，做同樣的事，參加同樣的試奏，我心裡想：『如果我讓她在任何其他事情上再贏我一次，就太離譜了。』我待在房裡，萌生一種非常實際的想法：『我打賭史蒂芬妮現在一定在練琴。』」

瑪姬選定了她的對手，這是本書高成就者的習慣。雖然他們主要是根據自己過去的表現來評價自己的進展，許多高成就者也喜歡跟一、兩個可敬的對手（那些對手有時候並不知道自己是成功者的競爭對象）比較來衡量自己，那可以激勵他們更努力，做得更好。

「我非常冷酷無情的看著她分析：什麼是她有而我沒有的？好吧，是她的敬業態度。我想著：『好，我做得到。我也有她所沒有的東西，我必須做一些調整。』」

隔年，瑪姬的努力有了成果。她贏得最大型的競賽，獲得與前紐約愛樂音樂總監吉爾伯特在卡內基音樂廳聯袂登台的獨奏機會。

蘇珊：克服口吃的新聞主播

蘇珊現在是知名的CNN新聞記者，但她以前甚至沒意識到自己在說話方面有問題。她小時候熱愛上學，「但我早期曾被貼上要補救教學的標籤。我以前會結結巴巴，當時我其實並不是很清楚發生了什麼事，我想那是因為我被保護得好好的。」

她相信父母保護她免於知道實情的原因，是為了讓她越過障礙，蘇珊需要自信，以馬爾維斯家「積極樂觀、事在人為」的精神，要獲得自信並不難。

蘇珊想起幼兒園時期的一張老舊成績單。「上面寫著：『全班在製作奶油。我們問蘇珊要怎麼製作奶油？但她無法告訴我們製作奶油的方法。』所以，我在專注力或其他方面一定發生了一些狀況。大人們一年又一年繼續測試我的狀況，我最後進了口語特別班。」

蘇珊每週會被帶離普通班幾小時，到另一間教室，跟兩個搗蛋鬼一起上課。「我永遠忘不掉他們，因為他們一直擾亂上課。」在那間能力分班的教室裡，「我要戴上耳機重複念一些字句。」

她知道有些事不對勁，自己並不屬於那裡，但卻不知道如何表達。

「我感覺是：『我在這裡做什麼？我為什麼要在這裡？這對我來說並不適合，因為我會閱讀那邊架子上所有的書。』幸好我不知道自己有口吃問題。我甚至不知道自己跟不上製作奶油的指令，父母從來沒向我透露。我是到了年紀很大，打開文件的時候，才發現這件事。」

蘇珊的妹妹蘇賽特相信父母下定決心要保護蘇珊不被貼標籤，也不貼自己標籤。她們在念小學的過程中，兩姊妹的學業表現都不出色。蘇珊曾短暫待過資優班和才藝班，但後來又轉回普通班。蘇珊在背乘法表時遇到瓶頸；蘇賽特則是在辨識時鐘時遇到障礙。蘇賽特說：「我爸發現了，他會問我現在幾點，我問蘇珊，他就會說：『不，蘇賽特，我是要你來告訴我現在幾點。』但我學不會。」

這些挑戰都成了用教學卡和更多練習去克服的家庭課題，家裡沒有震驚和慌張，只是採取穩定步驟去解決問題與克服障礙。蘇珊的父母從來不告訴她哪裡有問題，只是鼓勵她更努力，這幫助她保持信心。

她回想：「我在房裡來回踱步好幾個小時，試著把乘法表牢牢記住。我會這麼說，是因為全家幾乎每個人都參與了。那很重要，是很大的鼓勵。『好，我必須專注。』爸媽沒有以任何方式懲罰，但那是很大的鼓勵，或許他們也有點擔心吧。到了五年級時，我才感覺有點壓力。」

但她後來完全克服了。到了中學，兩姊妹學業表現突出，拿到全科A的成績，同時參加樂團、啦啦隊、男童軍、學生會、優秀生協會與劇場，以堅定無畏的信心做每件事。

潘蜜拉：找到生命目標

剛到邁阿密的前幾年，潘蜜拉在融合各種族的學校學英文，在那裡，「每個人都是移民，老師不投入，學校也沒那麼好。而祖父花很多時間試著教我發音。」

她在邁阿密就讀的小學是一間特色學校，位在性侵犯為數眾多的不良社區。五年級時，有些朋友開始抽菸喝酒，但潘蜜拉沒有隨波逐流，因為她的家人是虔誠的基督徒，而且潘蜜拉很小的時候，在多明尼加間接觀察到青少年的焦慮，知道如何避開青春期的地雷。她的讀書方法剛剛好，她會在課前三十分鐘完成作業。「教材雖然很棒，但老師對教學不夠投入，所以我們無法理解老師教的內容。」

潘蜜拉早期求學生涯中的最大障礙是，要拒絕以某些老師貶低她的說法來看待自己。「有些老師會說類似這樣的話：『你可能上不了高中，可能到某個年紀就懷孕了。』

『喔，你做得不對，多明尼加人就是這樣，多明尼加人就是那樣，你會永遠一事無成。』我想我當時還沒有成熟到可以反擊說：『你們錯了，我比你們說的好多了。』」

因為老師的評語，她開始懷疑自己的膚色及移民身分，是否會阻礙她成為自己真正想要成為的人。

「我記得自己當時決定要當服裝設計師，因為我的膚色，我不覺得學術界有我容身之處，像是當醫生或律師。我想在美國文化裡，只有長得像歐洲人的拉丁裔，像哥倫比亞裔的女演員蘇菲亞．薇格拉（Sofia Vergara）那樣才酷。如果長得比較像非洲人，像我這樣就不酷了。」

潘蜜拉上六年級時，祖母雅布莉塔已經帶全家從邁阿密搬進紐澤西的房子。這個家現在擠滿了家庭成員，有十二個弟弟妹妹和孫子女。「搬到紐澤西可說是因禍得福。」潘蜜拉說。

在紐澤西沒有在邁阿密時會分散她注意力的那些很酷的朋友。她在紐澤西唯一要做的事情就是念書，她也確實在念書。如果當時留在邁阿密，潘蜜拉相信自己可能永遠不會上大學。

在邁阿密，她總是因為出身多明尼加而被看不起。在紐澤西，潘蜜拉想證明拉丁裔也可以在學業上表現出色。這個志向源自於她在多明尼加的根。潘蜜拉說：「不管是在家裡或在教會裡，只要我在美國表現優異，就會不斷聽到有人說，我應該要成功，讓國家以我為榮。」

感覺自己「背負著整個國家的榮辱得失」，激發她的責任感，成為她的動力。「我知道，如果人們看見我失敗了或做錯事，他們不會覺得潘蜜拉是壞人。他們會覺得多明尼加人或我們家的人是壞人。」她說。

她成為全科拿A的學生，並參加眾多課外活動，像是法文俱樂部和學生會。潘蜜拉向親戚學得一口流利法文，卻未能考入進階先修法文班，她請老師無論如何要給她課後作業，幫她準備進階先修班考試。

她努力用功，每晚花三小時做功課。「學業是我擅長的事」，她不想要任何人幫忙分擔，特別是她親愛的大家庭。她跟祖母商量，讓她專注在成績上，少做點雜務，祖母同意如此。

那可能是她在年少時所做的最重要決定之一，讓她有沉浸在學習的自由，成為學校領袖。潘蜜拉很快就擠進了班上前八名，最後甚至拿到第一名，不過朋友們並不知道她在校是個學霸。

「他們會說：『所以，你有做功課喔？』」她笑著回憶。

潘蜜拉關注的是打敗學業對手，那比什麼都重要。「我開始打敗其他白人小孩，我當時的態度是：『好，我辦得到。』」她開始建立起自信。「之後，我發現自己的目標改變了。我開始思考，也許我可以當律師，也許我可以當心理學家，也許我可以當醫生或哲學家。我可以拿到全科A的成績，打敗許多人，獲得大量的認可。」

那是她的目標：成為最好的。「與其說是因為人們的膚色才要打敗他們，不如說我是要打敗這些刻板印象。我以打敗這種刻板印象做為我的人生使命。」

儘管如此，高三時，她對未來還是沒有很明確的計畫。她在星期五美式餐廳兼職，看不見升遷的機會。「直到那時候，我的目標仍不是上大學。我只想要獨立。高三了，我意識到自己必須重新規劃。」

儘管潘蜜拉聰明也願意努力用功，但她的家人跟其他學生家長並非在同一個社交圈。學校輔導老師從來不會特別關心潘蜜拉，即使她是高成就者。

她感到困惑。「我要如何達成目標，成為獨立的女性，擁有我想要的一切？」

答案來得湊巧。

「我無意中聽見一位老師跟同學之間的對話，老師告訴她關於常春藤盟校的事。」潘蜜拉回憶說道：「我那個同學是白人女生，她的父母是教授，校方對他們十分尊敬。」

潘蜜拉想起那個男老師「經常大肆談論平權法案」，暗示弱勢族群獲得不公平的競爭優勢。

那一刻，她覺得一切都無關緊要了，因為她要考量的是身為多明尼加人的榮譽，她不必因為聽到什麼而感到羞愧。「當人們開始激勵我，說我必須為國家做些事（像是在校表現良好），我的行動進入另一個層次，我的心態是：『我必須做好每件事，向美國人證明，我和其他像我一樣的孩子，都可以成功。』

她問老師關於常春藤大學的事。「我以前聽到的都是公立學校，那些學校都很貴。我不可能去念其中任何一所，因為我家沒錢付那筆費用。而我無意中聽到他們的對話，老師談到助學金，而我當下就……啊哈！」

老師可能並不打算提供這些建議給潘蜜拉，但她卻採納了。

現在二十來歲的潘蜜拉，從哈佛大學畢業了幾年，有了自己的公寓，是她獨立自主的象徵，她從事金融工作。

跟傑瑞爾一樣，潘蜜拉現在有一種責任感，要分享幫助她成功的知識。

「我從來就不是那種會說『我把自己當做下一任總統』的人。一直以來，我只想要達成自主獨立的目標，現在我把全副精力放在讓其他有色人種獲得經濟獨立，並取得那些原本不是為他們安排的位置。」

培養內在聲音

在生涯中的許多情況裡，唯一真正會阻礙我們的，是我們對自己的懷疑。這就是為何大師級父母培養的內在聲音如此重要，那是成功者最佳自我的聲音。每一次成功者克服新的障礙，那股聲音就會日益增長為自信。

向大師級父母學習如何面對挑戰，不要退縮，要因為這些戰役而變得更堅強，這就是賦予孩子成功心態的關鍵。每當新的障礙出現，他們能夠對自己說：「過去我曾面對困難，現在我也能再度面對。」

14

全球定位系統（角色八號）

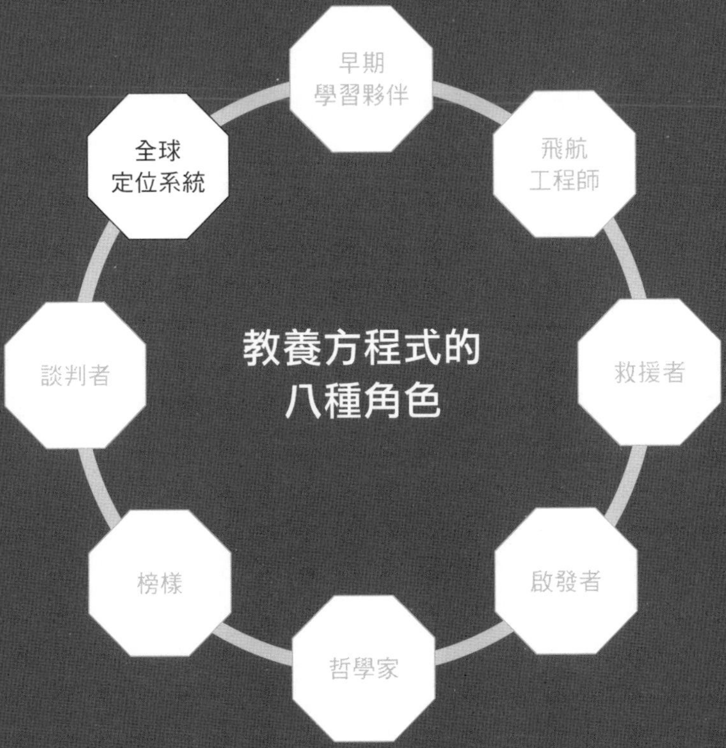

腦海裡的語音導航

桑谷滿五歲時，根據媽媽的教導，每晚會進行一種奇特的儀式。「在睡前禱告以前，我希望你去浴室照照鏡子，問自己：『我今天完成了什麼事？我真的有自信認為，今天我確實做了有用的事嗎？』如果你有自信，今天確實做了有用的事，就去禱告、上床睡覺。」許多夜晚，他必須去家裡的小型家庭圖書館閱讀或學習，「直到覺得自己已經」透過學習新的東西而「達到門檻」。即使離家上大學，媽媽的話仍一直迴盪在桑谷腦海裡，直到今天，它們成為一種指引的力量，提醒他不要糟蹋個人成長的機會。

「我確實有幾天在禱告準備上床睡覺時，想到：『今天一事無成。』於是我先不去睡覺，因為我不能整天一事無成就上床睡覺。我會回去讀點東西。」

這並不表示他總是理解媽媽的話。「那時候，我覺得很古怪。我記得當時想著：『我為什麼要做這個？』但是，當我年紀愈大，愈能理解她為什麼要這麼做。」

所有大師級父母都跟桑谷的媽媽一樣，傳承與眾不同的至理名言，多年後，在長大的孩子腦海裡迴盪著一股內在聲音，在最需要的時候，提供智慧與引導。

回顧羅伯大一時，他的內在聲音提醒他可以造出機器人。當時充滿焦慮、信心不足的羅伯，需要有理由相信自己可以在看似勢不可擋的挑戰中成功。他的爸爸老鮑勃已用一生的時間示範給羅伯看，他是可以想出辦法的。事實上，羅伯最喜歡爸爸說的話是：「如果你能把一個東西拆解開來，就能把它搞懂。」這正是提醒大學時期的羅伯，他該做什麼才會成功的內在聲音。

查克的媽媽伊蓮灌輸給小兒子的教誨，是自我呈現的重要性。就如媽媽總是告訴他的：「外表就是一切，你給人留下第一印象的機會只有一次。」她了解，人們是否會尊重查克，取決於他的外表，因此下定決心，他必須「看起來像個中產階級」，這對伊蓮來說意味著以某種方式穿著打扮。查克數不清有多少次聽到媽媽說：「只因為你住在貧民計畫區，不代表貧民計畫區就要住在你身上。」

伊蓮解釋：「我只是不容許某些事，如露出內褲、沒繫鞋帶，還有蓬頭亂髮發生在他身上。我很在意他走出大門時看起來的樣子，他必須看起來體面。我是那樣被養育長大的，因此我也以那樣的方式養育他長大。」

當查克帶著自信走進政治圈的大人物之間，「要體面」的家訓持續引導著他。從鮮豔的襪子到他的招牌領結、他收藏的袖扣，還有眾所周知他穿的泡泡紗西裝，查克的生活仍遵循著媽媽的理念：總有人在打量著你。

瑪姬的媽媽教導她姿態物理的那一課，要追溯到瑪姬還是那個站在腳步固定示意圖上的小小提琴家，超過二十年後，這個教導跟著她自豪的站上卡內基音樂廳的舞台。

當布瑞往下看著南卡羅萊納州議會大廈地面旗杆底部的警方，她記得爸爸曾告訴她在生命中要採取堅定立場的一切話語。

當美國外交官大衛必須協助決定，哪位伊拉克公民可獲得美國移民許可時，他聽見父母的話語在心底迴響，請他設身處地替他人著想，特別是那些比較不幸的人。

羅伯、查克、瑪姬、布瑞、大衛及其他人隨身攜帶著的父母聲音，是教養方程式裡最後且最不尋常的角色——全球定位系統。透過多年來始終如一、不斷重複，大師級父母的智慧結晶被永久安裝在成年子女的記憶裡，就像全球定位系統裝置的語音導航，避免駕駛誤入歧途。

這種角色與教養方程式其他角色的不同之處在於，這個角色不在事件發生的同時影響孩子，因為扮演全球定位系統的父母，是透過孩子記憶中父母的所言所行，從過去穿越時空來揭示。那些記憶是集父母在教養方程式所有其他角色一切之大成，而在孩子成年後要做決定或克服挑戰的時刻，以回音的形式回到孩子身上。

在第七章〈手足〉裡，我們談到孩子「決定要從父母身上學到多少東西」這種接受能力的重要性，但這種特質在成年期才會結出最大的果實。大師級父母透過許多角色傳遞智慧給孩子：哲學家（想想桑谷的爸爸告訴他要避免阿諛奉承之人）、談判者（回想米雪給予瑪雅面對老師的務實建議），甚至榜樣（想想萊恩的爸爸向他示範如何成為領袖）。但有些孩子比其他人更樂於接受那些知識。

高成就者通常非常樂於接受，他們不僅聽從大師級父母給予的建議，還打包起來隨身攜帶。父母的智慧以語音導航的形式，持續伴隨著他們。

但扮演語音導航的父母不僅僅是格言大全，這些言簡意賅的話語，只是這種角色採取的一種形式。更寬廣說，父母的全球定位系統是一張見解地圖，由孩子從父母身上學到的生命功課縫製而成。它提供一種方向感，幫助成年的成功者導航自己的人生，成為充分自我實現的人。

米爾娜：凝聚全家人的智慧之聲

米爾娜在女兒們成長過程中不斷諄諄教誨。當她希望女兒們為某件看似不可能的任務持續努力，她會說：「你可以做到任何事，只要花……」三個月或三年，或自行填上適當的時間。

但米爾娜有一句座右銘最激勵人心。「媽媽總是會說一句話：『感受恐懼，放膽去做。』」蘇賽特回憶說：「那是一本書名，她讀了那本書，我也讀了。事實上我讀了好幾遍。我記得那其實是她很早就開始強調的道理。媽媽很肯定的告訴蘇珊和我，只要一心一意，我們可以做任何事。」

而她們確實如此，從加入男童軍到環遊世界，到承擔生命中最艱難的挑戰：她們的媽媽被診斷出患有肌萎縮性側索硬化症（ALS，俗稱漸凍人），一種破壞性極大的不治之症。當面臨這項重大障礙時，她們從媽媽身上學到的簡單格言：「感受恐懼，放膽去做。」幫助她們給予媽媽最好的照顧品質。

媽媽接獲診斷時，蘇賽特正在父母的身邊。打電話通知蘇珊的人也是她。

蘇珊說：「我記得當蘇賽特告訴我這件事時，我正在開車回家的路上。她告訴我ALS是什麼之後，我把車開到路邊。我就一直哭，只能為消息震驚。它的破壞性極大。許多夜晚，我待在地板上哭很久，為即將發生與終會來臨的事感到極其悲傷。」

聽到媽媽罹病後，姊妹倆和兩個弟弟立刻重新安排他們生活的優先順序。這一家習慣為彼此犧牲奉獻，就像爸爸弗洛伊德當年為支付孩子們昂貴的大學學費，決定離開大學職位，開設數間診所。他們記得爸爸總是說：「每個人都必須參與。」而讓診所成功運作。這項新的挑戰不同，但全家團結的精神依舊。弗洛伊德具備「積極樂觀、事在人為」的精神，祖母在更早以前抱持的相同精神，也流淌在家中每個人體內。

當時擔任全職律師的蘇賽特，暫時擱置她的法律生涯，與爸爸一起成為駐守現場的照顧者。在接到媽媽的診斷後，她花了整個晚上研讀ＡＬＳ相關資料。她鑽研醫學書籍，正如記憶中爸爸多年來所做的。她發現在數年間，通常是三到五年，病患所有的隨意肌會一個接著一個停止運作；先是不能走，接著不能說，然後不能吃，最後不能呼吸。過不久，阿茲海默症與失智症也會到來。蘇賽特快速學習基本的醫療程序，觀察爸爸如何照顧媽媽，爸爸仍以他一貫身教重於言教的獨特風格教導蘇賽特。在接下來數個月，她學會更多進階醫療技巧，這麼一來，她就可以為媽媽做一些醫護人員會做的事，好讓媽媽留在家裡生活。

蘇賽特照顧媽媽，蘇珊則擔當民防中隊的角色，從ＣＮＮ的職位延伸至世界各地。這對姊妹小時候，看著身為老師的媽媽，運用說故事的方式吸引學生的注意力，並激勵他們。蘇珊現在是運用國際規模，以說故事的方式教導世界，並激勵相關人士探索ＡＬＳ治療管道。

「我是用我的平台傳播訊息、發言，並借用我的聲音說故事。」她說：「那是我覺得自己可以做的事，對我來說很有意義，特別是因為ALS被視為罕見疾病。」

她在全國各地差旅，聆聽病患故事，與專家對話。「我在CNN製作有關ALS的系列節目，為媽媽做了一次專題報導，說出她的故事：她的初步階段、挑戰與掙扎。那個特別專題是我持續前進的動力。我還是做我原來的節目，但ALS的工作是讓我持續投入的力量。」

節目影片引人入勝，不加掩飾的反映真實現況。「這是我家的故事。」蘇珊開場說道。米爾娜出現在救護車上，嘴裡插滿管子。「她奮力掙扎，要吸進下一口氣。」弗洛伊德說。雙胞胎姊妹的弟弟格雷格補充：「媽媽呼吸困難，無法吞嚥。」另一段影片出現幾個禮拜前才在懺悔節跳舞的米爾娜，家人們圍繞在她身旁。她喜愛已故的好萊塢傳奇女星蓮納・荷恩（Lena Horne）。

蘇珊做的不只是製作那支影片。「我成了一名倡導者。我見了許多人，可以說是真正投身於ALS組織，並開設網站。」

她也在四十七歲時成為了母親。她領養了一名女嬰，取名為賽拉。

「我是家中最後一個為人父母的。」蘇珊說：「當時我開始感到一股渴望。」她要讓賽拉有機會認識外婆。當蘇珊協助照顧生病的媽媽，賽拉成為照耀蘇珊的明光，也成為米爾娜的喜樂，即使她病情持續惡化。

當米爾娜喪失說話能力，蘇珊的妹妹蘇賽特和爸爸弗洛伊德，開始使用一塊有字母可以使用的粉紅色板子。蘇賽特腦海裡迴響著媽媽鼓勵的語音導航，說著：「要有耐心，蘇賽特，你做得到！」蘇賽特教米爾娜如何用板子拼字，以她從前看見媽媽教導特教學生同樣的專心致志。

米爾娜可以用手指指出板子上的字母，拼出她想拼的字。她非常固執己見。有一次，在聽到電視討論新教宗選舉時，她拼出「他們應該選黑人才對」。她也告訴蘇賽特，她的頭髮太捲了。

隨著病情演變，米爾娜完全癱瘓，只剩一根手指頭能動。拼字板不再有用，因此他們必須尋求高科技。蘇賽特接受 DynaVox 語音溝通設備的密集訓練，熟悉已故科學家史蒂芬・霍金（Stephen Hawking）生前用來溝通的許多機器。當游標不斷在各個字母上圈選，停在她想選的字母時，米爾娜會把手放在點擊鍵上點擊。當她也喪失移動那根手指的能力時，就轉而用眨眼或凝視。

米爾娜生病數年後，弗洛伊德被診斷出罹患四期腦瘤。自己雖然生病，他還是盡可能協助蘇賽特，但情況變得更加艱難。米爾娜也喪失拼字能力，於是蘇賽特就像是靈活變通的學習夥伴，開始製作圖片。DynaVox 可以製作方框，每個方框對應不同的主題。媽媽可以朝一個方框眨眼，把它打開，顯示裡面的圖片，觸動預錄的詞語播放出來。比方說，如果她覺得太熱了，可以對著有火的圖片方框眨眼，電腦就會說：「我太熱了。」

蘇賽特製作不同的方框代表媽媽最喜歡的電視節目。蘇賽特解釋，媽媽可以點擊說：「我想要看電視或『艾倫秀』或『溫蒂秀』，我最喜歡的節目。」米爾娜生病最初，蘇賽特錄下媽媽說出所有最喜歡的格言，以及每個孩子的名字。「現在，當她對一個方框眨眼，會聽見自己的聲音說她自己的話語。她可以選『我愛你』或『謝謝你』或『嘿，布丁派』，以及許多其他話語，甚至是『世上無難事』，意思是『要更努力』。」

最後失智症到來，DynaVox 再也派不上用場。

米爾娜於二〇一八年四月平靜離世。但她的孩子們腦海中仍擁有媽媽的智慧之聲。他們也擁有自己的智慧之聲，因為他們已成為父母培育的傑出人士。

弗洛伊德描述他和米爾娜對孩子們的全像式理想，也就是他們一直以來在教養上的願景：「我們試圖灌輸他們，特別是透過榜樣，如何愛與尊重自己及他人，特別是家人及親近的人。對每個人一視同仁，展現同理心，特別是對那些需要的人。為你的行為及你想要被對待的方式，建立道德與社會價值。把你的技巧與天賦發揮到極致……或到令你滿意的極限。維持家庭的生計，援助需要的人。成為他人的正面榜樣。在你擁有生命和健康的時候享受它。」

如果全像式理想是家長夢想孩子成為的形象願景，那麼成年的成功者充分自我實現，就是它的體現。全像是短暫的影像，成功者則是它的化身。

而充分自我實現的人，並不表示是完美的人，它表示一個人在人生旅途中竭盡所能。當他們探索新路徑、克服障礙、持續前進，扮演全球定位系統的大師級父母，提供他們行家的引導協助。

身為本書最年長的成功者，蘇珊與蘇賽特是充分自我實現的榜樣。她們陪伴媽媽的方式，凸顯了美好的事物，她們運用所有的技巧與內心的堅韌，父母在她們身上投入的一切關注與忠告，使她們無所畏懼、目標明確且才華橫溢，在人生道路的這一刻達到最高點。她們在能力優越之處執行任務，超越了自己認定的能力範圍（蘇賽特為媽媽執行醫療程序，蘇珊在領養與照顧嬰兒之餘，也提升全國對ＡＬＳ的意識）。

然而，即使她們今天這麼出色，她們還是透過全球定位系統語音導航的智慧話語得以堅強，那些忠告從童年時期就帶領著她們，度過生命中最艱難的時期。

教養方程式可以傳承給下一代

全球定位系統不僅在成年成功者生命中最糟的時期運作，往往在最開心的時刻，它同樣是關鍵，也就是當成功者為人父母的時候。大師級父母示範的教養模式，提供不折不扣的劇本，成功者不時參照以扮演下一代的大師級父母。

老鮑勃的方法就提供良好教養模式的圖像，是現在養育兩個孩子的羅伯和妻子經常參照的依據。

羅伯的兒子無疑是嶄露頭角的工程師，就跟羅伯小時候一樣。「他在滿四歲前就會基本加法，滿五歲前會基本乘法。他沉迷於樂高、《當個創世神》、摺紙，以及任何會動的東西，遙控汽車、玩具建築設備、無人機、滑翔機、跳傘人。」就跟小時候學針織的羅伯一樣，兒子也學習用鉤針編織。

羅伯喜歡展示給兒子看新的工具，觀察他的創意。「比如，我教他如何用樂高和繩子製作滑輪系統，他就蓋了一間有電梯的三層樓建築。」

除了跟最佳學習夥伴爸爸運用同樣的資源，羅伯的訣竅還包括 YouTube 的網路教學，讓遊戲時間大大進階到另一個水準。受到特殊教學的啟發，羅伯和兒子用紙板及注射器製造一個機械手臂。它可以透過遙控移動，讓人聯想起羅伯在大學時期製造的機器人。根據其他 YouTube 的範例，他們還製造充氣式火箭發射器。

正如羅伯後來著迷用樂高蓋出更大的橋梁及更高的建築，兒子後來也全神貫注使用其他各種材料製造火箭。他也想看看它們會有什麼不同的表現。

羅伯和妻子安娜非常強調支持孩子發揮想像力，這是來自羅伯自己的童年經驗，他知道想像力可以建立各種認知能力。

他六歲的兒子熱愛數學與想像用積木造出想要的東西，而三歲的女兒則愛想像角色及故事。

「我女兒非常具有藝術天賦，而且想像力豐富，經常假裝自己是其他某個人或某樣東西。」羅伯說：「她精心策劃故事，包括仙女、巨大的蝴蝶、公主及其他無數角色。她一天通常會換兩、三套衣服，與幻想故事相配。她愛演偶戲，總是在塗塗畫畫或著色。這類遊戲正合我太太的興趣，所以她們總是在想像某些東西。」

「我們並不想成為愛管閒事的父母，逼孩子做某些事。我們只想充分滿足孩子所有的興趣，雖然有時候筋疲力竭。」

幸運的是，充滿智慧與關愛的爸爸仍跟羅伯在一起，而且不只是透過電話或定期拜訪。他每天都扮演永遠在場的語音導航。羅伯說，自己的人生目標就是花大量時間養育兒女，使他們快樂、聰明、仁慈、全面發展，不怕挑戰。「以這種方式教養孩子很自然，因為我就是這樣被養育長大的。」羅伯說。

安蓋記得小時候，爸爸說：「並不是所有學習都在學校發生。」他會做一些事，像是帶著安蓋和雙胞胎妹妹艾達及恩雅卡到戶外，告訴他們雲的形成方式。

懷抱著數學家爸爸對科學與技術的尊重，新手爸爸安蓋與妻子凱拉，特別關注教養相關研究，並認真應用所學。例如安蓋回想自己讀到音素——形成文字的最小聲音單位，孩子若未在非常幼小時聽見其他語言使用的音素，就較難學習其他語言文字。他也得知，孩子在出生前就聽得見。所以在女兒出生前，安蓋和凱拉就開始用英文和法文讀書、播放古典音樂給她聽。他們還請了個會說西班牙語的保母。他們這個學步兒現在能夠區分這三種語言，對保母說話主要是用西班牙語，對父母則是用英語。

不過，安蓋與凱拉人生主要的目標是什麼？凱拉說是「幫助女兒樂於學習」，這跟安蓋的爸爸對安蓋和他兩個妹妹抱持的目標相同。

讓兩個孩子熟悉西班牙語，對大衛也同樣重要。擁有媽媽那邊的西班牙血統，加上成長過程中父母努力展現多元文化教養的價值，提供大衛額外的理由。當他在南美哥倫比亞擔任外交官，全家跟著在當地生活時，他要盡全力讓長子上西班牙語托兒所。

「當我們在家跟他一起讀書時，」大衛說：「我們會指著字，用英文和西班牙文念那個字。即使他記不住、一下就忘了都沒關係，我看過的研究顯示，在生命中最初四年，運用這種語文空間說兩種語言，能拓展心智。你給他們的不僅是新的語言，而且是觀看世界的不同方式，因為他們在用第二種文化觀看世界。」

大衛自己的教養模式也受父母引導，他記得父母是多麼支持他和弟弟丹尼爾的熱衷項目，從跟著大衛在沙漠搜尋蜥蜴，到陪丹尼爾跑遍全國各地的主題樂園，搭乘新的雲霄飛車。就跟他的父母一樣，大衛和妻子表示：「尋找孩子有興趣的事物，然後授權給他們。我們的大兒子最喜歡的玩具是一隻鮮豔的粉紅色烏賊，那是我太太在康尼島贏到的。他走到哪裡都帶著這個玩具，我們住在哥倫比亞時，有些人對這有意見。像是：『噢，他不該拿粉紅色的玩具，那是女生的顏色。』他們希望我們把那隻粉紅色的烏賊拿走。」

大衛和妻子的回應毫不含糊：「絕對不行！我們希望兒子擁有那隻烏賊。如果兒子愛它，我們會跟兒子一起愛它。」

不管兒子喜歡什麼，「我們都會去適應。如果他想玩芭比娃娃，我們也會想辦法給他，讓他擁有自己的。我們不想以任何方式扼殺他們的創意。」

全球定位系統的跨世代語音導航

蘇賽特對女兒也抱持同樣的感受。奈拉・哈波–馬爾維斯（Nailah Harper-Malveaux）是本書成功者的孩子中最年長的，也是這些孩子注定要成為的傑出人物代表。奈拉是二〇一六年耶魯畢業生，她被養育長大的方式，非常接近弗洛伊德與米爾娜養育蘇賽特和蘇珊的方式。

就跟米爾娜一樣，蘇賽特會幫女兒精心製作專案。「我媽會幫我做那些瘋狂的大專案，我們會做海報板和其他東西。當我在寫論文時，她會坐下來，我們做一些編輯工作，她會指出或許可修改的小地方，我從中得知她多麼注重細節。我想這種事必躬親的參與很有幫助。但我也一直覺得自己有股內在動機要把事情做好，那可能承襲自她。」

蘇賽特那種「積極樂觀、事在人為」的精神承襲自爸爸弗洛伊德，爸爸則承襲自祖母。雖然奈拉未必意識到，但她的童年教養也深受外婆影響。

為了幫助女兒學習如何克服障礙，蘇賽特借用米爾娜最喜歡的格言，那也是米爾娜罹病後，幫助蘇賽特和兄弟姊妹度過艱難的同一句格言：「感受恐懼，放膽去做。」

「那句格言在我生命中帶來極大幫助。」奈拉說，但她並不知道那句格言的原始出處是外婆。「我經歷過好幾次，當我認為『我做不來』或『我沒經驗或證照』，我媽就會說：『感受恐懼，放膽去做。』」

身為自由劇場導演，她發現自己在指導年紀遠長於她的演員時，會引發瞬間的不安。但奈拉開始相信，恐懼只是羅盤，「用來判斷你是否走在正確的方向上。」她說：「我常覺得，最害怕去做的事，就是真正重要的事，要勇敢嘗試。恐懼是在告訴你：『這就是下一步。』你覺得不自在的事，會以一種真正重要的方式，擴張你的境界。」

蘇賽特在奈拉整個童年時期，以其他方式遵循媽媽米爾娜的大師級教養劇本，只不過做了一些改變。比如她不像米爾娜那樣，透過紙娃娃教她和蘇珊說故事，而是在奈拉小學時期短暫的通勤路程中編故事。「我媽總是非常認真工作，所以我們在車上會說很多話。我們會編許多故事，每次上車就繼續。她說一點，我說一點，然後我們會在下次搭車時把故事做個結束。我很愛做這件事。」奈拉回憶。

奈拉跟媽媽和阿姨一樣，也選擇說故事的生涯，雖然她投入劇場，對媽媽及其他親戚來說有點神祕。「成功有許多不同的里程碑，」相較於新聞或法律，「劇場肯定不是那麼明確的路徑。」奈拉說：「所以大家難以理解要怎麼幫忙，以及衡量我做得如何。」

但奈拉只是馬爾維斯家族最新一個、拒絕接受社會為他們人生預寫腳本的人。奈拉的曾祖母，也就是弗洛伊德的媽媽，當年也拒絕接受她只能待在農場工作及照顧弟妹的想法，決定成為老師。弗洛伊德遵循媽媽，拒絕接受一九四〇年代南方黑人歧視法的階級制度，強加在他那樣年輕人身上的標準限制，並宣告他渴望成為科學家及醫生。蘇珊和蘇賽特拒絕接受女生可以做什麼的標準觀念，也拒絕接受爸爸抱持她們進入醫學這行的期望，決定從事新聞與法律。

馬爾維斯家族每一個新的世代，總是尋找自己的人生目標，選擇自己的專業旅程，即使如此，他們從父母身上學到的，仍引領著他們的道路。當奈拉做出自己的選擇，馬爾維斯家全體給予她明智的鼓勵及忠告，那是只有高成就者家族才給得出來的，也是本書任何一位大師級父母可能會給的告誡：「努力去做吧，但要做到最好。」

結語

教養方程式的祕訣

早在我們開始懷疑，世界上是否真有一種非凡的教養方程式之前，我們就注意到一些令人好奇的故事，是關於有些人何以能培養出前途大放光明且擁有明確目標的孩子。這些父母擁有沉穩的自信，就好像他們知道且看得見其他人所不知道、看不見的事。

透過與這些父母的對話，我們得知，他們對於希望孩子成為什麼樣的大人，擁有明確的願景，同時擁有使願景成真的動機，也就是「渴望」。我們後來發現，那股渴望來自他們自己的背景故事。

每位父母也都有計畫、有策略、日復一日，在孩子身上培養他們認為成年後最需具備的特質。這培養早在孩子出生時就開始了。

童年不僅是真實人生開始前的等待期。每一次父母與孩子之間的互動，都有可能成為旅途中意味深長而豐富充實的片刻。書中的大師級父母了解這點，他們知道自己可以影響孩子在人生中採取的路徑，而他們確實如此。

這些父母與擁有較高學歷或較多資源家長的不同之處，並不在於任何特殊的天賦。更確切說，他們的不同之處是在於策略性思考，思考如何實現他們對孩子的願景，以及那股決心和渴望，堅持完成他們認為該做的事，以幫助孩子成為他們應該成為的人。

我們每一個人都可以在採取教養模式上更有策略。我們每一個人也都有背景故事，可以啟發我們的教養方式，激勵我們更有意識、深思熟慮的與孩子互動。

有些大師級父母的渴望是從悲劇或掙扎中點燃。以斯帖的家人試圖帶弟弟就醫時發生的事，驅使她要教導女兒不怕質疑權威。伊莉莎白想要看到兒子傑瑞爾的人生過得比她好。有些渴望會產生預期效果，是出自大師級父母最看重的，或是從他們的父母身上學到的。老鮑勃的渴望，是把解決問題的技巧傳承給羅伯，那是他從發明家祖父及曾祖父那兒學到的。

根據我們在自己生活中所學到的，無論那是什麼，全心投入引導孩子，我們可以讓孩子更有機會邁向有意義的人生。

雖然這並不表示每個孩子都會成為下一個桑谷、瑪姬或萊恩，但並不是每個孩子都必須或應該成為那樣的人。每個孩子都有能力尋找目標，實現超越自己或父母想像的境界。透過相信：「我的孩子能夠成為什麼樣的人，能夠做出什麼樣的事，我都願意犧牲奉獻、堅持到底。」然後根據這股信念採取行動，任何父母都可以運用教養方程式的原則，培養具有自主感、目的感與智慧的孩子。

這麼做確實需要時間和犧牲。有時候，就像傑瑞爾和查克的例子，還需要足智多謀。但成功不需要特殊才華，或任何特殊的家庭環境。正如我們所看見的，教養方程式的效能不因種族或階級而有區別。

有些父母面臨的障礙，如無家可歸與貧窮，確實比其他挑戰更龐大也更長久，但我們都會面臨可能使教養更形艱難的挑戰。大師級父母都會經歷事業的高山與毀滅性的低谷、離婚、戰爭、死亡與疾病。桑谷在迦納從事人權工作，他回想起父親德爾大夫一度被行刑隊列為槍決對象。在這些大師級父母當中，有幾位中產階級母親在離婚後，發現自己只能勉強維持生計：像是蓋比的母親在成為單親媽媽後，每個月只靠六百美元過活。一位父親必須在照顧孩子與照顧患有躁鬱症的妻子之間，蠟燭兩頭燒。這些例子當中，不只一位父母在家庭成員不幸過世後，必須繼續走下去。這些家長依然成功培育出高成就者。

他們是怎麼做到的？他們比一般家長更有策略的安排與孩子共處的時間。他們善用任何一段非工作的休息期間，發揮出最大的效力，有時做出極大犧牲，把孩子的成長放在第一位。

當桑谷的幼兒園老師告訴他的媽媽，桑谷擁有很大的潛能，她就放棄迫切需要的工作來輔助他的教育。伊莉莎白在找到工作以前，可以花大把時間在遊民收容所教導傑瑞爾，而在找到工作後，仍繼續教導孩子。以斯帖因先生的工作，全家搬到海外時，為了照顧三名年幼的女兒而忙得不可開交，但她仍騰出時間，扮演有力的早期學習夥伴，同時從事自由寫作。

羅伯的父親是全職老師，但他會利用下午三點放學後和週末，以及跟孩子們共享的暑假，陪羅伯和妹妹玩。大衛的父母都是律師，但會安排他們的行程，當孩子們放學回家，就跟他們在一起，直到兩個兒子上床睡覺，才去做完從辦公室帶回來的工作。他們在與孩子共處的時間上，都做出刻意的選擇。

大師級父母也盡力讓陪孩子的時間成為「策略時間」。大師級父母花大量時間思考如何挑戰與啟發孩子，即使孩子不在身邊。德爾大夫每天早上，只花大約十分鐘與兒子討論哲學，但當他穿越偏遠村落出診，有時會花上數天思考，決定要如何回答桑谷經過縝密思考的問題，同時激勵孩子獨立思考。這些父母也善用更有組織的豐富機會，讓孩子加入其他大人的聚會，就像德爾大夫讓桑谷旁聽深夜的難民訪談，萊恩的父親讓他參加所有農夫在當地餐館的午餐聚會。這些聚會無論如何都會舉行，但兩位父親是有目的讓感興趣且認真傾聽的兒子一起參與。有些父母是在晚餐桌前或長途旅行的車上，安排與孩子共處的策略時間。老鮑勃和妻子知道，他們跟羅伯和妹妹在漫長的車程中唱的歌、玩的文字及記憶遊戲，會提升孩子的專注力，增加他們的字彙。蘇賽特同樣利用較短暫的車程，透過一起編造不斷發展的故事，加強女兒的創意思考技巧。

培養一個長大以後擁有能力與意願為世界帶來改變的孩子，並不容易。但若要成功解決我們面臨的社會問題，則至關重要。全球政治衝突、迫在眉睫的水資源短缺、農業危機等，都是本書的成功者此刻正在工作生涯中面對的挑戰。

重要的是，我們必須記得，有策略的教養所帶來的後續影響，比我們預期的更為廣泛。當我們把一顆石頭扔進一片靜止的池塘，會製造一圈圈漣漪，擴散整個水面。當大師級父母把高成就的孩子送進世界，他們的教養效應，比他們所知的接觸範圍更廣泛。

我們想以一個故事做結束，關於這些漣漪可以觸及多麼廣泛的範圍。瑪瑞莎・迪格斯（Marissa Diggs）在為本書部分採訪做記錄整理時還是高中生，她記錄的採訪內容包括罹患ALS的米爾娜那段。當她把這些故事打成定稿時，會密切關注像她這樣的高成就者是如何被教養長大、上什麼大學，又達成什麼目標。她特別感動的是，蘇賽特為了照顧媽媽採取的行動，學習醫療程序，以及蘇珊如何運用她在CNN的職位，教導全世界ALS相關知識。

受到這些故事激勵，瑪瑞莎決定申請哈佛大學，她獲得入學許可，現在已是哈佛大學二〇二二屆學生的一員。誰說將來某一天，她不會領導團隊，發現ALS的治療管道，成為馬爾維斯家族教養的漣漪效應？

想想，如果未來的世代充滿了以教養方程式培養出來的人才，所帶來的潛在效益。人生可能存在著許多難以取捨的優先順序，但任何父母都不該質疑自己為了培養充分自我實現的孩子而投入的策略時間。

謝辭

若不是有這麼多人接受我們的採訪，本書不會完成——包括塔莎於二〇〇三年開始採訪的六十位人士，以及所有參與隆納哈佛專案的學生（多數未在本書提及），還有每當我們討論到教養方程式，便興致盎然的眾多陌生人（包括所有新千禧世代的父母）、同事、學生及實習生。

最重要的是，我們要感謝讓我們訴說他們精采故事的成功者：李靜、萊恩、桑谷、瑪姬、傑瑞爾、羅伯、麗莎、以斯帖、大衛、丹尼爾、蘇賽特與蘇珊、布瑞與吉娜、瑪雅、薩拉、查克、潘蜜拉、艾方索、蓋比，以及安蓋、艾達與恩雅卡，還有奈拉和特洛伊。

特別感謝大師級父母鉅細靡遺跟我們討論，他們如何培養傑出人物：伊莉莎白、羅傑、露易莎與李、伊芳與詹姆士、弗洛伊德、米雪、德爾大夫、以斯帖、老鮑勃、莎拉、雷納爾多、伊蓮、琳恩與克拉倫斯、伊麗莎白、安妮與瑪麗，以及瑪魯。

尤其感謝我們辛勤的記錄者：邁阿密的戴斯特妮、紐約市的艾莉森，與北達科他州奧克斯的瑪瑞莎。實習生艾菲亞、歐特及卡蜜拉真是無與倫比。我們也對攝影師安德魯心懷感激，為了協助我們記錄旅程，他跟塔莎在紐約市走遍了大街小巷，然後又前往哈佛跟隆納會面。

為了這本書，我們採訪了這麼多人，實在難以在此一一提名致意。雖然許多人的名字並未出現在完稿，他們的見解卻忠實呈現。有些技藝高超的人，如雜務工凱文，解釋他們童年時期誤入歧途，阻擋了他們成為原本相信自己應該成為的人物。有些人詳細說明高成就是如何出現的。其中有一些佼佼者：蜜雪兒與奧斯汀及他們的女兒瑪莉和蕾妮、馬里奧（隆納的大學同學）、韋恩、瑪莎（哈佛「我如何被養大專案」參與者）、珍娜、塔烏、賴桑德拉、莉莎，還有克莉絲朵與克雷格，以及他們進耶魯大學就讀的女兒卡門（塔莎的外甥女）。

瑪克辛的長談幫助我們理解大師級父母的深思熟慮。安妮多次在戶外派對中客氣回答追根究柢的問題，關於她的女兒凡妮莎・德魯卡（Vanessa Deluca），如何從《本質》（*Essence*）雜誌前編輯搖身變為學術界名人。梅麗莎・克拉克（Melissa Clarke）醫師根據自己當年以高中生的年紀進入哈佛大學的有趣經驗，提供寶貴見解。寶拉・潘恩–納布里特（Paula Penn-Nabrit）的書《每一個清晨》（*Morning by Morning*），使我們深入理解她和已故丈夫查爾斯如何在家教育三個高成就的非裔美籍男孩，更回答我們提出的每個問題與每封電子郵件。她的兒子查爾斯、達蒙與埃文斯也非常坦率花時間與我們促膝長談，追憶他們的童年時光。

我們必須感謝紐約市週末寫作工作坊（Saturday Write Workshop）的參與者，三年來擔任非正式的焦點團體、高聲評論家與粉絲：瑪克辛、安妮、傑瑞米、格雷格、安、艾希莉、羅斯林、道恩、培爾，以及塔莎最親密的老朋友之一艾莉亞。

我們要滿懷敬愛的感謝我們的經紀人傑夫，他也恰巧經營寫作工作坊。那天傑夫說，教養方程式的理念，無疑可以成為一本書——你帶我們踏上一條漫長而壯麗的旅程，謝謝你的專業指導。

我們特別感激極富耐心的編輯莉亞。你的敏銳技巧、彈性、笑臉表情符號與體貼，令我們感激不盡。我們是多麼幸運，在你養育非常年幼而聰穎的小男孩同時，能繼續為這個專案工作。謝謝格倫與班．貝拉（Ben Bella）出版社所有同仁，謝謝你們相信這個專案，相信我們。

來自塔莎的感謝

首先，我要感謝我的合著者隆納。我一直暗自期盼能跟隆納合作寫書，所以當他提議，他應當加入我撰寫《教養方程式》的行列，真是格外驚喜。具有邏輯思維，以及寬厚、美麗而詩意的聲音與心靈，隆納使這段極其漫長的旅程令人難忘，而且充滿神聖。

我也要感謝所有被我封為董事會的成員：我的天才媽媽瑪西亞（一名強大的作家與我最初的早期學習夥伴）、姊姊卡拉（我第二個早期學習夥伴）、其他姊妹弗朗欣與凱拉（我的兩個頭號大粉絲）以及克莉絲朵和凱艾拉、兄弟維克多與湯米，以及我親切的繼母多蒂，與爸爸湯尼。董事會的其他成員：克麗斯塔爾不斷給我支持的話語、才華橫溢的羅瑟琳、塔米卡、托雅、約艾爾、羅斯、潔西卡、曼哈頓的賽巴斯蒂安、賈桂琳，與我的外甥女麥哈麗亞（你是個作家）。特別感謝吉兒和她的先生羅伯特、女兒貝琪，與我共進那些發人深省的晚餐。非常感激一路支持的夥伴卡羅、肯巴、杜薛恩、布萊恩、弗朗西、妮娜、迪伊，與我的基爾戈大家族成員（我保證參加下次聚會）。還要感謝我在臉書和IG的支持者，以及在我寫作期間常出沒以下地點的每一位：星巴克和潘娜拉麵包店，這兩家都在紐澤西北部的河路。iSpresso at Park 和 Merge 咖啡館，這兩家都在紐澤西的聯合市。喬治湖的 Wiawaka 度假屋。布魯克林高地的 WeWork 共同工作空間，以及布魯克林

DUMBO的綠餐桌。

最重要的，是深深支持我的丈夫尼克，回溯二〇〇三年，他邀我看一集《六十分鐘》（*60 Minutes*），點燃教養方程式的核心靈感，持續鼓勵我寫書，即使我因每天十六個小時研究寫作而心力交瘁。三年來，他讓我占用他的家庭辦公室。他烹調美味的「藍圍裙」（Blue Apron）快遞食材餐，包辦所有雜貨採買、洗衣、打掃，同時還要長時間工作，建立自己的事業。儘管偶有挑戰，尼克仍保持正面，盡他所能，讓我對本書的熱忱熊熊燃燒。

來自隆納的感謝

合著本書是我人生中最密切的合作經驗。在紐約的塔莎和在麻省的我，已成為彼此的另一個自我。若要問我們當中，是由哪個人提出哪個特殊構想或撰寫哪個特殊段落，可能我們都不記得了。謝謝塔莎，出色的夥伴！

我在「三足鼎立教育夥伴」（Tripod Education Partners, tripoded.com）、「成就落差計畫」（agi.harvard.edu）與「波士頓基本原則運動」（bostonbasics.org）親愛的同事羅伯、莎拉、艾卡、傑克、喬絲琳、瑪麗、哈吉、傑夫與溫德爾，謝謝你們過去三年的理解與耐性，為忙於此書，我總讓你們苦等。也謝謝你們在塔莎與我完成本書，考量重新編排某些章節時，提供認真推敲的評估。我的新朋友艾迪森與露絲針對同樣的請求予以回應，提供同樣有幫助的意見。

最後，是我的家人，他們不僅教會我被愛的意義，也讓我在日常家庭生活錯綜複雜的狀態中，確信撰寫本書的重要性。我的媽媽葛洛莉雅、兒子丹尼與達倫、我們視如己出養育的姪子馬庫斯、我的兄弟肯尼、荷馬與史蒂夫，以及其他所有姪子女和姻親們，我要對你們說謝謝。我的妻子海倫，沒有言語文字可以表達你對我的意義，以及你對我寫書的這段期間、對我一生帶來的幫助。本書已完成，而在我寫下這些字句的一週後，我們的四十週年結婚紀念日也即將到來，咱們去好好慶祝一番吧！

國家圖書館出版品預行編目 (CIP) 資料

教養方程式：你的角色，決定孩子如何出色／隆納．弗格森（Ronald F. Ferguson），塔莎．羅伯森（Tatsha Robertson）著；王素蓮譯 -- 第一版 -- 臺北市：親子天下，2020.03

384 面；14.8×21 公分 . --（家庭與生活；059）

譯自：The formula : unlocking the secrets to raising highly successful children

ISBN 978-957-503-563-1（平裝）

1. 親職教育　2. 親子關係

528.2　　109001727

家庭與生活 059

教養方程式

你的角色，決定孩子如何出色

The Formula: Unlocking the Secrets to Raising Highly Successful Children

---

作　　者｜隆納・弗格森 Ronald F. Ferguson
　　　　　塔莎・羅伯森 Tatsha Robertson
譯　　者｜王素蓮
責任編輯｜楊逸竹・吳令葳・陳子揚
文字校對｜魏秋綢
封面設計｜Ancy Pi
內頁排版｜張靜怡
行銷企劃｜蔡晨欣

發 行 人｜殷允芃
創辦人兼執行長｜何琦瑜
副總經理｜游玉雪
總　　監｜李佩芬
副 總 監｜陳珮雯
特約副總監｜盧宜穗
資深主編｜張則凡
副 主 編｜游筱玲
資深編輯｜陳瑩慈
資深企劃編輯｜楊逸竹
企劃編輯｜林胤孝・蔡川惠
版權專員｜何晨瑋・黃微真

出 版 者｜親子天下股份有限公司
地　　址｜台北市 104 建國北路一段 96 號 4 樓
電　　話｜(02) 2509-2800　傳真｜(02) 2509-2462
網　　址｜www.parenting.com.tw
讀者服務專線｜(02) 2662-0332　週一～週五：09:00~17:30
讀者服務傳真｜(02) 2662-6048
客服信箱｜bill@cw.com.tw

法律顧問｜台英國際商務法律事務所　羅明通律師
製版印刷｜中原造像股份有限公司
總 經 銷｜大和圖書有限公司　電話｜(02) 8990-2588

出版日期｜2020 年 3 月第一版第一次印行
　　　　　2020 年 10 月第一版第五次印行
定　　價｜480 元
書　　號｜BKEEF059P
I S B N｜978-957-503-563-1（平裝）

訂購服務
親子天下 Shopping｜shopping.parenting.com.tw
海外・大量訂購｜parenting@cw.com.tw
書香花園｜台北市建國北路二段 6 巷 11 號　電話｜(02) 2506-1635
劃撥帳號｜50331356 親子天下股份有限公司